Jens Schmidthammer

Rechtsanwalt Wolfgang Vogel

Mittler zwischen Ost und West

Hoffmann und Campe

CIP-Kurztitelaufnahme der Deutschen Bibliothek

Schmidthammer, Jens:
Rechtsanwalt Wolfgang Vogel: Mittler zwischen Ost u. West /
Jens Schmidthammer. – Hamburg: Hoffmann und Campe, 1987.
ISBN 3-455-08665-9

Inhalt

Vorbemerkung 7

I Alltag in Deutschland

Der verwirrte Professor 11
Der stille Mittler 22
Erste Kontakte 29
Diskrete Geschäfte 35
Ludwig Rehlinger erinnert sich 47
Ein frühes Meisterstück 54
Der Mann mit dem Koffer 72
Der Mann aus Stuttgart 79
Die Aktion 89
Der Fall Martina W. 101
»Helden« an der unsichtbaren Front 114

II In diplomatischer Mission

Anerkannt 129
Hohe Politik 136
Der Sturm auf die Botschaften 144
Der Fall Schtscharanskij 156

III Ein Rechtsanwalt in Ost-Berlin

Reiler Straße 4 173
Der Verteidiger 180
Auf schmalem Grat 187

IV Privat

Freunde 197
Zuhause 206

Anhang

Bibliographische Notiz
und Danksagung 213
Zeittafel 215
Der Häftlingsfreikauf in Zahlen 222
Zwei Plädoyers 223
Namenregister 237

Vorbemerkung

Es ist Bewegung in das deutsch-deutsche Verhältnis gekommen. Erich Honecker wird in der Bundeshauptstadt mit den protokollarischen Ehren eines Staatsoberhauptes empfangen. Die DDR schafft als erstes Land im Ostblock die Todesstrafe ab und verkündet eine neue Amnestie, die auch für politische Straftaten gilt. Wie ist es zu erklären, daß die DDR und ihr erster Mann, die eher reserviert und nur mit Verzögerung auf Liberalisierungsbestrebungen im Ostblock zu reagieren pflegten, heute selbstbewußt dem Reformkurs des sowjetischen Parteichefs Michail Gorbatschow kräftige eigene Akzente zufügen? Die jüngsten Geschehnisse machen neugierig auf jene Männer, die hinter Erich Honecker stehen, seine Ratgeber oder Vertrauten. Zu ihnen gehört – und nicht an letzter Stelle – Prof. Dr. Wolfgang Vogel, offiziell der Bevollmächtigte der DDR für humanitäre Fragen bei der Bundesregierung in Bonn, tatsächlich jedoch weit mehr: Rechtsanwalt in diplomatischer Mission, graue Eminenz der DDR, engagierter Befürworter einer Humanisierung des Strafrechts in der DDR; Spionenhändler – ein Mann von vollendeter Diskretion, eine schillernde Persönlichkeit und ein verläßlicher Mensch.

Ich habe Wolfgang Vogel zunächst als Journalist kennen- und später als Anwaltskollege schätzen gelernt.

Zur Frage einer Autobiographie hat er mir gesagt:»Memoiren sollen ein Privileg für Politiker und andere weltweit beachtete Persönlichkeiten sein. Außerdem müßte ich mehr verschweigen, als ich aussprechen kann. Ich gehe nicht mit dem Schicksal anderer Menschen, meiner Mandanten, auf den offenen Markt.«

Ich habe mich bemüht, durch eine weitgehend sachliche und vorurteilsfreie Darstellung die Beweggründe beider Seiten zur Aufnahme humanitärer Beziehungen in der heutigen Form aufzuzeigen, die nicht einfache Position auch der DDR darzustellen, ihr gerecht zu werden. Den Betroffenen habe ich Gelegenheit gegeben, die Fakten in diesem Buch zu überprüfen. Für die Richtigstellungen, die sie vorgenommen haben, danke ich.

Die Recherchen waren langwierig und nicht einfach. Wolfgang Vogel wäre sich selbst untreu geworden, hätte er mich beim Abfassen des Manuskripts aktiv unterstützt. Er hat das Werden dieses Buches mit gewisser Besorgnis betrachtet. Die detaillierten Angaben über die humanitären Beziehungen zwischen der Bundesrepublik und der DDR verdanke ich weder Vogel noch Rehlinger, noch sonstwem in offizieller Funktion. Als ich sie jedoch herausgefunden hatte, blieb den Beteiligten keine andere Wahl, als die Korrektheit der Recherchen zu bestätigen.

Das Buch ist eher ein Porträt des Menschen Wolfgang Vogel als eine umfassende Dokumentation. Ich habe versucht, anhand bekannter und weniger bekannter Vorgänge nach Hintergründen und Motiven zu suchen, eigene Vorurteile und die anderer zu überprüfen. Für eine umfassende Geschichtsschreibung sind die Informationen zu lückenhaft. Vogel und die anderen Beteiligten verschweigen viel, und jene, die ihre Erfahrungen veröffentlicht haben, haben entweder wenig verstanden oder aber ein schlechtes Gedächtnis. Es wäre wünschenswert, wenn sich jemand fände, der einen schlüssigen Nachweis für den Zusammenhang zwischen den Anfängen der humanitären Beziehungen, die durch Anwälte vermittelt wurden, und der Wiederannäherung beider deutschen Staaten nach dem kalten Krieg führen würde. Der Zusammenhang besteht.

Das ist nicht der Anspruch dieses Porträts. Es ist nicht zuletzt der Versuch, einem verdienstvollen Kollegen kritische Reverenz zu erweisen.

Juli 1987   Jens Schmidthammer

I

Alltag in Deutschland

Der verwirrte Professor

»Ich verstehe mich nicht als nützlicher Idiot, weder für die eine noch
für die andere Seite. Was ich tue, halte ich auch politisch für richtig und
hilfreich für die Beziehungen der
beiden deutschen Staaten. Der Konflikt im kleinen ist oftmals die Ursache für den Konflikt im großen.«

Für die Beamten des Bundeskriminalamtes ist es ein Auftrag wie
jeder andere. Das Besondere ist vielleicht, daß derjenige, den
Generalbundesanwalt Kurt Rebmann per Haftbefehl verfolgen
läßt, seinen Aufenthaltsort bereits im Fernsehen bekannt gegeben
hat: Herbert Meißner, ordentlicher Professor und stellvertretender
Generalsekretär der Akademie der Wissenschaften in der DDR, hat
im Gebäude der Ständigen Vertretung der DDR in Bonn-Bad Godesberg »Zuflucht« gesucht. Dort hat er dem DDR-Fernsehen am
18. Juli 1986 ein Interview gegeben, das am selben Abend in der
»Aktuellen Kamera« gesendet worden ist. Er, Meißner, sei am 9. Juli unter dem Vorwand, einen Ladendiebstahl verübt zu haben, in
West-Berlin festgenommen, tagelang verhört und schließlich zum
Bundesnachrichtendienst nach Pullach bei München verschleppt
worden. Bei einem kleinen Stadtbummel habe er die Gelegenheit
genutzt, sich seinen Bewachern zu entziehen und »einen Weg zu
finden, der mich zur Ständigen Vertretung nach Bonn führt. Wie
dieser Weg im Detail aussah, das ist, da bitte ich um Verständnis,
nicht fürs Fernsehen gedacht.« – Ein geharnischter Protest aus der
Ständigen Vertretung der DDR kündigte das Entstehen einer der
regelmäßig wiederkehrenden Krisen im deutsch-deutschen Neben-
einander an.

Alles wäre nun weniger kompliziert, könnte die Bundesregierung dem derzeit prominentesten Bewohner der Ständigen Vertretung die Rückreise in die DDR ohne weiteres gestatten. Doch dem
hat der weniger als Politiker denn als Jurist denkende Generalbundesanwalt Kurt Rebmann einen wirkungsvollen Riegel vorgescho-

ben: Er hat Haftbefehl gegen Herbert Meißner erlassen, weil dieser nach seinen eigenen Angaben bei der polizeilichen Vernehmung »als typischer Reisekader der geheimdienstlichen Agententätigkeit gegen unseren Staat dringend verdächtig« sei. Solange dieser Haftbefehl in der Welt ist, kann die Bundesregierung Meißner nicht in die Freiheit, die er meint, entlassen – auch wenn sie will.

»Und wir müssen die Sache jetzt für die Politiker ausbaden«, murrt einer der Beamten des BKA, die zusammen mit grün uniformierten Kollegen einen dichten Kordon rund um das Gebäude der Ständigen Vertretung gebildet haben – rund um die Uhr. Dabei sind die Nachtschichten durchaus die angenehmeren: Tagsüber ist es in diesen Julitagen unangenehm heiß. Die Pkws des BKA – unauffällige Wagen der Mittelklasse mit zivilen Kennzeichen – verfügen nicht über den Luxus einer Klimaanlage. Außerdem kann von unauffälliger Tätigkeit, wie sie vom Bundeskriminalamt eigentlich bevorzugt wird, keine Rede sein. Die observierenden Kriminalbeamten wissen nur zu genau, daß sie und ihre Fahrzeuge von aufmerksamen Augen hinter den blinden Fenstern der Ständigen Vertretung registriert werden. Die Presse tut ein übriges: Auf einigen Zeitungsfotos sind die Fahrzeuge des BKA und ihre Fahrer gut sichtbar abgebildet. Resigniert meint einer der Beamten, die »andere Seite« werde jetzt wohl jeden Wagen kennen, der in den Diensten der Außenstelle des BKA in Meckenheim steht. Es ist also doch kein ganz normaler Auftrag, sondern vielmehr – wie ein Beamter drastisch meint – ein »Scheißjob«, und ein langweiliger dazu.

Denn das Schlimme ist, daß die Polizisten eigentlich nicht wissen, worauf sie warten. Daß Herbert Meißner das Gebäude der Ständigen Vertretung verlassen wird, glaubt niemand im Ernst. Mehr aus Routine denn aus Überzeugung überprüfen die Polizisten die Autos, die die DDR-Vertretung verlassen wollen, und müssen sich dafür – nicht ganz unbegründet – wegen der unzulässigen Beschränkung diplomatischer Freizügigkeit kritisieren lassen. Aber es kommen kaum noch Fahrzeuge. Die Ständige Vertretung hat sich eingeigelt. Verwundert registrieren die Beamten, daß schon ganze Reisegruppen, auch aus dem Ausland, kommen, um sich den seltsamen Belagerungszustand an der Godesberger Allee mit eigenen Augen anzusehen. Was mögen z. B. die Japaner denken, die minutenlang – ohne sichtbare Regung zu zeigen – auf die heruntergelassenen

Jalousien der DDR-Vertretung sehen und fotografieren? Der BKA-Beamte im roten BMW mit Siegburger Kennzeichen dreht gelangweilt den Empfang des Autoradios von Polizeifunk auf SWF 3. (Das ist zwar verboten, denn die Polizisten sind angehalten, »auf Empfang« zu bleiben, aber es tut sich ohnehin nichts.) Die Ausländer müssen uns für verrückt halten, überlegt er. Dabei ist es nur ein Stückchen deutsch-deutscher Alltag – in dem schon eine kleine Duscharmatur zu einer diplomatischen Krise führen kann.

Tagebuch einer Groteske:

9. Juli 1986:
Der Ostberliner Wirtschaftswissenschaftler Herbert Meißner wird bei einem Ladendiebstahl in West-Berlin ertappt. Er hat Gefallen an einer Duscharmatur im Wert von zirka 29,00 DM gefunden und sie eingesteckt. Bezahlen kann er sie jedoch nicht. Als »Reisekader« genießt er zwar relative Freizügigkeit bei West-Reisen, aber sein Spesenbudget für einen Tagesbesuch in West-Berlin ist mit 15 Mark recht bescheiden: Das Geld reicht für die S-Bahn-Fahrt von der Friedrichstraße nach West-Berlin und zurück und einen kleinen Imbiß im Stehen, nicht jedoch für eine Duscharmatur. So wählt Meißner den Weg, den Tausende überführter Westberliner pro Jahr wählen: Er steckt das Utensil ein, ohne zu bezahlen. Nun ist ein Ladendiebstahl keine Staatsaffäre, auch dann nicht, wenn sich der Täter früher wissenschaftlich »Zur Kritik der bürgerlichen Eigentumskonzeption« geäußert hat. Dazu bedarf es schon der freundlichen Mitwirkung des Überführten. Der verwirrte Täter macht in der Folge alles verkehrt, was nur möglich ist. Als er vom Kaufhausdetektiv angesprochen wird, gibt er einen falschen Namen und eine Westberliner Anschrift an. Seinen Ausweis hat er – natürlich – nicht bei sich. Vor der Westberliner Polizei kommt seine wahre Identität ans Licht. Er wird der Staatsschutzabteilung überstellt. In Anwesenheit eines britischen Beamten präsentiert er sein Notizbuch mit Hinweisen auf seine Tätigkeit für die DDR-Spionage, unter anderem Treffdaten mit seinem Führungsoffizier »Eberhard«. Zu Protokoll diktiert er: »Ich möchte nochmals ausdrücklich anfügen, daß ich mich zu dem Schritt, in der Bundesrepublik Deutschland zu

bleiben, nur unter der Voraussetzung entschlossen habe, daß ich Kontakte zum BND behalte.«

10. Juli 1986:
Gesagt, getan. Meißner fliegt nach München – freiwillig, wie BND und Bundesregierung später eifrig betonen werden. Er wird in einem Hotel in Murnau untergebracht.

12. Juli 1986:
Meißner offenbart sich gegenüber Mitarbeitern des BND. Er unterschreibt eine Erklärung, freiwillig in die Bundesrepublik gekommen zu sein, hierbleiben und keinen Kontakt zu DDR-Vertretern haben zu wollen. Die Mitarbeiter des Bundesnachrichtendienstes begehen einen kleinen, jedoch verhängnisvollen Fehler. Der Träger des Vaterländischen Verdienstordens in Bronze, der stellvertretende Generalsekretär der Akademie der Wissenschaften in der DDR, der Vorsitzende des DDR-Volksbildungswerks »Urania« wird nicht vom Chef des BND persönlich empfangen und hofiert, sondern von niederen Chargen abgefragt. Dies kränkt den Privilegierten, und ihm kommen Zweifel, ob sein Entschluß richtig war, die Fronten zu wechseln.

14. Juli 1986:
Meißner wird in einem anderen Hotel in der Nähe von München untergebracht. Er kann sich frei bewegen.

15. Juli 1986:
Für 13.00 Uhr ist ein neuer Gesprächstermin Meißners beim Bundesnachrichtendienst vereinbart. Meißner erscheint jedoch nicht. Wie eine Bombe schlägt im Bundeskanzleramt um 16.05 die Nachricht von der Ständigen Vertretung der DDR in Bonn ein, daß sich Herbert Meißner in ihrem Gebäude befindet. Gleichzeitig protestiert der amtierende Leiter der Ständigen Vertretung, der Gesandte Lothar Glienke – wie es in einem Bericht der DDR-Nachrichtenagentur ADN heißt – »aufs schärfste gegen einen provokatorischen Akt des BRD-Geheimdienstes (BND) gegen den stellvertretenden Generalsekretär der Akademie der Wissenschaften der DDR, Prof. Dr. Herbert Meißner. Prof. Dr. Meißner war während einer

Dienstreise nach West-Berlin unter falschen Anschuldigungen festgenommen, gewaltsam nach München entführt und dort vom BRD-Geheimdienst in Gewahrsam gehalten und verhört worden. Sein Diplomatenpaß und seine persönlichen Unterlagen wurden vom BND eingezogen. Mit Druck und erpresserischen Mitteln sollte Prof. Dr. Meißner zum Verrat an der DDR gezwungen werden.«

16. Juli 1986:
Die Politiker treten in Aktion – und mit ihnen Generalbundesanwalt Kurt Rebmann. Er beantragt Haftbefehl gegen Herbert Meißner. In Bonner Regierungskreisen herrscht Verwirrung. Eine kleine Duscharmatur hat für ein perfektes Durcheinander gesorgt; unklar ist nur, wer letztlich die Verantwortung dafür trägt. Ist es der Bundesnachrichtendienst, der die Regierungsstellen zu spät darüber informiert hat, welch schillernder Fisch ihm ins Netz gegangen ist? Dementi aus Pullach: Bereits am 11. Juli habe man das Bundeskanzleramt fernschriftlich von dem neuen Mitarbeiter unterrichtet. Außerdem habe die Berliner Staatsschutzpolizei Generalbundesanwalt Kurt Rebmann sofort in Kenntnis gesetzt. Liegt der Schwarze Peter also beim Bundeskanzleramt oder in Karlsruhe bei der Generalbundesanwaltschaft? Staatssekretär Waldemar Schreckenberger, dem die Koordinierung der Geheimdienste obliegt, weist jede Verantwortung von sich. Er kann belegen, daß das Telex des BND zwar am 11. Juli abgefaßt worden war, aber erst am nächsten Morgen um 7.15 Uhr im Kanzleramt eingegangen ist. Da der 12. Juli ein Samstag war und das Fernschreiben keinen Eilvermerk trug, ging das Telex in den normalen Posteingang. Schreckenberger, der sich am Wochenende in Israel aufgehalten hatte, fand das Fernschreiben erst bei Dienstbeginn am Montag, dem 14. Juli, bei seiner morgendlichen Postlektüre vor.

Und Kurt Rebmann? Auf ihn richten sich die meisten bösen Vermutungen. Warum hat er gegen den DDR-Professor, der allgemein als »kleiner Fisch« eingestuft wurde, Haftbefehl beantragt? Ist dies – wie viele in Bonn vermuten – ein Racheakt, weil er aus Regierungskreisen zu spät über den Vorfall informiert worden ist? Ist er nicht bereits von der Berliner Staatsschutzpolizei unterrichtet worden?

Der kleine, durchaus machtbewußte Rechtsgelehrte im Amt des Generalbundesanwalts verneint energisch. Die Nachricht aus Berlin habe ihn erst am 16. Juli erreicht. Am selben Tag – also noch vor Unterrichtung durch die Bundesregierung – war jedoch bereits im Ostberliner »Neuen Deutschland« von der »Flucht« Meißners in die Ständige Vertretung zu lesen. In dieser Situation – so Rebmann – konnte er gar nicht anders handeln, als Haftbefehl zu erlassen. Schließlich habe Meißner schon bei seiner ersten Vernehmung in Berlin offen über Spionagetätigkeit geredet. Als Reisekader – so Rebmann – sei Meißner der geheimdienstlichen Agententätigkeit gegen unseren Staat dringend verdächtig. Da der Professor aber erklärt habe, er wolle in die DDR zurückkehren, also Fluchtgefahr bestehe, sei die Beantragung eines Haftbefehls zwingend gewesen.

Aber warum hat Rebmann nicht zuvor Rücksprache mit dem Kanzleramt gehalten? Das ist – so der lakonische Kommentar eines Insiders – »Rebmanns Rache«. Schon oft hatte sich der eigenwillige Mann aus Karlsruhe über mangelnde Informationen aus Bonn beklagt, und jetzt hat er sich eben revanchiert.

Vollends verfahren ist die Geschichte, weil auch die andere Seite aus dem Ruder gelaufen ist. Der erste Mann der DDR, Staats- und Parteichef Erich Honecker, befindet sich auf Sommerurlaub, und die Geschäfte der Ständigen Vertretung der DDR in Bonn werden vom Gesandten Lothar Glienke geführt. Wer den Startschuß für den Amoklauf gegeben hat, ob Honeckers Kronprinz Egon Krenz oder ein anderer, bleibt unklar: Jedenfalls ist Glienke im Bundeskanzleramt erschienen und hat jenen Paß zurückgebracht, der dem Frontenwechsler Meißner hier in der Bundesrepublik zu einem neuen Leben in neuer Identität verhelfen sollte. Durch seine Protestnote vom Vortag ist aus dem blödsinnigen Vorfall eine Staatsaffäre geworden, die nicht im stillen beizulegen ist.

Im Kanzleramt ist zunächst die Verblüffung größer als der Schrecken. Warum nur wählt die DDR einen solch tragikomischen Vorfall, bei dem auch sie nicht glänzend aussieht, um eine deutschdeutsche Krise zu inszenieren? (Dies wird im übrigen nie geklärt werden.)

19. Juli 1986:

Daß die andere Seite es jedenfalls ernst meint, begreifen die Bonner spätestens bei der morgendlichen Lektüre des »Neuen Deutschland«. Das Zentralorgan der SED druckt im Wortlaut das Interview ab, das Herbert Meißner am Vortag einem Mitarbeiter des DDR-Fernsehens in der Ständigen Vertretung in Bonn gegeben hat. Meißner bestreitet dabei den Ladendiebstahl, spricht von Verschleppung durch den BND und davon, daß ihm Psychopharmaka verabreicht worden seien, von Erklärungen, die er in einem leicht euphorischen, willenlosen Zustand abgegeben habe, von seiner abenteuerlichen Flucht von München ins Gebäude der Ständigen Vertretung in Bonn.

Ein verwirrter Professor, ein bockiger Generalbundesanwalt, eine kopflose Reaktion der anderen Seite: Die Karre sitzt – soviel ist klar – tief im Dreck. Es werden Vermittler gesucht. Die Hoffnung richtet sich dabei auf den beamteten Staatssekretär im Innerdeutschen Ministerium, Ludwig Rehlinger, und den Ostberliner Rechtsanwalt Wolfgang Vogel, zwei bewährte Unterhändler in innerdeutschen Fragen. Und so ist es eine glückliche Fügung, daß Vogel am Freitag nach Bonn gekommen ist – just an dem Tag, als Meißner sein Interview für die »Aktuelle Kamera« des DDR-Fernsehens gegeben hat. Freilich ist Vogel aus einem anderen Anlaß erschienen: Er soll als Zeuge im Strafprozeß gegen Egon Franke, den früheren Minister für innerdeutsche Beziehungen, und seinen Ministerialdirektor Edgar Hirt aussagen.

Diese Vernehmung – obwohl spektakulär genug – interessiert später nur wenige. Wolfgang Vogel hat seine große Stunde bereits am Samstagabend.

»Das ist ein Verstoß gegen diplomatische Gepflogenheiten!« beschwert sich ein DDR-Diplomat bei den Polizisten, die bei der Ausfahrt aus der Ständigen Vertretung nach seinem Diplomatenpaß fragen und sogar in den Kofferraum schauen wollen. Die Polizisten zucken mit den Schultern. Natürlich – es sind sogar ganz gezielte Bosheiten. »Die sollen sich bloß nicht so anstellen«, meint ein älterer Beamter. »In Ost-Berlin machen die mit unseren Leuten doch schon seit Jahren dasselbe.« (Das stimmt – wenigstens zum Teil.

Das Gebäude der Ständigen Vertretung der Bundesrepublik in der Hannoverschen Straße in Ost-Berlin wird überwacht und in Krisenzeiten abgeschirmt. Auch dort werden gelegentlich Besucher kontrolliert und registriert, allerdings – und das ist ein wichtiger Unterschied – die Diplomaten nicht.)

Die Belagerung der Ständigen Vertretung der DDR in der Godesberger Allee wird langsam zum Nervenkrieg. Es ist Samstag. Fünf Tage schon bilden Polizeifahrzeuge mehr oder weniger unauffällig einen Ring um das Gebäude der Ständigen Vertretung, ohne daß etwas geschieht. Die Beamten sind frustriert, ihre Familien enttäuscht, weil der Wochenendurlaub gestrichen worden ist.

»Wißt ihr was Neues?« fragt einer der Journalisten, der Dauerwache vor der Ständigen Vertretung hält, die Polizisten, die sich vor ihren Autos die Füße vertreten. Die beiden schütteln den Kopf. Zwischen den Polizisten und den Journalisten ist im Laufe des untätigen Wartens eine besondere Form von Gemeinschaftsgefühl entstanden. Einer der Polizisten spottet: »Wenn wir etwas Neues erfahren, erfahren wir es sowieso nicht über Polizeifunk, sondern von euch.«

Der Journalist lacht. Er sieht auf die Uhr. Es ist 21.30 Uhr. – Polizisten und Journalisten wissen nicht, daß in diesem Moment jener Vertrag aufgesetzt wird, der die Affäre Meißner beendet. Dabei müßte der Journalist nur zwei Minuten mit dem Auto fahren, um Zeuge der Vereinbarung zu werden. Ort des Geschehens ist das Arbeitszimmer von Staatssekretär Ludwig Rehlinger im Innerdeutschen Ministerium, ebenfalls in der Godesberger Allee. Was dort von Ludwig Rehlinger und Wolfgang Vogel zu Papier gebracht wird, erfährt der Journalist allerdings erst am Montagmorgen – ebenso wie die Polizisten.

Es ist ein Wiedersehen zwischen alten Bekannten. Ludwig Rehlinger und Wolfgang Vogel kennen sich seit 22 Jahren. Rehlinger war seinerzeit im Ministerialamt beim gesamtdeutschen Minister Rainer Barzel, und diesem kommt – gemeinsam mit dem damaligen Bundeskanzler Adenauer – das Verdienst zu, 1963 das erste »Geschäft« über den Häftlingsfreikauf aus DDR-Gefängnissen beschlossen zu haben. Ludwig Rehlinger war »der Mann mit dem Koffer«: Er hatte der anderen Seite einen Koffer mit Bargeld zukommen lassen, dessen Überbringer der Westberliner Rechtsanwalt

Jürgen Stange war. Der Kontaktmann der anderen Seite war schon seinerzeit der damals 37jährige Ostberliner Rechtsanwalt Wolfgang Vogel.

Seither haben Rehlinger und Vogel manche deutsch-deutsche und auch internationale Krise gemeistert – zumeist und im wohlverstandenen Interesse der Sache unter Ausschluß der Öffentlichkeit: den Spionenaustausch um Heinz Felfe, die Besetzung der Ständigen Vertretung der Bundesrepublik in Ost-Berlin im Sommer 1984, die spektakuläre Entlassung Anatolij Schtscharanskijs im Februar 1986 in den Westen.

Über die Beziehung der beiden Männer ist schon viel spekuliert worden. Tatsache ist, daß sie sich verschiedentlich – auch im Ausland – getroffen haben, und wahrscheinlich ist auch, daß sie bei dieser Gelegenheit nicht nur unverbindliche Freundlichkeiten ausgetauscht haben, sondern auch hart über konkrete Probleme verhandelt haben. Sie sind – das betonen beide – nicht miteinander befreundet, unsympathisch jedenfalls sind sich Vogel und Rehlinger nicht.

Als sie sich am Samstagabend um 18.00 Uhr im Dienstzimmer Rehlingers im Innerdeutschen Ministerium zusammensetzen, wissen beide, daß jede Seite Federn lassen muß – gleichgültig, wie die zu treffende Vereinbarung aussehen wird. Rehlinger weiß, daß der Haftbefehl aus der Welt muß. Wolfgang Vogel auf der anderen Seite erkennt klar, daß er Rehlinger ein gleichwertiges Entgegenkommen bieten muß, wenn er die Aufhebung des Haftbefehls erreichen will. Schließlich kommt es nicht nur auf Rehlinger an – dieser muß die Lösung auch noch dem Chef des Bundeskanzleramts, Wolfgang Schäuble, und Generalbundesanwalt Kurt Rebmann »verkaufen«. Umgekehrt sieht sich Vogel einer Forderung gegenüber, die seiner Regierung größtes Unbehagen bereitet: Ludwig Rehlinger will eine persönliche Aussprache mit Meißner führen, um den von vielen Seiten geäußerten Verdacht zu entkräften, Meißner sei seinerseits von DDR-Agenten in die Ständige Vertretung verschleppt worden, sein Rückkehrverlangen sei also nicht freiwillig. Was uns als ein selbstverständliches Anliegen erscheint, ist für die DDR eine schlimme Provokation, denn hinter der Fürsorge für Meißner steht der unverhohlene Anspruch, auch für die Deutschen aus der DDR eine Obhutspflicht zu besitzen. Vogel macht daher Rehlinger klar, daß er nicht bereit ist, über die Frage zu diskutieren, wie Meißner in die Ständige Vertretung gekommen war. Tatsächlich geht dies die Bundesregierung nichts an: Meißner hatte sich zu diesem Zeitpunkt völlig frei bewegen können, da gegen ihn kein Haftbefehl vorlag. Er hätte auch ohne weiteres über die innerdeutsche Grenze in die DDR zurückkehren können. Als er den Weg über die Ständige Vertretung wählte, hatte er das Einfache kompliziert gemacht.

Allerdings weiß Vogel, daß er das eine, nämlich die Aufhebung des Haftbefehls, nur bekommen kann, wenn er Rehlinger das andere, nämlich die persönliche Aussprache mit Meißner, gibt. Und so treffen die beiden nach dreieinhalbstündiger Verhandlung eine schriftliche Vereinbarung, die auf einer halben Schreibmaschinenseite Platz hat. Meißner wird die freie Ausreise in die DDR gestattet werden, wenn Rehlinger sich vorher in einem Gespräch davon überzeugen kann, daß sein Rückkehrverlangen freiwillig ist.

Die Lösung mutet so ungekünstelt und selbstverständlich an, daß hier selbst der gestrenge Bundesanwalt nicht seine Zustimmung versagen kann. Zu Hilfe kommt ihm § 153 d der Strafprozeßordnung, der dem Generalbundesanwalt bei politischen Straftaten die Möglichkeit einräumt, von der Strafverfolgung abzusehen, wenn die Durchführung des Verfahrens die Gefahr eines schweren Nachteils für die Bundesrepublik Deutschland herbeiführen würde oder der Verfolgung sonstige überwiegende öffentliche Interessen entgegenstehen. Am Montagmorgen hebt Rebmann den Haftbefehl gegen Herbert Meißner auf. Auch Wolfgang Schäuble, Heinrich Windelen und Justizminister Hans Engelhard geben ihre Zustimmung zu der Vereinbarung. Um 11.30 Uhr holt Wolfgang Vogel den DDR-Wissenschaftler in der Ständigen Vertretung ab (die Beamten des BKA waren unverrichteter Dinge wieder abgezogen) und fährt mit ihm in seinem goldfarbenen Mercedes nach Meckenheim zur dortigen Außenstelle des Bundeskriminalamtes. Dort trifft Meißner mit Rehlinger zusammen und bestätigt ihm erwartungsgemäß, daß er die Bundesrepublik aus eigenem Entschluß wieder zu verlassen gedenke. Rehlinger bleibt nichts übrig, als ihm zu glauben. Er hatte, was Meißner nicht weiß, aus Vorsichtsgründen einen Arzt zum Gespräch mitgenommen, der prüfen sollte, ob Meißner unter Drogeneinfluß stand. Der winkte jedoch unauffällig ab. Anschließend unterhält sich Rehlinger noch eine halbe Stunde allein mit dem

DDR-Wissenschaftler. Er gewinnt bei dieser Gelegenheit keinen ungünstigen Eindruck von ihm: Meißner sei – so Rehlinger – ein »intelligenter, gebildeter Mann«. Nur die Frage, wie er von München nach Bonn gekommen ist, beantwortet Meißner noch immer nicht. Warum sollte er auch? Es stand ihm frei, sich in den Zug zu setzen und von München nach Bonn zu fahren. Ludwig Rehlinger verzichtet daher auf eine Klärung dieser Frage, die die neugierige Öffentlichkeit brennend interessiert. Darum ging es ihm nach seinen eigenen Worten »nur am Rande«.

Wolfgang Vogel weiß natürlich um die Hintergründe des geheimnisvollen Ortswechsels, doch beruft er sich auf seine anwaltliche Schweigepflicht. Er wundert sich nur, daß – fast – alle die schlimmste Möglichkeit (Entführung durch Mitarbeiter des Staatssicherheitsdienstes) für wahrscheinlich hielten und nur wenige die natürlichste Erklärung. Nach dem Gespräch fährt der Wissenschaftler mit einem Fahrzeug der Ständigen Vertretung über die Autobahn zurück nach Berlin. An der Grenze ist man auf sein Kommen schon vorbereitet und läßt ihn ungehindert passieren.

Für Wolfgang Vogel bleibt allerdings nicht viel Zeit, sich des erzielten Verhandlungserfolgs zu freuen. Die Vernehmung als Zeuge im Prozeß gegen Egon Franke und Edgar Hirt beginnt um 14.00 Uhr – zu einem Zeitpunkt, da sich Herbert Meißner zwar schon auf der Rückreise, aber immer noch im Bundesgebiet befindet.

Der stille Mittler

> »Ich war, bin und bleibe Rechtsan-
> walt. Das ist mein Beruf, das ist mei-
> ne Aufgabe, und wenn ich hier und
> da politisch vermittelt habe, dann hat
> sich das aus dieser Aufgabe heraus
> ergeben.«

In der Wilhelmstraße, vor dem Bonner Landgericht, wird Wolfgang Vogel ein großer Bahnhof bereitet. Es sind nicht nur jene
unermüdlichen Gerichtsreporter, die Sitzungstag für Sitzungstag
über den (schleppenden) Fortgang im Parteispendenprozeß und im
Franke-Hirt-Prozeß berichten – an diesem Tag sind Journalisten
aller Couleur zusammengekommen, um jenen berühmten Unbekannten in Augenschein zu nehmen, der so gekonnt in deutsch-
deutschen Geschäften die Fäden zieht.

Die Journalisten hoffen – psychologisch nicht unklug – darauf,
daß der als wortkarg bekannte Vogel jetzt, in der Stunde der Er-
leichterung, des Erfolgs, etwas aus sich herausgeht und seinen Ge-
fühlen freieren Lauf läßt. Doch sie sehen sich enttäuscht: Der
Mann, dem es zusammen mit Ludwig Rehlinger gelungen ist, den
verwirrten Herbert Meißner aus den Selbstschußanlagen der bundesdeutschen Justiz und aus dem dilettantischen Geharke west- und
ostdeutscher Diplomatie zu befreien, findet nur einen lakonischen
Kommentar. »Es war eine Koalition der Vernunft bis zum guten
Schluß.« – Interviewpartner, die ihre Contenance nie verlieren,
können Journalisten zur Verzweiflung bringen.

Den Journalisten, die beim Franke-Hirt-Prozeß akkreditiert
sind, bereitet die Vernehmung des Zeugen Vogel/Ost-Berlin wenig
später eine gewisse Genugtuung: Der Auftritt Vogels vermittelt etwas von dem, was den stillen Mittler zwischen den Systemen aus-
zeichnet – Diskretion, höfliches Selbstbewußtsein, Vertrauenswür-
digkeit, Reaktionsvermögen und leiser Humor.

Dem Vorsitzenden Richter Manthey ist das Groteske der Situation durchaus bewußt. Da soll ein DDR-Bürger helfen, zu klären, wo die verschwundenen 6 Millionen DM aus der Kasse des Innerdeutschen Ministeriums geblieben sind, die gerade für den mehr oder weniger geheimen Häftlingsfreikauf zwischen der Bundesrepublik und der DDR verwendet worden sein sollen. Richter Manthey versucht die Befangenheit zu nehmen: Ob es stimme, daß einiges über die deutsch-deutschen Gebräuche bei Häftlingsfreikäufen nicht für die Ohren der Öffentlichkeit bestimmt sei? Vogel antwortet lakonisch, aber zutreffend: »So ziemlich alles.« Behutsam tastet sich Manthey weiter vor: Der Häftlingsfreikauf sei doch eine weithin bekannte Tatsache, spätestens seit Rainer Barzel in seiner Autobiographie die Vorgeschichte des berühmten ersten Freikaufs und die Geldübergabe von Ludwig Rehlinger an Jürgen Stange geschildert habe. Als Vogel daraufhin einwirft, daß er dieses Buch gar nicht kennt, antwortet Manthey erstaunt: »Das gibt es doch schon als Taschenbuch.« – »Das ist aber bei uns nicht im Handel«, kontert Vogel und ruft mit einem Satz wieder das Absurde der Situation in Erinnerung.

Die Journalisten sind verblüfft. Wolfgang Vogel hat wenig gemein mit der Formenstrenge und oft strapaziösen Humorlosigkeit der Funktionäre aus dem anderen Deutschland. Er wirkt locker und entspannt, jederzeit Herr der Situation. Auch äußerlich unterscheidet ihn nichts von einem erfolgreichen Anwalt oder Geschäftsmann im kapitalistischen Westen: Er trägt Maßanzüge, teure Uhren und Brillen, wirkt zwölf Monate im Jahr sonnengebräunt und fit. Dabei verleugnet das SED-Mitglied Vogel nicht seine Herkunft, seine geographische und politische Heimat. Ironisch kokettiert er mit den Vorurteilen der Westdeutschen über die DDR: Als er, Vogel, von den Vorwürfen gegen Franke und Hirt erfahren habe, sei ihm die Mokkatasse aus der Hand gefallen. Der korrekte, aber nicht humorlose Vorsitzende Richter Manthey fragt: »Gibt es denn bei Ihnen Mokka?«, worauf Vogel antwortet: »Die Mokkatasse ist mir zwar in West-Berlin aus der Hand gefallen. Aber Sie können beruhigt sein: Es gibt auch bei uns Mokka.« Eine solche Pointe ist bessere Öffentlichkeitsarbeit für die DDR als jede vollmundige Parole zum Ruhme der Partei und des Sozialismus. Es ist davon auszugehen, daß dieser Umstand selbst der für Humor wenig sensiblen Parteiführung in Ost-Berlin nicht verborgen geblieben ist, und so darf sich Vogel die eine oder andere äußere Extravaganz leisten, die sich die meisten Parteigenossen in der Öffentlichkeit versagen.

Der Ostberliner Rechtsanwalt und Professor für Strafprozeßrecht Dr. Wolfgang Vogel ist seit 1964 Bevollmächtigter der DDR für humanitäre Fragen bei der Bundesregierung in Bonn. Seine Vollmachtsurkunde liegt in einem Aktenschrank im Bundeskanzleramt. Sie datiert jedoch vom 1. Juli 1969. Die entscheidenden fünf Jahre vorher hatte Vogel nichts in der Hand gehalten, das ihn als Beauftragten auswies: Alle Geschäfte, die in jener Zeit getätigt wurden, basierten auf dem Vertrauen, daß sich die DDR an die von Vogel getroffenen Abmachungen halten würde. Dabei hat Vogel noch heute kein offizielles DDR-Amt inne. Er ist keinem Ministerium untergeordnet – sieht man einmal davon ab, daß er als Einzelanwalt natürlich der gesetzlichen Aufsicht des Justizministeriums unterliegt. Sein Mandat erhält er unmittelbar vom Rechtsuchenden: Das kann ein Inhaftierter ebenso sein wie ein Ausreisewilliger oder ein Bürger, der sich aus anderen Gründen in einem Konflikt mit dem Gesetz befindet. In einigen dieser Fälle war er auf die Zusammenarbeit mit dem Generalstaatsanwalt der DDR, Josef Streit, angewiesen, und es dürfte für ihn und seinen Mandanten günstig gewesen sein, daß zwischen Streit und Vogel ein freundschaftlicher Kontakt bestand (Streit starb am 10. Juli 1987). Es ist auch überliefert, daß Wolfgang Vogel in einigen Fällen von seiner guten Bekanntschaft zum Generalsekretär Erich Honecker Gebrauch macht, um Menschen in Schwierigkeiten zu helfen – aber er weiß genau, daß er dieses Privileg nur zurückhaltend in Anspruch nehmen darf. In diesem engen persönlichen Kontakt zum ersten Mann im Staat, dem gegenseitigen Vertrauen verdankt es Vogel sicherlich, daß ihm manche Besonderheiten nachgesehen werden: das elegante Äußere, die zahlreichen Westreisen (die jedoch regelmäßig im Zusammenhang mit seiner beruflichen Tätigkeit stehen) und seine – zurückhaltende – Kritik am Strafprozeß und Strafvollzug in der DDR. Die Sonderstellung Vogels ist um so erstaunlicher, als er bis zum Jahre 1982 nicht einmal Mitglied der Sozialistischen Einheitspartei Deutschlands war und dies als zwingende Voraussetzung für jede politische Karriere im anderen Deutschland gilt. Vogel, der zum Zeitpunkt seines Parteibeitritts bereits im Zenit stand, hatte diesen Schritt nicht nötig gehabt, und es widerspräche auch seiner Natur, vor der

Macht im Staate seinen Diener zu machen. Sein Eintritt in die SED war nach eigenem Verständnis Bekenntnis.

Kurioserweise war es jedoch der sozialdemokratische Bundeskanzler Helmut Schmidt, der den Anlaß zum Parteibeitritt Vogels gab. Als im November 1981 das historische Treffen von Erich Honecker und Helmut Schmidt am Werbellinsee bei Berlin stattfand, waren beim Abendessen die Tischkärtchen – welch Zeugnis preußischer Detailliebe! – mit der Parteizugehörigkeit des Betreffenden versehen. Als der während der ganzen DDR-Visite eher mürrische Kanzler in einem Anfall von guter Laune sein Gegenüber Erich Honecker darauf aufmerksam machte, daß man bei seinem Nachbarn (!) Wolfgang Vogel die Parteibezeichnung aus Versehen vergessen habe, klärte Honecker den Kanzler auf. Zu seinem Nachbarn meinte er allerdings: »Das bringen Sie aber doch bald in Ordnung, nicht wahr?« Vogel brachte es in Ordnung.

Als Bevollmächtigter der DDR für humanitäre Fragen ist Wolfgang Vogel Anlaufstelle der bundesdeutschen Behörden in allen Fragen im Zusammenhang mit den Aktionen »Familienzusammenführung« und »Häftlingsfreikauf«. Seit 1963 werden aufgrund laufend erneuerter Vereinbarungen zwischen der Bundesregierung und der DDR politische Häftlinge aus DDR-Gefängnissen freigekauft und in den Westen entlassen. Als Gegenleistung in diesem diskreten Geschäft erhält die DDR Sachleistungen. Wolfgang Vogel hat es in den mehr als 20 Jahren seiner Tätigkeit für die DDR verstanden, das heikle Geschäft »Humanität gegen materielle Güter« so diskret zu handhaben, daß er sich den Respekt seiner westdeutschen Verhandlungspartner erworben und erhalten hat – um einige Namen zu nennen: Rainer Barzel, Erich Mende, Herbert Wehner, Helmut Schmidt, Bischof Hermann Kunst. Ebenso konnte er sich Vertrauen und Freundschaft seiner Gewährsleute im Osten bewahren – allen voran Josef Streit, der langjährige Generalstaatsanwalt der DDR, und Erich Honecker.

Natürlich hat Wolfgang Vogel auch eine Vielzahl von Gegnern. In den Augen der Internationalen Gesellschaft für Menschenrechte in Frankfurt ist Vogel – vorsätzlich oder nicht – ein Diener der kommunistischen Idee. IGfM und Vogel standen sich bereits vor Gericht gegenüber. 1980 wurde Vogel in einer Dokumentation der IGfM als Mitarbeiter des DDR-Staatssicherheitsdienstes, also als

Spitzel bezeichnet. Der verletzliche Vogel zeigte sich in seiner anwaltlichen Ehre getroffen. »Ich bin für die da drüben kein Freiwild«, meinte er und konnte vor Gericht erwirken, daß die IGfM die Behauptung nicht aufrechterhielt.

Feinde bzw. Gegner hat der als »Star-Anwalt« apostrophierte Vogel natürlich auch in der klassenlosen Gesellschaft der DDR. Viele neiden ihm seine Privilegien, darunter die in einem durchorganisierten Staat unbezahlbare Möglichkeit, außerhalb jeder Hierarchie zu arbeiten. Im übrigen ist es kein Geheimnis, daß es nur drei Personen in der DDR-Führung gibt, die sich öffentlich zu ihm und seiner Arbeit bekannt haben: eben Erich Honecker, Außenminister Oskar Fischer und der vormalige DDR-Generalstaatsanwalt Josef Streit, beides Männer, die im Leben Wolfgang Vogels eine wichtige Rolle gespielt haben und spielen. (Die offizielle Distanz bedeutet jedoch keine Mißachtung Vogels: Seine Arbeit und seine Leistung zu würdigen, hieße Licht auf ein heikles Detail deutsch-deutscher Anomalität zu werfen, bei dem die DDR nicht sehr günstig dasteht. Welcher Staat hebt schon gerne hervor, daß er politische Gefangene hat und Handel mit ihnen treibt?)

Im übrigen weiß die Führung in Ost-Berlin, was sie an dem weltgewandten Rechtsanwalt hat. Zahlreiche offizielle Ehrungen zeugen von der Wertschätzung, die er in der DDR genießt. Seit 1975 ist er Träger des Vaterländischen Verdienstordens in Gold. Im Oktober 1983 wurde er anläßlich des 34. Jahrestages der DDR-Gründung »in Würdigung hervorragender Verdienste um die Verständigung und die Freundschaft und um die Erhaltung des Friedens« mit dem »Großen Stern der Völkerfreundschaft« geehrt. Ein Jahr später erhielt er eine Professur für Strafprozeßrecht an der Akademie der Wissenschaften in Babelsberg, die ihm bereits 1969 die Ehrendoktorwürde verliehen hatte.

Das schwedische Staatsoberhaupt König Karl XVI. Gustav ehrte den DDR-Rechtsanwalt und Notar in Würdigung seines Beitrages zur Entwicklung der Beziehungen zwischen der DDR und dem Königreich Schweden mit der Ernennung zum Offizier des Königlichen Nordsternordens. Er erhielt ebenfalls das Große Ehrenzeichen für Verdienste um die Republik Österreich. Den Botschaften beider Länder dient Vogel seit vielen Jahren als Vertrauensanwalt in der DDR – Tätigkeiten, die er unentgeltlich ausübt.

Viel offizielle Ehre für einen Privatmann, der immer wieder betont, in erster Linie Rechtsanwalt zu sein. Diese Selbsteinschätzung entspricht zu einem guten Teil der Wahrheit. Ausgangspunkt seiner Tätigkeit war zweifellos der Anwaltsberuf, auch heute noch ist er weit mehr als nur ein vergnügliches Hobby. Wolfgang Vogel genießt einen hervorragenden Ruf als Strafverteidiger. Sein taktisches und rhetorisches Geschick kommt ihm auch bei seinen diplomatischen Missionen zugute. In aufsehenerregenden Nazi-Prozessen, z. B. gegen den KZ-Arzt Dr. Horst Fischer, hat er die Verteidigung geführt. Gemeinsam mit seinen Sozien Hartmann und Starkulla führt er eine freie Anwaltspraxis im Ostberliner Stadtteil Friedrichsfelde. (Das ist eine Rarität, denn in der DDR sind die meisten der insgesamt rund 600 Rechtsanwälte in sogenannten Kollegien der Rechtsanwälte zusammengeschlossen.) Zu den Schwerpunkten seiner Praxis gehören sicherlich die Entgegennahme, Bearbeitung und Weiterleitung der geheimnisvollen Listen, die ihm vom Innerdeutschen Ministerium oder seinen Mittelsleuten zur Vorbereitung der Aktionen »Häftlingsfreikauf« und »Familienzusammenführung« vorgelegt werden. Doch führt er auch eine – wenngleich nicht ganz normale – Allgemeinpraxis: mit Abwicklung zivilrechtlicher Streitigkeiten, notariellen Beurkundungen usw. Die Praxis entspricht nur insoweit nicht den normalen Vorstellungen, als Fügung, Eignung und Neigung die Strafverteidigung, zumeist in deutsch-deutschen Problemfällen, zu einem Schwerpunkt seiner Tätigkeit werden ließen. Hinzu kommt, daß der Name Wolfgang Vogel in der DDR eine fast magische Bedeutung hat: gilt er doch für viele Ausreisewillige im anderen Deutschland als letzte Hoffnung. Es ist bekannt, daß er unzähligen Menschen in bedrängter Situation hat helfen können. Vielen anderen hat er nicht helfen können, aber er hat es versucht.

Aber wie konnte es geschehen, daß der Rechtsanwalt Wolfgang Vogel als Diplomat »Karriere« machen konnte? Das ist ein deutsches Phänomen, nur verständlich aus der Nachkriegsgeschichte dieser Nation in zwei Staaten. Der kalte Krieg zwischen den Großmächten, der auch die Verbündeten nicht verschonte, machte offizielle Kontakte zwischen den Regierenden in Bonn und Ost-Berlin unmöglich. Sowohl die Bundesrepublik als auch die DDR hatten jedoch ein starkes Interesse daran, die Kontakte nicht absterben zu lassen: die Bundesrepublik vorrangig aus politischen Gründen, die DDR aus ökonomischen. Da aber zu jener Zeit offizielle Fühlungnahmen zwischen Regierungsvertretern tabu waren, mußten die Kontakte über neutrale Mittler erfolgen – über Rechtsanwälte wie Wolfgang Vogel.

Erste Kontakte

»Das Reizvollste an der anwalt-
schaftlichen Aufgabe ist, daß man
mit sich selber allein entscheiden
muß, was im rechten Augenblick zu
tun ist, und sich allmählich eine Ent-
scheidungsfähigkeit zu erarbeiten.
Und der zuweilen eben vorhandene
Erfolg, der ist nach getaner Arbeit
eine ungeheure Befriedigung.«

Bis zum Mai 1967 herrschte Eiszeit zwischen beiden deutschen
Staaten. In diesem Monat beschloß das Kabinett der Großen
Koalition, geführt von Kurt Georg Kiesinger und Willy Brandt,
erstmals Schreiben der DDR-Regierung anzunehmen und auch zu
beantworten. Bis dahin hatte Bonn die Entgegennahme von Briefen
aus Ost-Berlin immer verweigert. Zum ersten Mal nahm eine Bundesregierung von der DDR offiziell Kenntnis – ein weitreichender
Schritt.

Willy Brandt, der als Regierender Bürgermeister von Berlin die
Nöte der deutschen Teilung an vorderster Front kennengelernt hatte, führte als Bundesaußenminister den grundlegenden Wandel in
der Ostpolitik herbei. Zu den Ländern des Warschauer Paktes sollten diplomatische Beziehungen aufgenommen werden. Anfang
1967 wurde der erste Botschafteraustausch mit Rumänien vereinbart. Dies war eine politische Sensation, denn es bedeutete die Aufgabe der »Hallstein-Doktrin« von 1955. Walter Hallstein, seinerzeit Staatssekretär im Auswärtigen Amt, später Präsident der
EWG-Kommission, hatte eine Formel kreiert, die die außenpolitische Isolierung der DDR zum Ziel hatte: Die Bundesregierung be-
wertete die Anerkennung der DDR durch andere Staaten als »un-
freundlichen Akt« und ließ alle Drittländer wissen, sie werde mit
keinem Staat diplomatische Beziehungen aufnehmen oder unterhalten, der seinerseits diplomatische Beziehungen zur DDR aufnahm.

Die Rechnung Hallsteins war tatsächlich aufgegangen. Lediglich
die Länder des Warschauer Paktes und einige Dritte-Welt-Staaten
hatten die DDR anerkannt. Auf dem internationalen diplomati-

schen Parkett spielte sie jedoch keine Rolle. Das Problem war nur, daß die Deutschlandpolitik der Bundesregierung durch diese Politik des Ignorierens bis zur völligen Bewegungslosigkeit gelähmt war: Die DDR war nicht existent, folglich konnten keine Verhandlungen mit ihr geführt werden.

Die Leidtragenden waren die Menschen in beiden Teilen Deutschlands. Denn die DDR hatte durchaus Möglichkeiten, nachdrücklich auf ihr Bestehen aufmerksam zu machen – gleichfalls durch Verweigerung. Die DDR-Führung gestattete nicht, daß Familien, die im Zug der deutschen Teilung oder später durch den Bau der Mauer getrennt worden waren, zueinander kamen.

Die Grenze zum Westen war bereits zu Beginn der fünfziger Jahre dicht gemacht worden. Im Mai 1952 war eine fünf Kilometer tiefe Sperrzone entlang der Demarkationslinie errichtet worden, die nur mit Sonderausweisen betreten werden konnte. Eine Flucht war fast unmöglich, zu perfekt war die Grenze abgesichert: übermannshohe Stacheldrahtzäune, Gräben, später auch Selbstschußanlagen, patrouillierende Grenzbeamte mit Hunden, ständig besetzte Wachtürme. Noch heute ist der Schießbefehl nicht offiziell aufgehoben.

Offen war lediglich die Grenze zwischen West- und Ost-Berlin. U- und S-Bahnen machten vor den Sektorengrenzen nicht halt; und es war auch nicht möglich, sämtliche Straßenverbindungen zwischen den Sektoren wirksam zu kontrollieren. Insgesamt 2 686 942 Flüchtlinge verließen die DDR seit ihrer Gründung bis zum 13. August 1961, die meisten über Berlin. Das war ein Siebtel der DDR-Bevölkerung von 1949.

Berlin war und ist der Pfahl im Fleische der DDR. Zweimal hat die Sowjetunion versucht, die Berlinfrage mit Gewalt zu lösen. Im Juni 1948 wurden die Zugangswege von Westdeutschland zur Viermächtestadt unterbrochen. Berlin mußte mehr als zehn Monate lang aus der Luft durch eine »Luftbrücke« mit lebenswichtigen Gütern versorgt werden. Tag für Tag flogen amerikanische Transportflugzeuge vom Bundesgebiet nach Berlin-Tempelhof, und das Wunder geschah: Die Millionenstadt konnte am Leben gehalten werden. Der Westen, insbesondere Amerika, hatte Festigkeit bewiesen. Was immer sich die sowjetische Führung ausdenken würde – so hieß die Lehre–, der Westen würde nicht weichen. Berlin war zum Exerzierplatz im kalten Krieg der Großmächte geworden.

Einen zweiten Versuch, den Viermächtestatus von Berlin zu beseitigen, unternahm im November 1958 der Nachfolger Stalins und Bulganins, Nikita Chruschtschow. In seinem berühmten »Berlin-Ultimatum« erklärte er das Londoner Abkommen vom 12. September 1944, das Berlin der gemeinsamen Besatzung durch die Siegermächte unterworfen hatte, für ungültig. Aus diesem Grund sei die westliche Besatzung in Berlin unrechtmäßig, ganz Berlin liege auf dem Territorium der sowjetisch-besetzten Zone, der jetzigen DDR. Chruschtschow forderte, binnen eines halben Jahres müßte West-Berlin in eine selbständige politische Einheit und eine freie Stadt umgewandelt werden. Erneut gab der Westen dem Druck aus Moskau nicht nach. Chruschtschow, dem nur die Wahl zwischen militärischer Auseinandersetzung oder politischer Kapitulation zu bleiben schien, hatte offenbar das Nachsehen. Doch erwies sich diese Annahme sehr schnell als trügerisch. Die Regierung in Pankow konnte nicht zulassen, daß über Berlin die DDR entvölkert wurde. Das Nadelöhr Berlin mußte verstopft werden, und es gab nur eine Möglichkeit.

In der Nacht vom 12. auf den 13. August 1961 begann die DDR mit jener Aktion, die sie euphemistisch als »Grenzsicherungsmaßnahme« bezeichnete und die den Kontakt zwischen Menschen hüben und drüben vollständig zum Erliegen brachte: dem Bau der Berliner Mauer. 112 Kilometer Betonplattenwand wurden errichtet, 56 Kilometer Metallgitterzaun, 125 Kilometer Kontakt- und Signalzaun aufgestellt, Gräben in einer Länge von 108 Kilometern gezogen, 7 Kilometer Panzersperren errichtet, 301 Beobachtungstürme und Bunker erbaut. Seither wurde allein an der Berliner Mauer über 1 600mal von der Schußwaffe Gebrauch gemacht. Über 3 000 Menschen wurden an der Demarkationslinie festgenommen, 56 Menschen wurden erschossen.

Durch die Mauer wurde den Menschen in der DDR endgültig die Freizügigkeit genommen: Es gab Eltern, Kinder, Verlobte, die zu ihren Verwandten und Bekannten im anderen Teil Deutschlands keinen Kontakt mehr halten konnten. Verzweiflung und Aggression waren die Folge. Doch wer sein Recht auf Freizügigkeit gewaltsam erzwingen wollte, riskierte sein Leben oder wenigstens lange Haftstrafen.

Mit offizieller Hilfe aus Bonn durften diese Menschen nicht rechnen. Die Bundesregierung hatte sich selbst Fesseln angelegt: Sie vertrat die These, sie allein sei als einzige demokratisch gewählte deutsche Regierung berechtigt, für das gesamte Deutschland zu sprechen. Dieser Alleinvertretungsanspruch hinderte die Bundesregierung, mit der DDR-Führung über menschliche Erleichterungen zu verhandeln. Die Beziehungen zwischen Bonn und Ost-Berlin waren nicht schlecht – es gab gar keine Beziehungen.

Es waren in erster Linie die Kirchen, die in jenen Zeiten den Kontakt über die innerdeutsche Grenze hinweg zu halten versuchten. Der Berliner Bischof Kurt Scharf hat in jener Zeit eine wichtige Rolle gespielt, ebenso der Beauftragte der Evangelischen Kirche bei der Bundesregierung in Bonn, Bischof Hermann Kunst, und der ebenfalls in Berlin wirkende katholische Prälat Johannes Zinke. Auch einflußreiche Politiker gab es, die sich nicht am Alleinvertretungsanspruch stießen, wenn es darum ging, den Menschen im geteilten Deutschland zu helfen, Männer mit politischem Mut: Rainer Barzel, Erich Mende, Herbert Wehner, Gustav Heinemann, Heinrich Albertz und andere. Über sie wird im folgenden ausführlicher zu berichten sein. Unbefangen und unbelastet von Tabus und Doktrinen konnten jedoch andere täglich konkrete Politik für die Menschen treiben: die Rechtsanwälte, die sich im Auftrag von Privatpersonen und politischen Institutionen für die Lösung humanitärer Probleme einsetzten – mit Phantasie, Ausdauer und, wenn es sein mußte, Härte. Reymar von Wedel, früher persönlicher Referent von Bischof Kurt Scharf, Jürgen Stange und Wolfgang Vogel – sie haben handfeste Politik gemacht zu einem Zeitpunkt, da sich die Politiker selbst zum Schweigen verurteilt hatten.

Wolfgang Vogel nahm und nimmt sicherlich unter diesen Anwälten eine herausragende Stellung ein. Er dient dem Staat, in dessen Mandat er steht, mit derselben Loyalität wie dem politischen Häftling, der mit den Gesetzen ebendieses Staates in Konflikt geraten ist und der ihn mit seiner Verteidigung beauftragt hat. Er versteht sich auf das höchst diskrete und komplizierte Geschäft des internationalen Spionenringtausches genauso wie auf die Usancen der hohen Diplomatie. Kaum einer der bundesdeutschen Politiker, die mit Wolfgang Vogel zu tun hatten, hat nicht früher oder später Vertrauen zu dem Ostberliner Rechtsanwalt gefaßt, der es wiederholt fertiggebracht hat, auch seine Regierung zu erstaunlichem Entgegenkommen zu bewegen. Das Wissen, einem Verhandlungspartner der anderen Seite vertrauen zu können, war zur Zeit des kalten Krieges, der Nicht-Beziehungen zwischen Bonn und Ost-Berlin, von größter Bedeutung.

Dabei glich Vogels Arbeit in den Jahren vor 1969 einem Drahtseilakt. Auch wenn es um zweistellige Millionenbeträge ging – nie konnte er eine schriftliche Vollmacht seines staatlichen Arbeitgebers vorweisen. Er war – ebenso wie seine westlichen Verhandlungspartner – auf das Vertrauen angewiesen, daß sich seine Seite an die von ihm ausgehandelten Abmachungen hielt. Ein verunglücktes Geschäft – und Wolfgang Vogels Ruf wäre für immer ruiniert gewesen. Aber Vogels Auftraggeber standen immer zu dem Wort, das sie ihm gegeben hatten.

Auf lange Sicht wurden so über Wolfgang Vogel auch seine Auftraggeber verhandlungsfähig – hatten sie doch bei der Abwicklung der von den Anwälten ausgehandelten Übereinkünfte ihre Vertragstreue hinreichend unter Beweis gestellt. Sicher geht man nicht fehl, in den Anwälten Jürgen Stange und Wolfgang Vogel die Wegbereiter jener »Vertragspolitik« zwischen beiden deutschen Staaten zu sehen, die zur Aushandlung des Grundlagenvertrages im Jahre 1972 geführt hat und in der Folgezeit zum Abschluß und Austausch von nahezu 100 Verträgen, Vereinbarungen, Protokollen, Erklärungen und Abkommen. Im Zuge dieser Vertragspolitik wurden für die Menschen im geteilten Deutschland zahlreiche Erleichterungen erzielt, Kontakte über die Grenzen hinweg vereinfacht und verbessert. Auch der moderate Tonfall, dessen sich die Politiker heute im Umgang mit der jeweils anderen Seite bedienen, ist Erfolg dieser seit mehr als 15 Jahren bestehenden Begegnungen. Ohne die »vertrauensbildenden Maßnahmen« des Rechtsanwalts Wolfgang Vogel wäre der Weg zum zivilisierten Miteinander der Politiker hüben und drüben noch länger und schwieriger gewesen.

Das historische Verdienst Vogels (und all jener, die als Verhandlungspartner mitwirkten) besteht darin, in jener Zeit, da es keinerlei Beziehungen zwischen beiden deutschen Staaten gab, humanitäre Vereinbarungen ausgehandelt zu haben. Er hat bereits vor mehr als 20 Jahren den Weg bereitet, daß Deutsche in Ost und West, die Verantwortung trugen, wieder miteinander redeten. Seine Bedeutung liegt darin, daß er an dem Zustandekommen jener menschlichen Erleichterungen mitgewirkt hat, nach denen Zehntausende von politischen Gefangenen und Hunderttausende von Eltern, Großeltern, Kindern, Kindeskindern und Verlobten, die infolge der deutschen Teilung von ihren Familienangehörigen getrennt waren, in den Westen entlassen werden konnten: »Häftlingsaktion«, besser bekannt als »Freikauf«, und »Familienzusammenführung«. Viele, die seinerzeit beim Entstehen der Vereinbarungen mitgewirkt haben, haben sich heute aus dem Berufsleben zurückgezogen oder sind verstorben. Wolfgang Vogel jedoch ist noch heute Garant für Kontinuität, eine der wenigen Konstanten der Deutschlandpolitik.

Nicht von dem geheimnisvollen Botschafter Erich Honeckers in delikater Mission Wolfgang Vogel soll nun die Rede sein, sondern von dem Anwalt, der durch seine beharrliche Arbeit für seinen Staat und für seine Mandanten an einem Stück deutscher Geschichte mitgeschrieben hat.

Diskrete Geschäfte

»So etwas gibt es nicht nur zwischen den beiden deutschen Staaten, auch andere Staaten haben ähnliche Praktiken. Und ob mir das paßt oder nicht, ich sehe dazu gegenwärtig keine begehbare Alternative.
Kann man also sagen: Ohne die Formel Geld gegen Menschen läuft in dieser Beziehung nichts oder sehr wenig?
Ja, so muß ich das sehen.«

Nur wenige Kilometer trennen die beiden Gebäude. Es sind zwei der funktionalen Flachdach-Bürobauten, die der B 9 zwischen Bonn und Bad Godesberg in den Jahrzehnten nach dem Zweiten Weltkrieg ein zweifelhaftes städtebauliches Gepräge gegeben haben. Selbst die deutsche Botschaft in Washington ist repräsentativer als das Gebäude Godesberger Allee 140, der Sitz des Innerdeutschen Ministeriums. An Tristesse noch übertroffen wird der Ministeriumsbau allerdings von dem wenige Kilometer weiter auf derselben Straßenseite gelegenen Hauptbau der Ständigen Vertretung der DDR in der Bundesrepublik.

Von gutnachbarlichen Beziehungen zwischen beiden Häusern kann nicht die Rede sein. Die DDR ignoriert die Existenz des Innerdeutschen Ministeriums offiziell, mehr noch, es ist für Staats- und Parteiführung in Ost-Berlin ein Trauma. – gehört doch zu den Aufgaben des Ministeriums, sich in Permanenz »in die Angelegenheiten eines anderen souveränen Staates«, nämlich der DDR, »einzumischen«. Nach bundesdeutscher Ansicht allerdings hat die Existenz des zweiten deutschen Staates erst die Notwendigkeit für ein Innerdeutsches Ministerium geschaffen. Dabei bedeutet die Behördenbezeichnung schon eine gewisse Zurücknahme eines früheren, weitaus ambitionierteren Titels: Aus dem »Gesamtdeutschen Ministerium« wurde ein »Bundesministerium für innerdeutsche Beziehungen«, aus dem verbalisierten Wiedervereinigungsanspruch das Bekenntnis, auch die Belange der Deutschen im anderen Deutschland im Auge behalten und ihre Interessen wahrnehmen zu wollen.

Der DDR ist solche Selbsteinschränkung bei weitem nicht genug.

Sie sähe die deutsch-deutschen Beziehungen am liebsten beim Auswärtigen Amt angesiedelt – ein Schritt, zu dem sich aus verfassungsrechtlichen Gründen keine Bundesregierung entschließen könnte, bedeutete diese Maßnahme doch die faktische Aufgabe des Wiedervereinigungsgebotes, das in der Präambel des Grundgesetzes festgelegt ist. Bei der Formulierung des Grundlagenvertrages, der 1973 zwischen beiden deutschen Staaten in Kraft getreten ist, haben die Autoren einen patenten Kompromiß gefunden: Sie verhalfen der DDR durch den Abschluß des Abkommens zu mehr eigenstaatlicher Reputation; gleichzeitig hoben sie die Sonderrolle der deutsch-deutschen Beziehungen in der internationalen Diplomatie hervor, indem sie das Kanzleramt und nicht das Auswärtige Amt zur offiziellen Anlaufstelle für die zwischenstaatlichen Anliegen der DDR-Führung machten. Auch wurde die Ständige Vertretung der Bundesrepublik (und nicht »Botschaft«) in Ost-Berlin organisatorisch dem Kanzleramt zugeordnet.

Mit dieser Lösung konnten beide Seiten zufrieden sein – nur der Minister für innerdeutsche Beziehungen nicht, der sich seines wichtigsten Aufgabengebietes, der Formulierung der operativen Deutschlandpolitik, beraubt sah. Sollte sein Haus nur mehr ein Reservat für Sonntagsredner und ihre Autoren sein? Dann hätte man allerdings das Ministerium gleich auflösen und an das Kanzleramt angliedern können. (Das hat im übrigen zehn Jahre später ein Staatssekretär im Kanzleramt, nämlich Philipp Jenninger, angestrebt, natürlich erfolglos: Er hatte bei seinem Sturmlauf das Beharrungsvermögen einer einmal geschaffenen Institution unterschätzt. Bevor er die Hoffnungslosigkeit seines Unternehmens einsehen konnte, wurde ihm bereits ein neuer Posten angetragen: der nach dem Sturz Rainer Barzels vakant gewordene Platz des Parlamentspräsidenten.)

Eine Aufgabe des Gesamt- oder Innerdeutschen Ministeriums kam jedoch für die Bundesrepublik schon aus Gründen des nationalen Prestiges nicht in Betracht. Es galt also, die Kompetenzen zwischen Kanzleramt und Innerdeutschem Ministerium so zu verteilen, daß dem Grundlagenvertrag mit der DDR genügt wurde, andererseits das Innerdeutsche Ministerium seine Arbeit unverändert fortführen konnte, und das sah im Ergebnis so aus: Das Kanzleramt erhielt einen zusätzlichen Arbeitsstab, dessen Aufgabe die Koordinierung der Deutschlandpolitik sein sollte. Leiter dieses Stabes wurde nach Hans-Otto Bräutigam Dr. Hermann von Richthofen. Der unbestrittene DDR-Fachmann wurde nach der Wende im Herbst 1982 auch von Philipp Jenninger und später Wolfgang Schäuble übernommen. Erst nach der Ermordung des Diplomaten Gerold von Braunmühl durch Terroristen hat er dessen Position als Leiter der Rechtsabteilung im Auswärtigen Amt übernommen. Von Richthofen trug zwar offiziell den Titel eines »Leiters des Arbeitsstabes Deutschlandpolitik« im Kanzleramt, dennoch hatte er – ebenso wie sein Vorgänger Hans-Otto Bräutigam (später Leiter der Ständigen Vertretung in Ost-Berlin) – keinen eigentlichen Mitarbeiterstab, nur ein erweitertes Sekretariat. Die Konzeption der Deutschlandpolitik, die Vorarbeit, der Entwurf von Verträgen, die Unterhaltung humanitärer Beziehungen zur DDR, verblieb also in der Kompetenz des Innerdeutschen Ministeriums. Die Anlaufstelle Kanzleramt ist daher im Grunde nicht mehr als ein Deckmantel – der allerdings je nach politischer Statur von Amtschef und Abteilungsleiter von beträchtlichem Gewicht sein kann.

Natürlich wußten die Verhandlungsführer der DDR um dieses Arrangement und begriffen schnell, daß ihr Versuch, das Phänomen »Gesamtdeutsches Ministerium« verschwinden zu lassen, zum Scheitern verurteilt war, aber: Die Form war gewahrt. Tatsächlich ließ sich dieses Verhandlungsergebnis in der DDR und beim großen Verbündeten in Moskau verkaufen.

Man arrangiert sich eben zwischen Deutschland und Deutschland, trotz aller ideologischen Gegensätze. Die DDR hat begriffen, daß das Innerdeutsche Ministerium ebenso zur deutsch-deutschen Wirklichkeit von heute gehört wie ihre eigene Existenz, und sie hat im Laufe der vergangenen zehn Jahre geradezu tollkühne »Anerkennungsgesten« unternommen. Die wohl spektakulärste war das »Ja« zur Teilnahme des amtierenden innerdeutschen Ministers Egon Franke an dem Arbeitsbesuch Helmut Schmidts 1981 in der DDR. (Wolfgang Vogel hat damals eine wichtige Rolle gespielt, aber dazu später.) Zwischenzeitlich hat der Leiter der Ständigen Vertretung in Bonn, Ewald Moldt, auch schon einmal seine Nachbarn in der Godesberger Allee 140 aufgesucht, wenn auch natürlich nur inoffiziell, versteht sich.

Privat verstehen sich Beamte und Diplomaten von hüben und

drüben nicht einmal schlecht. In die innerdeutschen Beziehungen sind zwischenzeitlich Ruhe und Berechenbarkeit eingekehrt – die Normalität des Anomalen. Die Bonner registrieren die gelegentlichen Eskapaden der anderen Seite mit gewisser Gelassenheit, reagieren kühl und nicht – wie in der frühen Nachkriegszeit – mit heißem Herzen und hektisch. Vernünftige Leute bestimmen seit Jahren die DDR-Politik der Bundesregierung: Wolfgang Schäuble und lange Zeit Hermann von Richthofen im Kanzleramt, der unlängst ausgeschiedene Heinrich Windelen, der parlamentarische Staatssekretär Ottfried Hennig und sein beamteter Kollege Ludwig Rehlinger im Innerdeutschen Ministerium, ebenso wie die Windelen-Vorgänger Egon Franke, Herbert Wehner, Erich Mende und Rainer Barzel. Und nicht zu vergessen – die Leiter der Ständigen Vertretung: Günter Gaus, Klaus Bölling und Hans-Otto Bräutigam. Sie waren und sind Profis der Deutschlandpolitik: kühle Taktiker die einen, verbissene Kämpfer oder fleißige, stille Arbeiter die anderen. In jedem Fall hatten sie Sachkenntnis. Ob die Entscheidung für Dorothee Wilms, die sich nach eigenem Bekunden mit der ganzen Materie bislang wenig beschäftigt hatte, richtig war, muß sich noch zeigen.

Und wenn tatsächlich einmal etwas »anbrennt« zwischen Deutschland und Deutschland, so stehen mit Wolfgang Vogel und Ludwig Rehlinger zwei erprobte Feuerwehrleute zur Verfügung, die manchen Schaden begrenzen können. Auf gute Zusammenarbeit im Alltag sind sie ohnehin angewiesen. Die beiden Herren machen nämlich höchst diskrete Geschäfte miteinander.

Zu den Arbeitsfeldern der Abteilung Z im Innerdeutschen Ministerium, deren Leiter der westfälische Jurist Dr. Walter Priesnitz ist, gehören die humanitären Beziehungen zur DDR. Hinter diesem Pauschalbegriff verbirgt sich eine Vielzahl oft tragischer Einzelschicksale, deren gemeinsame Ursache die deutsche Teilung ist. Wehrdienstverweigerer sind darunter ebenso wie Republikflüchtlinge und andere, die nach unserem Verständnis aus politischen Motiven gehandelt haben und dafür in DDR-Gefängnissen hohe Freiheitsstrafen verbüßen müssen; Kinder, Enkelkinder, Geschwister, die nicht mit ihren Verwandten im Westen zusammenkommen können und die Ausreise beantragt haben; Bundesbürger und Westberliner, die mit den Strafgesetzen der DDR in Konflikt gekommen sind. All diesen Menschen versucht die Bundesregierung im Rahmen ihrer humanitären Bemühungen zu helfen. In der Abteilung Z werden alle Fälle registriert, die von privater Seite gemeldet sind oder von denen das Innerdeutsche Ministerium sonstwie Kenntnis erlangt – Jahr für Jahr Zigtausende neuer Akten. Seit mehr als zwei Jahrzehnten stellte die Bundesregierung jährlich acht-, später neunstellige DM-Beträge zur Verfügung, um die DDR zu humanitärem Entgegenkommen zu bewegen. Geheimnisumwittert ist insbesondere die Vereinbarung über die sogenannte »Häftlingsaktion«, besser bekannt als »Freikauf« politischer Häftlinge.

Nach westlichen Schätzungen werden jährlich zwischen 2 000 und 5 000 DDR-Bürger wegen politischer Straftaten zu oft hohen Freiheitsstrafen verurteilt (wenn auch festzustellen ist, daß gerade in jüngster Zeit bei der Verhängung längerer Haftstrafen eine gewisse Zurückhaltung sichtbar geworden ist). Wolfgang Vogel verbürgt sich jedoch dafür, daß die Zahl 5 000, die von bundesdeutschen Menschenrechtsorganisationen verbreitet worden ist, weit überhöht ist. Die Zahl 2 000 stellt nach Worten Vogels (der es besser wissen muß als jeder andere) eine Obergrenze dar. Es gibt keine Veranlassung, seine Angaben zu bezweifeln.

Zwischen Bonn und Ost-Berlin besteht keine Einigkeit darüber, was unter einem politischen Delikt zu verstehen ist. Das Strafrecht der DDR sieht für Verbrechen gegen die Deutsche Demokratische Republik und Straftaten gegen die staatliche Ordnung einen ganzen Katalog von Tatbeständen und Ahndungen vor, die unsere Rechtsordnung überhaupt oder in dieser Form nicht kennt. Dazu zählt das Verbot des ungesetzlichen Grenzübertritts (§ 213 StGB DDR). Ein gescheiterter Fluchtversuch wird mit einer Freiheitsstrafe bis zu zwei Jahren geahndet, wenn dem Flüchtenden nicht noch weitere Vergehen oder Verbrechen vorzuwerfen sind. Meist geht der Fluchtversuch aber einher mit sogenannter »ungesetzlicher Verbindungsaufnahme« (§ 219 StGB) oder gar mit landesverräterischer Nachrichtenübermittlung (§ 99 StGB), Agententätigkeit (§ 100 StGB) oder Spionage (§ 97 StGB), die mit Freiheitsstrafen nicht unter fünf Jahren, in besonders schweren Fällen mit lebenslänglicher Freiheitsstrafe oder bis zur im Sommer 1987 angekündigten Strafrechtsreform sogar mit der Todesstrafe verfolgt werden kann. Andere Handlungen, die politisch motiviert sein können, werden in der DDR als Sabotage (§ 104

StGB), staatsfeindlicher Menschenhandel (§ 105 StGB), staatsfeindliche Hetze (§ 106 StGB) und öffentliche Herabwürdigung (§ 220 StGB) unter Strafandrohung gestellt.

Die DDR bestreitet zwar offiziell, daß es in ihren Gefängnissen politische Häftlinge gibt. Tatsache aber ist, daß zum Beispiel Kontaktaufnahmen zwischen DDR- und Bundesbürgern mit größter Aufmerksamkeit beobachtet werden, wenn sie nur im geringsten verdächtig erscheinen. Das ist der Fall, wenn es sich bei dem DDR-Bewohner um einen Geheimnisträger handelt. Unter Umständen genügt schon, dem Besuch aus dem Westen ein Schreiben zuzustecken, dessen Inhalt bei Überprüfung Argwohn erregt, um wegen ungesetzlicher Verbindungsaufnahme oder gar landesverräterischer Nachrichtenübermittlung verhaftet oder verurteilt zu werden.

Es sei angemerkt, daß die Bundesregierung auch bemüht ist sicherzustellen, daß politisch motivierte Täter in der DDR nicht ohne Verteidigerschutz dastehen. Voraussetzung ist natürlich, daß sie von den Vorfällen Kenntnis erhält.

Warum aber ahnden die DDR-Richter banales Fehlverhalten bei Westkontakten mit nicht selten hohen Freiheitsstrafen? Sie können nicht anders: Die DDR ist in Zugzwang. Die hohe Strafandrohung ist Disziplinierungsmittel für alle, die hoffen, mit List oder Gewalt die Mauer zwischen Ost und West durchlöchern zu können. Niemand soll auch nur versucht sein, Westkontakte zur Vorbereitung späterer Flucht oder Agententätigkeit aufzubauen. Ungeachtet der eigenstaatlichen Reputation, die die DDR in den vergangenen Jahrzehnten erreicht hat, ist das sozialistische Deutschland noch nicht souverän genug, seinen Bürgern Freizügigkeit zu gestatten. Zu viele würden sich auch heute noch für den Westen entscheiden: Groß ist der Unterschied zwischen dem Alltag im realexistierenden Sozialismus und den Eindrücken, die das Westfernsehen täglich von Leben und Konsummöglichkeiten in der Bundesrepublik vermittelt. So wird den Anfängen durch Einschüchterung gewehrt. Die fatale Folge ist ein starker innenpolitischer Druck, dem wiederum durch dosiert erteilte Ausreisegenehmigungen begegnet werden muß – im Rahmen der Familienzusammenführung und durch Entlassung politischer Gegner aus DDR-Gefängnissen in den Westen. Es ist ein Teufelskreis – für die Betroffenen ebenso wie für die Staatsführung der DDR: Wer mit Gewalt in den Westen will, *muß* Sorge tragen, daß er wegen Verstoßes gegen gerade jene Gesetze verurteilt wird, die die Ausreisebemühungen eigentlich verhindern sollen. Nur unter dieser Voraussetzung nämlich darf er hoffen, als politischer Häftling von der Bundesregierung freigekauft zu werden. Für die Politiker im anderen Deutschland ist die Situation nicht minder unerfreulich. Auch bei gutem Willen (der bei vielen unterstellt werden darf) können sie die Strafgesetze nicht liberalisieren, ohne daß der Ausreisedruck unerträglich stiege. Die Gesetze zu ändern hieße, das System umzukrempeln – und das kommt mit Rücksicht auf Moskau nicht in Betracht. Das vermeintlich Absurde ist in Wahrheit ein Modus vivendi, akzeptiert in Bonn und Ost-Berlin.

Die Ächtung der politischen Straftäter setzt sich fort im Strafvollzug. Die politischen Gefangenen werden in Gefängnissen der Volkspolizei oder des Ministeriums für Staatssicherheit untergebracht, zumeist in Gemeinschaftszellen zusammen mit »normalen« Kriminellen. Auf diese Weise wird die politisch motivierte Tat abgewertet und der gemeinen und Schwerkriminalität gleichgesetzt. Die Politischen werden nicht selten sogar schlechter behandelt: Ehemalige politische Gefangene bestätigen, daß sie im Strafvollzug besonders die schweren und harten Arbeiten zugewiesen bekommen haben. Für privilegierte Arbeiten, als »Erziehungsbereichsälteste«, als Küchen- und Wäschereihelfer würden zumeist kriminelle und nicht politische Gefangene eingesetzt. Weiter heißt es in den Berichten, sie seien in der Haft häufiger von kulturellen Veranstaltungen, wie Fernseh- und Kinovorführungen, und sportlichen Aktivitäten ausgeschlossen worden. Es sollen auch Fälle vorgekommen sein, daß kriminelle Straftäter einen »politischen« Zellengenossen verprügelt haben, ohne daß das Anstaltspersonal eingriff. Das Zusammenleben mit Schwer- und Schwerstverbrechern ist für viele die schlimmste Strafe, zumal diese wissen, daß die »Politischen« eine sehr große Chance haben, eines Tages von der Bundesregierung freigekauft zu werden, während die Kriminellen nur die Aussicht haben, in die DDR entlassen zu werden. Viele Kriminelle biedern sich daher bei Offizieren und Wachpersonal an, indem sie die politischen Häftlinge schikanieren.

Eine wichtige disziplinierende und unterdrückende Funktion in DDR-Gefängnissen hat nach Auskunft politischer Häftlinge die Arbeit. Wer sein Plansoll nicht erfüllt, muß mit der Streichung von Vergünstigungen rechnen: Es gibt weniger zu essen, Fernsehzeiten werden gekürzt oder entfallen, der »Sprecher«, die seltene Gelegenheit, die Verwandten zu sehen, wird gestrichen.

Physische Mißhandlungen sind die Ausnahme, wenn auch das Personal in den Haftanstalten Brandenburg-Görden und Cottbus einen besonders schlechten Ruf hat. Interessanterweise wurde zu Beginn des Jahres 1987 bundesdeutschen Journalisten der Besuch im Gefängnis Brandenburg-Görden gestattet: Die Eindrücke waren nicht durchweg negativ. Vermittelt hatte den Besuch Wolfgang Vogel, der Vorurteile aus der Welt schaffen wollte.

Die grausame Stalin-Ära ist auch im DDR-Strafvollzug vorbei; auch hier herrscht »sozialistische Gesetzmäßigkeit«. Während jedoch in den bundesdeutschen Gefängnissen das Klima vom konkreten Verhältnis der Gefangenen zum Wachpersonal und untereinander bestimmt wird, herrscht in DDR-Gefängnissen generell Furcht vor offener oder verdeckter Denunziation: Über allem wacht das Auge des allmächtigen Ministeriums für Staatssicherheit. Zu den Aufgaben der Staatssicherheit im Strafvollzug gehört unter anderem die »rechtzeitige Feststellung feindlich tätiger Personen unter den Straf- und Untersuchungsgefangenen sowie Verhinderung der Einbeziehung weiterer Straf- und Untersuchungsgefangener in die Feindtätigkeit«. Das ist Aufforderung zur Spitzelei, tatsächlich niedergelegt in der Dienstanweisung Nr. 2/75 vom 13. 3. 1975 des Ministeriums für Staatssicherheit. Obwohl »geheime Verschlußsache«, ist der Wortlaut dieser Anweisung in den Westen gelangt. (Der Überläufer Werner Stiller, früher Oberleutnant des DDR-Ministeriums für Staatssicherheit, hat die Dienstanweisung bei seinem Frontenwechsel im Januar 1979 mitgebracht.) Die Konsequenz: Wachpersonal und Mitgefangene werden für die Spitzeltätigkeit geworben, für ihre Arbeit mit materiellen Vergünstigungen und Hafterleichterungen belohnt. Kein politischer Gefangener in der DDR weiß, ob sein Zellengenosse ein geworbener Spitzel ist oder nicht. Es herrscht ein Klima des Mißtrauens.

Daß dies so ist, weiß niemand besser als Wolfgang Vogel. Die meisten politischen Gefangenen in der DDR wiederum wissen, daß Vogel das »Tor zum Westen« ist, und haben ihn zum Verteidiger gewählt. Tatsächlich ist sein Einfluß auf den Ausgang eines politischen Strafverfahrens in der DDR nur wenig größer als der der anderen Strafverteidiger zwischen Ostsee und Erzgebirge. Doch hält der Strafverteidiger Vogel den Schlüssel zur Freiheit des Verurteilten bereits in der Hand – als Mittler und Verwalter der Personenlisten bei der Häftlingsaktion, die salopp, aber durchaus korrekt, allgemein als »Freikauf« bezeichnet wird.

Vom Innerdeutschen Ministerium wird der Freikauf verschämt als »besondere Bemühungen« bezeichnet. Die Aktion läuft seit mehr als 23 Jahren, von der Öffentlichkeit weitgehend unbemerkt. Dabei sind insgesamt weit über 20 000 politische Häftlinge durch den Freikauf in den Westen gelangt. Jahr für Jahr sind es zwischen 500 und 1 200 Gefangene, die von den Vollzugseinrichtungen in Bautzen, Hoheneck, Cottbus oder anderswo nach Karl-Marx-Stadt verlegt werden, wo sie einen Sammelbus besteigen, der sie zur innerdeutschen Grenze bei Wartha-Herleshausen fahren soll. Das Ritual gleicht sich seit zwei Jahrzehnten: Ein gutgekleideter Mann besteigt den Bus, richtet einige Worte an die Freigelassenen und bitten sie vor allem um Stillschweigen, damit nicht durch lauten Presserummel die diskrete Häftlingsaktion gefährdet wird. Es ist Wolfgang Vogel oder einer seiner Sozien Starkulla und Hartmann. In Herleshausen folgen Übernahme und Begrüßung durch Vertreter bundesdeutscher Behörden. Der Bus erhält ein anderes Nummernschild, und weiter geht es zum Ziel der langen Fahrt, dem Notaufnahmelager Gießen.

Auch die Auswahl der Freizulassenden folgt seit dem Sommer 1964 dem gleichen Schema. Zunächst werden in der »Unterabteilung humanitäre Aufgaben« des Innerdeutschen Ministeriums, deren Beamte fast ausnahmslos in Berlin sitzen, »Wunschlisten« erstellt. Früher war es der Westberliner Anwalt Jürgen Stange, der die Listen überbrachte, später sein Nachfolger, der zwischenzeitlich verstorbene Wolf-Eckhard Jäger. Seit einigen Jahren ist es der Unterabteilungsleiter selbst, Ministerialrat Klaus Plewa, der Wolfgang Vogel die Liste mit politischen Häftlingen übergibt, deren Freikauf die Bundesregierung begehrt. Dabei ist es nicht – wie gemeinhin angenommen wird – Wolfgang Vogel, der über die Entlassung politischer Strafgefangener in den Westen befindet. Die Entscheidung wird vielmehr von der Generalstaatsanwaltschaft der DDR getroffen. Auch werden die Listen von den zuständigen Abteilungen in den Ministerien für Staatssicherheit, für Nationale Verteidigung und für Inneres gegengelesen und auf Verträglichkeit mit den Sicherheitsinteressen der DDR überprüft. Erhebt nur ein Ministerium Einwände gegen die Freilassung eines politischen Häftlings, wird der Name von den Freikauf-Listen gestrichen. Es gibt Namen, die über mehrere Jahre immer wieder auf den Listen aufgetaucht sind, bis endlich ihre Freilassung erreicht werden konnte.

Dabei gibt es bestimmte Problemgruppen. Politische Häftlinge, die früher bei der Nationalen Volksarmee wichtige Positionen innehatten, haben kaum Hoffnung auf frühzeitige Entlassung, und wenn, so erfolgt diese nur ausnahmsweise in den Westen. Auch Mitarbeiter in Forschungs- und Wirtschaftsbetrieben, die in militärisch relevanten Bereichen tätig sind, unterliegen einer mehrjährigen, unter Umständen lebenslangen Ausreisesperre.

Die Bundesregierung ist nicht nur um den Freikauf politischer Häftlinge bemüht, sondern auch um die Zusammenführung von Familien, die infolge der deutschen Teilung auseinandergerissen wurden. Wie bei den politischen Häftlingen sind es zumeist Angehörige im Westen, die den Ausreisewunsch des Verwandten in der DDR beim Bundesministerium für innerdeutsche Beziehungen in Bonn oder bei der Berliner Außenstelle im Bundeshaus, Bundesallee 216–218, melden. Sämtliche Informationen über die DDR-Bürger, die aus Gründen der Familienzusammenführung ausreisen wollen, laufen heute über das Innerdeutsche Ministerium bei der Berliner Rechtsanwältin Barbara von der Schulenburg zusammen. Frau von der Schulenburg unterhält eine Kanzlei am Berliner Kurfürstendamm, deren Kosten unmittelbar vom Bundesministerium für innerdeutsche Beziehungen getragen werden. Ihr Büro ist keine Kanzlei im herkömmlichen Sinn, eher eine Registratur deutschdeutscher Familienschicksale.

Die Gegenleistung der Bundesregierung für die Freilassung der politischen Gefangenen und für Entgegenkommen der DDR in Fragen der Familienzusammenführung besteht – entgegen einem verbreiteten Vorurteil – nicht in der Zahlung von Bargeld. »Cash« wurde nur einmal gezahlt – beim ersten Freikauf von acht Gefangenen, als Ludwig Rehlinger den berühmten Briefumschlag mit rund 200000 DM in Scheinen an Rechtsanwalt Jürgen Stange als Boten übergab. Später wurde immer – auf Umwegen – in Naturalien gezahlt. Der Grund war naheliegend: Mußte Bonn schon das humanitäre Entgegenkommen der anderen Seite bezahlen, so sollte wenigstens sichergestellt werden, daß die Leistungen unmittelbar den DDR-Bewohnern zugute kamen und nicht zum Beispiel für Waffenkäufe verwandt wurden.

Also erstellt auch die DDR eine Liste – und zwar sind auf ihr all jene Produkte enthalten, die sie gerne über die Bundesrepublik beziehen möchte. Das können Südfrüchte, Kaffee und andere Lebensmittel ebenso sein wie Düngemittel, Rohstoffe, Industriegüter oder Medikamente. Auch hier ist es seit 23 Jahren derselbe Mann, der auf DDR-Seite die Verhandlungen führt: der Staatssekretär im Außenhandelsministerium Alexander Schalck-Golodkowski.

Perfekt ist der Handel, wenn eine Einigung über Häftlingslisten und ihren Gegenwert erzielt worden ist und auf der anderen Seite Einigkeit über die Kaufwünsche der DDR und den Warenpreis besteht.

Kurios ist auch der Zahlungsweg. Die Mittel stammen aus dem Budget des Bundesministeriums für innerdeutsche Beziehungen. (Früher wurden sie in einem zunächst verdeckten, später offenen Titel im Etat des Finanzministeriums geführt.) Die Gelder werden auf ein besonderes Bankkonto des Diakonischen Werks in Stuttgart überwiesen, das zu diesem Zweck eingerichtet worden ist. Das Diakonische Werk tritt – auch dies entbehrt nicht einer gewissen Komik – gegenüber Herstellern und Händlern im In- und Ausland je nachdem als Im- oder Exportkaufmann auf.

Es sind im übrigen ganz beträchtliche Geldbeträge, die für das Geschäft im Namen der Humanität bewegt werden. Alljährlich stehen für die »besonderen Bemühungen« 200 bis 250 Millionen Mark im Etat des Innerdeutschen Ministeriums zur Verfügung. Dabei besteht seit 1964 Einigkeit zwischen Ost-Berlin und Bonn darüber, daß für jeden Häftling ein einheitliches »Kopfgeld« gezahlt wird. Akademiker sind also nicht »teurer« als ungelernte Arbeiter. Eine Ausnahme gilt nur für jene seltenen Fälle, bei denen es – wie Rehlinger sagt – »nicht am Geld scheitern darf«: Sollte die DDR zum Beispiel die Agentin des Bundesnachrichtendienstes Christa-Karin Schumann freilassen wollen (was einer Sensation gleichkäme), so wäre dies der Bundesregierung sicherlich einen sechs- oder siebenstelligen Betrag wert. Da darf man nicht kleinlich sein. Das generelle »Kopfgeld« ist im übrigen von etwa 40000 Verrechnungseinheiten (= DM) pro Häftling im Jahr 1964 auf über 90000 VE heute gestiegen. Eine Familienzusammenführung kostet pro Person knapp über 3 000 VE/DM. Hier ist die Bundesregierung in besonders komplizierten Fällen allerdings eher zu einem »Zuschlag« bereit als bei der Häftlingsaktion.

Warum aber wickelt die Bundesregierung diese diskreten Geschäfte nicht unmittelbar über eine der eigenen Behörden ab? Zum einen würde die DDR aus naheliegenden Gründen dabei nicht mitmachen, zum anderen ist auch auf westlicher Seite für die Wahl und Beibehaltung dieses komplizierten Rituals wohl eine gewisse Verschämtheit über das Betreiben eines derart unorthodoxen Geschäftes mit Menschen und Menschlichkeit verantwortlich. Auch aus einem viel banaleren politischen Grund war die Bundesregierung seinerzeit nicht daran interessiert, sich offen zu dem Geschäft zu bekennen: Es war jene Berührungsangst zu Zeiten des kalten Krieges, da jede Fühlungnahme mit DDR-Behörden – und sei es nur ein Geldtransfer – als Sünde wider den Heiligen Geist angesehen wurde. Mag heute auch eine gewisse Entkrampfung eingetreten sein, so wird doch das überkommene Procedere beibehalten. Die Kirchenleute haben sich als geschickte und zuverlässige Kaufleute bewährt, und so gibt es keine Veranlassung, von dem gewählten Verfahren abzurücken.

Blicken wir 25 Jahre zurück.

Ludwig Rehlinger erinnert sich

»Dieses Verfahren des Austauschs ist keinesfalls, wie das oft dargestellt wird, eine Erfindung der DDR. Der Anstoß kam aus der Bundesrepublik.«

Berlin 1962. Ludwig Rehlinger, Leiter des Ministerbüros Berlin im Gesamtdeutschen Ministerium, sieht aus seinem Fenster im fünften Stock auf die belebte Kreuzung Uhlandstraße/Kurfürstendamm.

Es hatte sich viel ereignet in letzter Zeit, und es hatte seine bleibenden Spuren hinterlassen. Das Mahnmal des kalten Krieges war errichtet worden: die Berliner Mauer. Mit jener Aktion am 13. August 1961 hatte die DDR alle Träumer Lügen gestraft, die auf eine Aufweichung der Fronten zwischen Ost und West gehofft hatten, auf ein Tauwetter in den Beziehungen der Großmächte. Die Grenze zwischen West- und Ost-Berlin war bis zum Sommer 1961 eine halboffene Nahtstelle zwischen den Systemen geblieben und damit ein Symbol der Hoffnung. Tausende von Ostberlinern arbeiteten in West-Berlin und konnten täglich die Grenze zwischen dem – größeren – Westteil der Stadt, der unter der Obhut der Alliierten USA, Großbritannien und Frankreich stand, und dem unter der Hoheit der Sowjetunion stehenden Ostteil der Stadt passieren. Viele Bewohner der DDR oder – wie es damals noch im offiziellen Sprachgebrauch hieß – der Sowjetisch Besetzten Zone – nutzten die offene Grenze, um sich in den Westen abzusetzen. Die DDR beobachtete diese Entwicklung mit Besorgnis. Denn es waren nicht vornehmlich die Gescheiterten, die ungelernten Arbeiter und Schwachen; der Massenexodus führte auch zu einem Verlust von Facharbeitern und Akademikern, die die junge sozialistische Republik zum Aufbau dringend nötig hatte. Die Notaufnahmelager für DDR-Flüchtlinge in Gießen und Berlin-Marienfelde platzten aus allen Nähten, sie verzeichneten jeden Monat Zehntausende von Neuankömmlingen.

Warum flüchteten die DDR-Bewohner? Zwei Landreformen hatten zur Kollektivierung der Landwirtschaft geführt. Bauern waren enteignet worden und mußten daraufhin in den Städten nach einer neuen beruflichen Existenz suchen. Arbeit fand jeder, doch die Löhne waren niedrig. Außerdem gab es für das Geld nur wenig zu kaufen. Die DDR, ein rohstoffarmes Land, mußte für teures Geld Maschinen und Zubehör zum Aufbau der Industrie im Ausland kaufen. Die verbündeten Staaten im Osten, insbesondere die Sieger- und Besatzungsmacht Sowjetunion, versuchten dem sozialistischen Deutschland nach Kräften unter die Arme zu greifen. Da die wirtschaftliche Situation in den anderen Staaten des Ostblocks jedoch – zum Teil noch infolge der Zerstörung durch den Krieg, zum anderen Teil wegen struktureller Schwäche – selbst noch in schlechtem Zustand war, mußte die DDR brüderliche Gegenleistungen erbringen, die ihre Wirtschaftskraft überforderten: Braunkohle, Erze und Manpower. Doch waren die Lieferungen aus dem Osten ohnehin zu gering, um einen Aufbau der Industrie, gerade der Schwerindustrie, zu ermöglichen. Die chronisch devisenknappe DDR benötigte also zusätzliche Lieferungen aus dem Westen. Alle Reserven an Dollar, Pfund, Franc und DM wurden dem Aufbau der Industrie geopfert. Für Konsumgüter blieb wenig übrig. Die DDR war und ist ein Staat, in dem die Freude am banalen Vergnügen, am Konsum hier und heute der unsicheren Hoffnung auf Fortschritt, Wohlstand und Zufriedenheit morgen geopfert wird.

Der Berliner Ludwig Rehlinger hat das, was kam und kommen mußte, vielleicht klarer vorhergesehen, als mancher Bonner Politiker, die mit zweifelhaftem, leicht zynischem Optimismus meinten, man könnte die DDR durch die Abwanderung von Menschen »ausbluten«. Früher oder später – das war Insidern klar – würde die andere Seite handeln müssen. Und sie machte die Tür zum Westen zu. Die kilometerlange, graue, von Graffitis mehr optisch aufgelockerte als verschönerte Mauer zeigt die Anomalität des Verhältnisses zweier gegnerischer Staaten unter dem Dach gemeinsamer Geschichte und Kultur. Rund um die Uhr besetzte Wachtürme, 50 Meter tiefe Sperrgürtel gerodeten, bis ins letzte einsehbaren Landes, natürliche Hemmnisse wie Kanäle und Flüsse und nicht zuletzt ein offiziell verordneter Schießbefehl stellen sicher, daß das einstige Schlupfloch zwischen Ost und West jederzeit und für jedermann verschlossen bleibt.

Der Realist Rehlinger wußte, daß der DDR nur die Wahl bleiben würde zwischen dem Bau der Mauer und der Kapitulation – wobei kein Zweifel bestand, welchen Weg die DDR wählen würde. – Als das Unvermeidliche einmal geschehen war, gelangten die führenden Vertreter der Westmächte, die die Verantwortung für den Westteil der Stadt tragen, schnell zu der grausamen, aber nüchternen Erkenntnis, daß mit dem Bau der Mauer die Berlin-Frage vorerst gelöst war. Auch wenn sie offiziell beteuerten, die Empörung der Westdeutschen über diesen Schandfleck zu teilen, so mußten sie doch froh darüber sein, daß der Streit um Berlin einen (für sie) so glimpflichen Ausgang genommen hatte und sie nicht zu tätiger Wahrnehmung ihrer Verantwortung gezwungen waren. Der Bau der Mauer war nicht der Höhepunkt des kalten Krieges, er signalisierte vielmehr sein Ende. Er gab Berlin einen dauerhaften Status quo – so grotesk das klingen mag. Wie dauerhaft er war, sollten die nächsten 25 Jahre beweisen: Nie wieder hat es eine Berlin-Krise gegeben, die die Weltöffentlichkeit erschütterte, nie wurden allerdings auch Verhandlungen geführt, die den Abriß der Mauer zum erklärten Ziel hatten. Die Existenz der Mauer war probates, zur geflissentlichen Bedienung dargebotenes Alibi für die Westmächte, am Status des geteilten Deutschland nichts ändern zu können. (Es war ihnen aus einem anderen Grund nicht unlieb: Zu wach war die Erinnerung der Alliierten an Großdeutschland und seinen Herrschaftsanspruch. »Ich liebe Deutschland so sehr, daß ich froh bin, daß es zwei davon gibt« – dieses Bonmot von François Mauriac, dem französischen Dichter und Journalisten, zeigt, daß der Bau der Berliner Mauer im tieferen Sinne durchaus den Interessen der westlichen Verbündeten der Bundesrepublik entsprach. Und als vor wenigen Jahren der damalige italienische Außenminister Andreotti in einem informellen Zusammenhang etwas ähnliches sagte wie Mauriac, stellte sich die Empörung der Verbündeten Westdeutschlands sehr schnell als nur oberflächlich und gekünstelt heraus. In der Frage der nationalen Einheit steht die Bundesrepublik ohne wahre Verbündete da.)

Für Rehlinger und andere sind schon 1962 diese Zusammenhänge durchaus klar. Sie wissen, daß es auf lange Sicht für Berlin keine Perspektive geben wird. Das Schicksal der Stadt ist besiegelt. Daran ändern auch die wütenden Demonstrationen der Westberliner nichts, nichts auch der spektakuläre Besuch des US-Präsidenten John F. Kennedy, der sich mit den berühmten Worten »Ich bin ein Berliner« zur Frontstadt bekennt.

Berlin 1962 – das ist eine Stadt ohne Hoffnung.

Ludwig Rehlinger hat sein Amt als Leiter des Ministerbüros in Berlin von Dr. Rolf May übernommen. May hatte Beziehungen zu dem einflußreichen Verleger Axel Springer geknüpft, der ihm das lukrative Angebot machte, als Bevollmächtigter in sein Verlagshaus zu kommen. Da schon damals die Schere zwischen den Einkommen im öffentlichen Dienst und in der freien Wirtschaft weit auseinanderklaffte, war es keine Frage, wie May sich entschied. Der gesamtdeutsche Minister Ernst Lemmer berief daraufhin Ludwig Rehlinger, der bereits Leiter des politischen Referates war, an die Spitze der Berliner Außenstelle seines Hauses.

Das Telefon klingelt. Es ist der neue Chef des Gesamtdeutschen Ministeriums, Rainer Barzel. Barzel ist ein ebenso dynamischer wie ehrgeiziger junger Politiker. Seine juristische Ausbildung hat er nach dem ersten Examen abgebrochen, als ihm Konrad Adenauer über eine Assistentenstelle den Einstieg in die Politik geboten hat. Der »Alte« hatte schnell das politische Format des Jesuitenschülers erkannt. Das Gesamtdeutsche Ministerium, das Barzel von Lemmer übernommen hat, wird nur ein Sprungbrett für den hochbegabten 38jährigen sein – davon ist man in Bonn fest überzeugt, auch bei der Opposition.

Barzel berichtet Rehlinger von einer Unterredung, die er unlängst in Hamburg hatte, und zwar – so schließt sich der Kreis – mit dem Mann, der Rehlingers Vorgänger Rolf May abgeworben hat: Axel Springer. Der Hamburger Verleger gehört zu dieser Zeit zu den einflußreichsten Leuten in der Nachkriegsrepublik. Zu einflußreich sei er gewesen, werden nur fünf, sechs Jahre später die Angehörigen der »Außerparlamentarischen Opposition« befinden: Schüler und Studenten werden gegen das »Meinungsmonopol« Springers demonstrieren, die Auslieferung von Zeitungen behindern, sich mit der Ordnungsmacht heftige Schlachten liefern.

Tatsächlich verfügt Axel Cäsar Springer schon Jahre vorher über ein respektheischendes Zeitungsimperium – doch stören sich zu Beginn der sechziger Jahre nur wenige daran. Wohl ist der Wiederaufbau gesichert, das Wirtschaftswunder in vollem Gang, aber die Menschen sind immer noch ängstlich bemüht, das einmal Erworbene oder Wiedererworbene festzuhalten. Da bleibt keine Zeit, sich über die Schönheitsfehler der jungen Demokratie zu mokieren, wozu die Konzentration von Informationsmacht auf einen Verleger, nämlich Springer, zweifellos gehört.

1962 weiß sich Springer mit den regierenden Christdemokraten im besten Einvernehmen, ebenso mit der überwiegenden Mehrheit der Bundesbürger, die sein festes Eintreten für die deutsche Wiedervereinigung und für Berlin zu würdigen wissen. Springer straft die DDR mit Mißachtung. Noch heute, nach Springers Tod, wird in seinen Zeitungen DDR mit Anführungszeichen geschrieben; vor 25 Jahren hieß sie in den Springer-Blättern noch SBZ, »Sowjetisch Besetzte Zone«.

Zum Axel-Springer-Verlag gehören die bundesweit erscheinenden Tageszeitungen »Bild« und »Welt«. Darüber hinaus hat Springer bundesweit einflußreiche Regionalblätter erworben oder sich bei ihnen eingekauft. Besonders konsequent ist er in Berlin verfahren. Dort hat er sich im Laufe der Jahre fast ein Monopol zusammengekauft: Außer der in Berlin viel gelesenen »Bild«-Zeitung gehören zu seinem Verlag noch die »Berliner Morgenpost« und die »BZ«.

Berlin ist die Leidenschaft Springers. Er, der sein Imperium von Hamburg aus aufgebaut hatte, errichtet in Berlin ein Verlagshochhaus in unmittelbarer Sichtweite der Mauer: auch dies ein Mahnmal, Symbol für Springers persönliches Berlin-Engagement. Springer hat – insoweit ist er bei aller hanseatischen Kühle ein unbefangenes Kind des Wirtschaftswunders – einen Hang zur feudalen Selbstdarstellung, aber er hat Nationalbewußtsein.

Rainer Barzel weiß natürlich, daß es nicht verkehrt sein kann, zu dem einflußreichen Verleger guten Kontakt zu haben. Als er Springer im Hamburger Verlagshaus einen Besuch abstattet, unterbreitet ihm dieser einen Vorschlag, der so ungewöhnlich ist, daß Barzel seinen Ohren nicht traut. Ein Westberliner Anwalt habe ihm, Springer, von einem interessanten Angebot der DDR erzählt. Nach Ansicht Barzels ist das Wort »interessant« dafür noch eine schüchterne Untertreibung. Im Jahre 1962, zur Zeit, da der kalte Krieg am kältesten ist, muß der Vorschlag als eine veritable Sensation erscheinen.

Die DDR bietet – dies ist die Botschaft des Anwalts Jürgen Stange – der Bundesrepublik politische Häftlinge aus ihren Haftanstalten zur Übernahme an. Die Geschichte hat nur einen Pferdefuß: Die Bundesregierung soll für die menschenfreundliche Geste zahlen – und das nicht zu knapp. Fünfstellige DM-Beträge sind im Gespräch.

Was soll es: Hauptsache ist, daß sich zwischen den beiden deutschen Staaten überhaupt etwas tut – wenn schon nicht auf politischem, so wenigstens auf humanitärem Gebiet. Rainer Barzel begreift sehr schnell die Chance, die dieser Vorschlag bietet. Er informiert seinen Kanzler, der sich gerade zum Urlaub in Cadenabbia aufhält. Konrad Adenauer ist zwar von tiefem Mißtrauen gegenüber allen Vorschlägen aus dem Osten erfüllt. Erstaunlicherweise ist der »Alte« dem ungewöhnlichen Angebot aus Ost-Berlin jedoch nicht abhold: Er gibt seinem gesamtdeutschen Minister grünes Licht zur Aufnahme weiterer Gespräche. Nur diskret soll das Ganze stattfinden, versteht sich.

Ludwig Rehlinger pflichtet seinem Minister bei: Der Vorschlag ist sensationell. Er ist – darüber sind sich die beiden Herren am Telefon durchaus klar – im Kern höchst unmoralisch. Aber was hilft es: Hier gibt es – endlich – eine konkrete Chance, Menschen in Not zu helfen, und die soll genutzt werden. Der Umweg über einen Rechtsanwalt ist Barzel und Rehlinger im Prinzip nicht unsympathisch. So entgeht die Bundesregierung der Verlegenheit, unmittelbar, über eigene Beamte mit der DDR-Führung verhandeln zu müssen. Rehlinger empfiehlt Barzel, die Sache weiter zu verfolgen

Ob er Rechtsanwalt Jürgen Stange kenne? Rehlinger verneint. Und wer solle Stanges Partner auf der anderen Seite sein? Ebenfalls ein Anwalt. Sehr gut: Verhandlungen zwischen der Bundesrepublik und der DDR ohne Beteiligung von Behörden auf beiden Seiten. Da kann der Verdacht einer politischen Aufwertung oder gar Anerkennung der »Sowjetisch Besetzten Zone«, jenes »Phänomens«, wie es der spätere Bundeskanzler Kurt Georg Kiesinger zu nennen pflegt, gar nicht erst aufkommen.

Und wer wird jener Anwalt sein, der im Auftrag der Regierung in

Ost-Berlin mit dem westlichen Emissär Stange verhandeln soll? Es ist Wolfgang Vogel. Mit dem Namen können Barzel und Rehlinger nichts anfangen. Dabei war Vogel zu Jahresbeginn bereits einmal in den Schlagzeilen erschienen. Er ist der Anwalt, der auf östlicher Seite den spektakulären Spionenaustausch zwischen dem russischen Agenten Rudolf Abel und dem amerikanischen U-2-Piloten Gary Powers am 10. Februar 1962 auf der Glienicker Brücke vermittelt hat.

Ein frühes Meisterstück

> »Ich werde auch heute nicht darüber
> reden, weil ich unter Schweigepflicht
> stand und stehe, solange mich der
> Mandant davon nicht entbindet.
> Und diese Entbindung müßte ich
> heute haben. Ich habe sie nicht.«

Chronik eines Spionenaustausches.
9. Februar 1962, kurz nach 22.00 Uhr:
Auf dem amerikanischen Teil des Tempelhofer Flughafens landet
eine US-Militärmaschine vom Typ DC 7. Heraus steigt ein hoch-
aufgeschossener, schmächtiger Mann, er trägt eine Brille mit starken Gläsern: Rudolf Iwanowitsch Abel, Oberst des sowjetischen
Geheimdienstes KGB. Der unauffällige Mann gilt als »Meister-
spion des Jahrhunderts«: Abel war Chef des sowjetischen Geheimdienstes in den Vereinigten Staaten – ein Meister der Tarnung und
Verwandlung. An der Gangway nimmt ihn eine Gruppe von Zivilisten in Empfang. Er wird in ein hermetisch abgesichertes Gebäude
gebracht. Der stellvertretende Chef der US-Mission in Berlin, Alan
Lightner, und der Chef der US-Militärpolizei, Oberst Robert Sobolyk, treffen am Flughafen ein. Per Funkspruch werden die sowjetischen Dienststellen in Potsdam von der Ankunft Rudolf Abels in
West-Berlin unterrichtet.

20. Februar 1962, kurz nach 3.00 Uhr morgens:
Ein Funkspruch der Sowjets trifft am Flughafen Tempelhof ein: Die
angekündigte Maschine hat das Territorium der UdSSR verlassen
und befindet sich planmäßig auf dem Flug. An Bord der Maschine
befindet sich Francis Gary Powers, vormals Pilot einer Aufklä-
rungsmaschine vom Typ »U 2«, der unter mysteriösen Umständen
auf dem Gebiet der Sowjetunion zur Landung gezwungen worden
war und in einem Schauprozeß – im Beisein seiner Verwandten – zu
einer zehnjährigen Haftstrafe verurteilt worden war. Gespannte

Bereitschaft herrscht auch am »Checkpoint Charlie«, dem Übergang für Ausländer zwischen West- und Ost-Berlin. Hier soll der am 28. August 1961 in Ost-Berlin wegen Spionageverdachts verhaftete amerikanische Student Frederic Leroy Pryor freigelassen werden.

4.00 Uhr:
Die Sowjets benachrichtigen die Amerikaner, daß die vorgesehene Tauschaktion kurz nach 8.00 Uhr morgens stattfinden kann.

7.15 Uhr:
Die Maschine mit Gary Powers ist auf einem sowjetischen Militärflugplatz rund 60 Kilometer von Potsdam entfernt gelandet.

8.15 Uhr:
Glienicker Brücke, zwischen West-Berlin und Potsdam. Irritationen bei den deutschen Zoll- und Polizeibeamten. Oberst Sobolyk teilt ihnen mit, daß eine »interne wichtige Aktion« durchgeführt wird. Die Amerikaner fahren mit Jeeps und Limousinen vor.

8.25 Uhr:
Am anderen Brückenende, jenseits der Havel, ist eine Gruppe sowjetischer Offiziere und Zivilisten eingetroffen. Unter ihnen befindet sich ein Mann mit dunkler Pelzmütze und Sonnenbrille. »Es ist Powers«, stellt einer der amerikanischen Offiziere fest, der das Treiben auf der anderen Seite durch ein Fernglas beobachtet. Zusammen mit zwei Zivilisten geht der stellvertretende US-Missionschef Lightner durch den geöffneten Schlagbaum auf die Mitte der Brücke zu. Am weißen Grenzstrich auf der Brückenmitte trifft er sich mit zwei Sowjetbeamten. Wo ist Pryor? Die Sowjets versichern, daß er – wie vereinbart – »sehr bald« am Ausländerübergang »Checkpoint Charlie« eintreffen wird. Einer der Zivilisten ist der Rechtsanwalt von Rudolf Abel, James D. Donovan aus New York.

8.30 Uhr:
Beide Gruppen gehen langsam auf die Brückenmitte zu. Sie stehen sich gegenüber. Rudolf Abel, der ebenfalls eine Sonnenbrille aufgesetzt hat, und Gary Powers sehen sich zum ersten Mal im Leben.

Powers, ein Mann von erkennbar schwächerer psychischer Konstitution, lächelt abgespannt. Abel wie Powers tragen prallvolle Reisetaschen. Abel wirft seine (amerikanische) Zigarette weg. »Die werde ich vermissen«, meint er zu Donovan.

8.40 Uhr:
Iwan Alexandrowitsch Schischkin, der Zweite Sekretär der UdSSR-Botschaft in Ost-Berlin, erklärt Donovan, der Austausch Abel gegen Powers könne stattfinden, da Pryor soeben von den DDR-Behörden an der Friedrichstraße freigelassen worden sei. Donovan ruft zum Brückenkopf, man solle ihm die Freilassung Pryors bestätigen. Der Chef der US-Militärpolizei, Oberst Sobolyk, telefoniert in seiner Zollbaracke mit dem »Checkpoint Charlie«. Dort gibt es noch keine Spur von dem amerikanischen Studenten. Schischkin drängt darauf, den Austausch auf der Brücke sofort vorzunehmen, bevor der Zivilverkehr einsetzt. Donovan besteht darauf, eine Bestätigung zu erhalten, daß Pryor im Westen eingetroffen sei. Pryor soll von seinem Ostberliner Rechtsanwalt Wolfgang Vogel zum Sektorenübergang »Checkpoint Charlie« begleitet worden sein. »Vielleicht streitet sich Vogel mit Pryor über sein Honorar«, mutmaßt Donovan. »Das könnte Monate dauern.« Schischkin lacht.

8.44 Uhr:
Ein Sowjetoffizier bedeutet Powers, daß er den Grenzstrich auf der Brücke überschreiten kann. Powers spricht mit den amerikanischen Beamten. Abel muß warten. Nervös putzt er seine Brille. Noch immer ist die Nachricht von der Freilassung Pryors nicht eingetroffen.

8.50 Uhr:
Oberst Sobolyk geht zur Brückenmitte. »Der Student Pryor ist jetzt auf unserem Gebiet«, teilt er mit. Die drei Beamten, die noch bei Abel stehen, treten zur Seite. »You can go now, Mr. Abel«, sagt einer von ihnen. Abel erhält sein offizielles Entlassungsschreiben überreicht. »Ich werde es als Diplom aufheben«, kommentiert er trocken. Von seinem Anwalt verabschiedet er sich mit einem lakonischen: »Good bye, Jim.« Er macht zwei Schritte und passiert den weißen Grenzstrich.

8.52 Uhr:
Der Austausch ist beendet. Eine amerikanische Limousine fährt rückwärts auf die Brücke und hält kurz vor der Markierungslinie. Lightner und Powers steigen ein. Die anderen amerikanischen Beamten klettern in ihre Jeeps. Der Schlagbaum am Brückenkopf schließt sich wieder. Powers fährt in Richtung Tempelhof davon. Um 10.45 Uhr fliegt er mit derselben Maschine, die Abel nach Berlin brachte, nach Wiesbaden und von dort unmittelbar in die USA. Auf der anderen Seite verläßt Rudolf Abel zusammen mit sowjetischen Beamten die Glienicker Brücke, die auch »Brücke der Einheit« genannt wird.

Begonnen hatte alles im Oktober 1957 in einem Gerichtssaal des New Yorker Stadtteils Brooklyn. Fünf Monate lang war gegen den hageren, grauhaarigen, unauffälligen Mann verhandelt worden – wegen eines Delikts, das mit der Todesstrafe bedroht war: Spionage. Und seine Aussichten waren schlecht. Rudolf Iwanowitsch Abel, Offizier im sowjetischen Geheimdienst, war nach Ansicht des Gerichts überführt, Chef des sowjetischen Geheimdienstes in den Vereinigten Staaten gewesen zu sein.

Sein Verteidiger, James D. Donovan, einer der bekanntesten Rechtsanwälte der USA in jener Zeit, unternahm einen letzten Versuch für seinen Mandanten: »Meine Herren, ehe Sie gegen meinen Klienten die Todesstrafe aussprechen, bedenken Sie bitte, daß sich ein toter Abel nicht mehr gegen einen Amerikaner austauschen läßt.« Aus welchem Grund sich das Gericht in Brooklyn von diesem Argument überzeugen ließ, ist unbekannt. Abel wurde zu 30 Jahren Zuchthaus verurteilt.

Rudolf Abel war 1948 mit einem gefälschten Geburtsschein illegal aus Kanada in die USA eingewandert und hatte unter dem Namen Emil R. Goldfus in der Brooklyner Fulton Street ein Porträtmaler- und Fotostudio aufgemacht. Bei seinen Nachbarn war er beliebt. Sie besuchten ihn gerne in seinem Atelier, in dem mehrere Aktstudien hingen.

Hilfsbereit stellte er den Mitbewohnern des Hauses seine technischen Kenntnisse zur Verfügung – auch dem Inhaber des Radiogeschäfts im Erdgeschoß. Niemand schöpfte Verdacht, als Abel eines Tages vom Fenster seiner Wohnung aus zum nächsten Dachfirst eine Antenne zog. Hilfsbereit, freundlich und leicht introvertiert – Rudolf Abel war ein Nachbar wie jeder andere. Niemanden erstaunte, daß er ab und an für einige Tage verschwand. Im Gegenteil, die Nachbarn gratulierten ihm zu den vielen auswärtigen Aufträgen, die der nette Fotograf erhielt. Tatsächlich war Abel ein vielgefragter Mann – wenn auch in anderem Sinne, als seine Nachbarn annahmen. Es war seine Aufgabe, die Aktivitäten der übrigen Sowjetspione in den USA zu koordinieren. Er organisierte Treffs mit diesen Agenten in Parks und U-Bahnen, in Flugzeugen, auf Flughäfen und in Bahnhöfen. Seine Anweisungen erhielt er über Kurzwellenfunk aus Moskau.

Sein Deckname war »Mark« – doch wer sich hinter dem Namen verbarg, wußte keiner von Abels Agenten. Sie hinterließen ihm ihre Informationen an Straßenlaternen, an denen kleine Magnetboxen hingen. Aus Dokumenten wurden in dem Atelier des Emil Goldfus Mikrofilme. Besonderes Geschick verwendete er (dem zweifellos ein gewisses kunsthandwerkliches Talent nicht abzusprechen war) auf der Suche nach immer neuen Verstecken für das diskrete Informationsmaterial: Er versteckte Mikrofilme in Ohrringen, Zündholzheftchen, Hausschlüsseln, Bleistiften und Münzen. Eine dieser Münzen wurde dem Verwandlungskünstler Abel zum Verhängnis. Aus Versehen hatte der als etwas schlampig geltende und wohl tatsächlich etwas zerstreute Spion einem Zeitungsboy eine präparierte 10-Cent-Münze mit Hohlraum für Mikrofilme in die Hand gedrückt. Dem Jungen fiel aus Versehen das Geldstück aus der Hand – es zersprang in zwei Teile und brachte einen Mikrofilm mit Zahlen zum Vorschein. Der Junge brachte die Münze zur Polizei. Das FBI wurde eingeschaltet. Für das FBI war Abel schon längst kein Unbekannter mehr. Einer seiner Agenten, der Oberstleutnant im sowjetischen Geheimdienst Reino Haynanen, war zu den Amerikanern übergelaufen und hatte Hinweise auf »Mark« gegeben. Langsam hatte sich der Ring um Abel geschlossen, und nun bot sich die Gelegenheit zum Zugriff. Er wurde verhaftet.

Wenn Abel gehofft hatte, bei dem nun folgenden Prozeß Rechtsschutz von der sowjetischen Botschaft zu erhalten, sah er sich getäuscht. Die Sowjetunion bekannte sich nicht zu ihrem besten Spion, weder jetzt noch später, als um seine Freilassung verhandelt wurde. (Während seiner ganzen Haftzeit jedoch flossen aus unbekannter Quelle erhebliche Geldmengen, die ihm das Leben im Zuchthaus von Atlanta erleichterten.)

James D. Donovan, sein Anwalt, sollte dennoch recht behalten: Abel wurde gegen einen Amerikaner ausgetauscht. Genaugenommen waren es sogar zwei Amerikaner, wobei der zweite eher als »Draufgabe« diente. Für James D. Donovan, der bereits während des Zweiten Weltkriegs Chefberater der amerikanischen Spionageabwehr und in Nürnberg Mitglied der US-Behörde bei den Kriegsverbrecherprozessen war, sollte dieser Austausch zum Moment des größten persönlichen Triumphes werden. Er schrieb sogar ein Buch darüber. Dabei hatte er sich bei den Austauschverhandlungen wie eine Elefant im Porzellanladen aufgeführt und fast alles getan, um eine einvernehmliche Lösung der Affäre Abel/Powers unmöglich zu machen. Doch soweit war es noch nicht.

Der zweite Hauptdarsteller in dem Spionagespiel, der 32jährige Hauptmann der amerikanischen Luftwaffe, Francis Gary Powers, arbeitete mit Hilfe nicht minder feiner Technik. Mit seinem Aufklärungsflugzeug, der »U 2«, überflog er in einer Höhe von 22 000 Metern das Gebiet der Sowjetunion. Die präzisen Kameras der »U 2« lieferten dem Pentagon in Washington mit gestochen scharfen Bildern wichtige Informationen. Powers und seine »U 2«-Kameraden betrieben Luftspionage, und sie wußten, daß ihr Auftrag äußerst gefährlich war. Doch wurde der Einsatz fürs Vaterland gut entlohnt: mit dem für jene Zeiten fürstlichen Jahresgehalt von 30 000 Dollar. Als fürsorglicher Arbeitgeber hatte die amerikanische Luftwaffe ihren Piloten einen wirkungsvollen Schutz vor sowjetischen Folterversuchen mitgegeben: eine Giftnadel, deren Injektion sofort tödlich wirken würde.

Gary Powers, der am 1. Mai 1960 über der UdSSR abstürzte, machte von dem freundlichen Angebot, den Heldentod für Amerika zu sterben, keinen Gebrauch. Er wird dies manchmal bereut haben. Ein »welthistorischer Pechvogel« ist er genannt worden, ein Versager. Dieses Urteil hielt sich hartnäckig, obwohl spätere Befragungen des Piloten durch die CIA – mit und ohne Lügendetektor – seine abenteuerliche Schilderung des Hergangs am 1. Mai 1960 als durchaus glaubwürdig erscheinen ließen.

Die Beamten des amerikanischen Geheimdienstes und Mitglieder des Kongresses, vor denen Powers fast einen Monat lang in zahlreichen Verhören Rechenschaft ablegte, bestätigten Powers als »guten Amerikaner«. Für Powers hieß dies u. a., daß ihm Gehaltsnachzahlungen von rund 50000 Dollar zustanden. Jedes andere Ergebnis hätte den Beamten und Abgeordneten äußerst unangenehm sein müssen: Hätte es doch das Eingeständnis bedeutet, einen Verräter oder Versager gegen einen Spitzenspion zurückgetauscht zu haben, einen Handwerker gegen einen Künstler.

Und so lautet die offizielle, von Kongreß und CIA gebilligte Version: Als Powers sich mit seiner »U 2«-Maschine in einer Höhe von 20700 Metern über Swerdlowsk befand, brachte die Detonation einer Flugabwehrrakete in unmittelbarer Nähe seine Maschine aus dem Kurs. Powers berichtete von einem scharfen Knall, der Himmel habe orangefarben geleuchtet. Die »U 2« sei steil nach unten gekippt, beide Tragflächen seien abgerissen. Erst nach einem Sturz von etwa 10000 Metern habe er sich aus der Führerkabine befreien und mit dem Fallschirm abspringen können. Eine Gruppe von Männern erwartete ihn am Boden. Sie halfen ihm, auf die Füße zu kommen, und nahmen ihm Pistole und Messer ab. Die Giftnadel, die Powers vorsorglich während des Falls aus ihrem Behälter genommen und in seiner Kleidung verborgen hatte, entdeckten sie nicht.

Erst bei der Leibesvisitation in Swerdlowsk wurde die Nadel entdeckt und – quelle blamage – ebenfalls einige Landkarten der Sowjetunion, die über den wahren Charakter der Mission von Gary Powers Aufschluß gaben. Dennoch (oder vielleicht gerade deshalb) behandelten ihn die sowjetischen Behörden mit größter Freundlichkeit. Bereits am Abend seines Eintreffens in Moskau erhielt Powers eine Einladung zu einer Stadtrundfahrt, die er wenig später tatsächlich unternahm. Überhaupt verlor Powers kein böses Wort über seine Behandlung in der Sowjetunion. Lediglich seien die Verhöre in den ersten Wochen seiner Haftzeit anstrengend gewesen und auch Verpflegung und Bett hätten ihm nicht immer gefallen.

Warum auch hätten die Sowjets ihm böse sein sollen? Sie hatten Veranlassung, ihn zu hegen und zu pflegen: Denn er bot dem temperamentvollen Parteichef der KPdSU, Nikita Chruschtschow, willkommenen Anlaß, die vorgesehene Pariser Gipfelkonferenz platzen zu lassen. Chruschtschow, der nur ungerne eine Gelegenheit zu spektakulärem Auftritt ungenutzt verstreichen ließ, ergriff die gebotene Chance. Dabei stand Amerika auch in den Augen seiner Verbündeten durchaus als blamiert da. Wohlgemerkt: Niemand im westlichen Bündnis hatte zu jener Zeit etwas gegen Spionage gegen die Sowjetunion, aber sich dabei erwischen zu lassen war auch in den Augen der NATO-Partner unverzeihlich.

Genußvoll zelebrierten die Sowjets einen Schauprozeß gegen Powers. Selbst seine Familie wurde geladen. Vor der Gerichtsverhandlung erklärte ihm sein sowjetischer Anwalt, daß er möglicherweise zum Tode verurteilt würde, wenn er sich nicht schuldig bekannte. Nicht er – so lautete die verschlüsselte Botschaft – saß auf der Anklagebank, sondern die Supermacht USA. – Powers bekannte sich schuldig.

Es verstand sich von selbst, daß die Anklagebehörde dieses Geständnis zu politischer Demonstration nützen würde. Mit paradoxer Logik plädierte sie für Milde (!) gegenüber dem Angeklagten: Powers sollte die Todesstrafe erspart werden, denn der wahre Schuldige sei die amerikanische Regierung. Am 29. August 1960 sprach das Moskauer Gericht sein Urteil: zehn Jahre Freiheitsentzug, davon drei im Gefängnis zu verbringen und sieben in einem Arbeitslager.

Es war ein schwarzer Tag für Amerika. Dem Unglücksraben Powers wurde von sowjetischer Seite jedoch schnell bedeutet, daß er sich keine Sorgen darüber machen solle, viel Zeit in den wenig komfortablen sowjetischen Gefängnissen verbringen zu müssen. Es bestünde die Möglichkeit eines Austausches gegen einen sowjetischen Spion, der sich in amerikanischen Gefängnissen befand.

Es ist nicht sicher, ob Powers sofort begriff, um wen es sich handelte und was die ganze Aufgeregtheit um seine Person eigentlich bedeutete. Durch den spektakulären Prozeß sollte der »U 2«-Pilot lediglich aufgewertet werden, um ihm bei späteren Austauschverhandlungen gegen Abel mehr Gewicht beimessen zu können.

Vorzustellen bleibt Frederic Leroy Pryor, die dritte Person in jenem Austauschgeschäft, das mit der spektakulären Aktion an der Glienicker Brücke am 10. Februar 1962 ihren Abschluß fand. Pryor war dabei nur eine Statistenrolle beizumessen, gleichwohl war er für das Gelingen der Aktion unverzichtbar.

Pryor war ein 28jähriger Student der Wirtschaftswissenschaften und hatte in Ost-Berlin Recherchen über den Handel jenseits des Eisernen Vorhangs angestellt. Dabei war er offensichtlich zu gründlich vorgegangen und hatte Material aufgestöbert, das als geheim galt. Am 25. August 1961 wurde Pryor, der als Stipendiat der Ford-Foundation an der Freien Universität in West-Berlin arbeitete, bei einem Besuch im anderen Teil der Stadt unter dem Vorwurf der Spionage verhaftet. Auch ihm – so fürchteten die Amerikaner nicht ohne Grund – sollte ein Schauprozeß gemacht werden.

Seine Eltern, Geschäftsleute aus Mansfield/Michigan, flogen noch im September 1961 nach Berlin und versuchten verzweifelt, die Ost-Berliner Behörden davon zu überzeugen, daß ihren Sohn Frederic nur wissenschaftliche Neugier zu seinen gründlichen Recherchen veranlaßt hatte und nicht ein staatlicher Spionageauftrag. Sie suchten Rat und Trost bei der US-Gesandtschaft in West-Berlin. Es war der Gesandtschaftssekretär Francis Meehan, der ihnen immer wieder neuen Mut machte und ihnen den Rat gab, Kontakt zu einem Rechtsanwalt im anderen Teil der Stadt aufzunehmen, der sich möglicherweise für ihren Sohn verwenden konnte: Wolfgang Vogel. Rund zwanzigmal fuhren Mr. und Mrs. Millar Pryor zu Wolfgang Vogel, meistens begleitet von Francis Meehan, in einem Fahrzeug der US-Gesandtschaft. Sie erteilten Wolfgang Vogel das Mandat, die Freilassung ihres Sohnes zu erwirken.

Meehan und Vogel waren schon seit einiger Zeit im Gespräch. Schon vor dem Absturz und der Verurteilung von Gary Powers war Wolfgang Vogel beauftragt worden, die Freilassung Rudolf Abels zu betreiben. Nach der Verurteilung von Powers führten Vogel und Meehan erste Gespräche über einen möglichen Austausch der beiden. Der US-Diplomat und der Rechtsanwalt aus der DDR trafen sich mehrfach in Meehans Haus im Westberliner Stadtteil Dahlem. Ein Austausch Powers–Abel kam jedoch nicht in Betracht. Da dieser Tausch – in der Logik der Geheimdienste – ein Ungleichgewicht zugunsten der Sowjets bedeutete, mußte die andere Seite noch eine »Draufgabe« machen: Frederic L. Pryor konnte der geeignete Mann in diesem Spionagespiel sein. Wolfgang Vogel und Francis Meehan sollten recht behalten.

James D. Donovan, Nachfahre irischer Einwandererfamilien, war ein bulliger Mann mit cholerischem Temperament. Den erfahrenen Anwalt konnte auf juristischem Gebiet – so schien es – nichts so leicht aus der Fassung bringen. Aber er staunte nicht wenig, als er plötzlich Post aus der DDR erhielt. Absender war der Ostberliner Rechtsanwalt Wolfgang Vogel, der angab, auf Veranlassung von Frau Helen Abel zu handeln, der Ehefrau des sowjetischen Spions Rudolf Abel. Im Auftrag seiner Mandantin setzte sich Vogel für eine Freilassung Rudolf Abels auf dem Austauschwege ein.

Donovan versuchte, die Botschaft zu dechiffrieren. Daß Frau Abel aus eigenem Antrieb gehandelt haben könnte, hielt er (zu Recht) für ausgeschlossen. Im übrigen gab es seines Wissens nach keine Ehefrau Abel, schon gar nicht eine ostdeutsche. Was also sollte das Ganze?

Donovan erinnerte sich, daß sich die Sowjetunion niemals zu ihrem Spitzenagenten bekannt hatte (und dieser sich nicht zu seinem Auftraggeber). Wollten die Sowjets jetzt einen Austausch Abels, so durften sie sich nicht direkt zu erkennen geben. Durch die erfundene »Ehefrau«, zudem noch eine Ostdeutsche, hatten sie einen Vorwand, die Nachfrage als humanitäre Bemühung zu tarnen. Donovan konnte sich aber denken, daß die Russen ein lebhaftes Interesse an ihrem Spitzenagenten Abel hatten. Sie wollten ihn also austauschen.

Aber gegen wen? Francis Gary Powers saß seit einem Jahr im Wladimir-Gefängnis bei Moskau. Der Student Marvin Makinen von der Pennsylvania-Universität saß in einem Gefängnis bei Kiew. Sein Hobby, das Fotografieren, war ihm zum Verhängnis geworden – genauer gesagt, das Motiv. Ihm wurde vorgeworfen, sich über das zulässige Maß hinaus für sowjetische Militärbasen interessiert zu haben. Und da war noch jener junge Wirtschaftswissenschaftler, Frederic Leroy Pryor, der seit einigen Monaten in Ost-Berlin einsaß und dem der Prozeß gemacht zu werden drohte. Warum sollte ein Tausch nicht möglich sein?

Donovan war von einem außerordentlich gradlinigen Antikommunismus beseelt (eine Grundhaltung, die im Amerika jener Zeit üblich war), aber er hatte die natürliche Zuversicht, daß mit jedermann auf der Welt ein Geschäft zu machen sei – wenn nur das Angebot stimmte.

Donovan tat, was die andere Seite von ihm erwartet hatte: Er informierte die Regierung in Washington von dem Angebot.

Wer hinter der treusorgenden Ehefrau aus Leipzig stand, war schnell ausgemacht. Die Berater des Präsidenten und die Mitarbeiter der CIA waren sich einig: Es handelte sich um nur notdürftig getarnte Liebesgrüße aus Moskau. Und wenn die andere Seite schon von einem Austausch sprach, so war auch klar, wer als Objekt in Betracht kam: Gary Powers. Ein schlechter Tausch, so schien es: Powers hatte durch sein freimütiges Geständnis vor dem Gericht in Moskau viele Sympathien in der amerikanischen Öffentlichkeit verloren.

Welches Interesse konnten Präsident Kennedy und die Strategen der amerikanischen Außenpolitik an jenem Mann haben, der so wenig dem Bild eines »Helden der Nation« entsprach?

Es ging nicht in erster Linie um Powers. Kennedy hatte sich zum Ziel gesetzt, die Kluft, die zwischen den Supermächten USA und Sowjetunion entstanden war, zu schließen. Die Kriegsgefahr erschien ihm zu groß: Der Pariser Gipfel war geplatzt (wofür Gary Powers – wie erwähnt – den willkommenen Anlaß geboten hatte), und vor wenigen Monaten erst war in Berlin die Mauer hochgezogen worden. Kennedy setzte darauf, in der Sache unnachgiebig zu sein und dem polterigen Chruschtschow dennoch mit »civility«, äußerer Höflichkeit, entgegenzutreten. Tatsächlich war diese Abkehr von der öffentlichen und lautstarken Verdammung der kommunistischen Führungsmacht in Moskau durchaus mit Wohlwollen beobachtet worden, und es gab verläßliche Anzeichen dafür, daß auch die UdSSR an einer Entkrampfung der Beziehungen interessiert war.

Es fehlte nur an einem geeigneten Anlaß, die neue Phase der Beziehungen zwischen Washington und Moskau sinnfällig zu demonstrieren. Die Vermittler des Spionenaustausches, einer humanitären Aktion, sollten den Weg bereiten für die Diplomaten beider Nationen. Dafür war Kennedy manches Opfer recht, und der Verzicht auf Rudolf Abel war ein Opfer. Allerdings galt es auch, das Gesicht zu wahren. Daher kam ein Austausch Abels *nur* gegen Powers nicht in Betracht. Washington mußte auf einem »Extra« bestehen. Makinen, der in Kiew einsaß, kam dabei kaum in Betracht. Die Sowjets würden sich ohnehin zieren, im Gegenzug für den vermeintlichen

Ostdeutschen Abel den Amerikaner Powers aus ihrer Gewalt zu entlassen. Einen zweiten »Spion« den Amerikanern als Gegenleistung für die Übergabe Rudolf Abels anzubieten wäre einem offenen Bekenntnis zu Abel gleichgekommen. Der kompensierende Dritte mußte also in einem anderen Land des sowjetischen Machtbereiches gesucht werden. Niemand bot sich eher an als Frederic Leroy Pryor.

Ganz offensichtlich war dies ein Verhandlungsziel, das die andere Seite zumindest mit in Erwägung gezogen hatte. Denn sicher war es mehr als nur ein wundersamer Zufall, daß derjenige, der im Auftrag der »Ehefrau« Abels an Donovan geschrieben hatte, auch von den Eltern Frederic Pryors um anwaltliche Hilfe gebeten worden war. Dieser Wolfgang Vogel war – so lautete das Gerücht – ein Vertrauter von Josef Streit, der seit dem Tode Ernst Malsheimers am 25. März 1960 das Amt des Generalstaatsanwalts der DDR versah (in das er wenig später, am 24. Januar 1962, von der Volkskammer gewählt wurde). Kenner schilderten Streit als einen umsichtigen Mann, der im Einzelfall zu erstaunlichen und menschlichen Entscheidungen in der Lage war. Dieser Josef Streit hatte offenbar über seine eigene Regierung von Moskau den Auftrag bekommen, die Voraussetzungen für den Dreier-Austausch Abel–Powers–Pryor zu schaffen. Wolfgang Vogel schien ihm dafür der geeignete Mann zu sein.

Tatsächlich wurde Wolfgang Vogel hart gefordert – nicht etwa, weil die Situation so unlösbar kompliziert war. Richtig kompliziert wurde sie durch den amerikanischen Verhandlungsführer, Rechtsanwalt James D. Donovan. Von den Fettnäpfchen, die zahlreich auf den verschlungenen Pfaden der Ost-West-Diplomatie postiert sind, ließ er kaum eines aus.

Präsident Kennedy beschloß, James D. Donovan das Mandat der Regierung zu erteilen, die Freilassung von Gary Powers und Frederic Pryor gegen Rudolf Abel zu erwirken.

Zunächst tut Donovan etwas sehr Vernünftiges: Er schreibt der »Ehefrau« Rudolf Abels in Leipzig, daß die Aussicht »bedeutender Ereignisse« ein Zusammentreffen nützlich erscheinen lasse. Wenn sie – also Frau Abel – derselben Ansicht sei, so möge sie doch ein Telex an Donovans Anwaltsbüro mit dem sinnigen Text »Happy New Year« schicken.

Die telegrafischen Neujahrswünsche von Helen treffen am Donnerstag, dem 25. Januar 1962, ein – allerdings nicht aus Leipzig, sondern aus Ost-Berlin. »Frau Abel« gibt darin zu verstehen, daß sie mit einem Treffen mit Donovan am 3. Februar um 12.00 Uhr mittags in der sowjetischen Botschaft in Ost-Berlin einverstanden ist. Donovan läßt sich eine Legitimationsurkunde des Justizministeriums ausstellen, das in vager Formulierung die Aussicht auf eine Begnadigung Abels beschreibt. Dabei wird sich Donovan wahrlich nicht als Emissär ausweisen müssen. Sein Kommen ist längst annonciert, der Boden bereitet. Wolfgang Vogel hat bei der US-Mission in West-Berlin die Nachricht hinterlassen, »Frau Abel« sei optimistisch, auch Frederic Pryor und Marvin Makinen könnten freigelassen werden, wenn die USA Abel gegen Powers tausche.

Donovan kann Vogel nicht ausstehen – das weiß er, ohne ihn jemals zuvor gesehen zu haben. Was will dieser Mann? Abel ist ein Mann der Russen, das weiß Donovan, also will er auch mit den Russen über die Freilassung verhandeln. In seiner Starrköpfigkeit begreift er nicht, daß es im Spionagegeschäft gewisse unverletzliche Spielregeln gibt, die einzuhalten unverzichtbar ist. Es kann für einen Geheimdienst gute Gründe geben, sich nicht zu einem Agenten zu bekennen – sei es, um den Gegner in Unsicherheit zu halten oder um seine Kontaktleute zu schützen. Außerdem läßt sich durch ein Dementi vortrefflich der Handelswert des Agenten verleugnen: Ein Agent, zu dem sich niemand bekennt, hat praktisch keinen Tauschwert. (Für den Betreffenden kann dies fatale Folgen haben. Der Verleugnete taucht auf keiner Tauschliste auf und sieht sich von seinem Geheimdienst verlassen.) Bei Rudolf Abel gibt es einen guten Grund, ihn nicht als Offizier des KGB auszugeben. Als Spitzenmann des sowjetischen Geheimdienstes ist er von so hohem Wert, daß es im internationalen Spionenkarussell keinen adäquaten Tauschpartner für ihn gibt. Als Ostdeutscher kommt er als Pendant zu Gary Powers durchaus in Betracht – wenigstens in der verschrobenen Optik der Geheimdienste.

Solche feinsinnigen Erwägungen fechten James D. Donovan nicht an. Für ihn, den Verteidiger Abels, ist Abel ein Russe, und Russen haben seine Verhandlungspartner zu sein. Als Donovan nach Europa fliegt, hat er längst beschlossen, seinen Standeskollegen aus Ost-Berlin, Wolfgang Vogel, mit völliger Mißachtung zu strafen, obwohl ihm dieser angezeigt hat, daß er »Frau Abel« anwaltlich vertritt. Mit grimmigem Vergnügen stellt er fest, daß es den Sowjets außerordentlich schwer fallen wird, ihre tiefe Solidarität mit der ostdeutschen Familie Abel zu erklären, die sie zu dem weitreichenden Schritt veranlaßt, für die Freilassung Abels den amerikanischen Häftling Gary Powers anzubieten.

3. Februar 1963, 12.00 Uhr mittags, in der sowjetischen Botschaft in Ost-Berlin:
Iwan Alexandrowitsch Schischkin, der Zweite Sekretär der sowjetischen Botschaft, löst die Aufgabe mit Bravour. Im Beisein von Abels »Familie«, die sich als Ehefrau, Tochter und Vetter ausgeben, mustert er das Legitimationsschreiben des US-Justizministers mit gekonntem Desinteresse. Immerhin scheint er nicht unzufrieden zu sein, denn das Dokument enthält die eindeutige Willensbekundung, Abel gegen Powers auszutauschen. Er erläutert den Standpunkt Moskaus. Gewisse Kreise in den USA hätten versucht, eine Verbindung des Ostdeutschen Abel mit der Sowjetunion herzustellen. Diese Unwahrheit habe Anlaß für die sowjetfeindliche Propaganda in den USA gegeben. Wenn die UdSSR jetzt zu einer Freigabe von Powers im Gegenzug zu einer Entlassung von Abel in die DDR bereit sei, geschehe dies nur, um die Grundlage für eine bessere Zusammenarbeit und ein größeres Verständnis zwischen den beiden Großmächten zu schaffen. Aber – so hebt Schischkin bedauernd hervor – die Namen Pryor und Makinen seinen ihm völlig unbekannt. Er sei auch nicht befugt, darüber zu sprechen. Donovan versteht die Welt nicht mehr. Wie kann dieser Wolfgang Vogel – offensichtlich ein äußerst dubioser Mann – der US-Mission in West-Berlin signalisieren, »Frau Abel« sei überzeugt, auch Pryor und Makinen würden zusammen mit Powers gegen Abel freigelassen werden? Donovan begreift nicht, daß dieses Signal nicht mehr gewesen ist als ein Angebot zur Aufnahme von Verhandlungen. Er, der sich im östlichen Teil Berlins äußerst unwohl, beobachtet und bedroht fühlt, will die Angelegenheit nur schnell über die Bühne bringen. Schließlich, dies macht er Schischkin deutlich, sei er gezwungen, den Lebensunterhalt seiner Familie zu verdienen, und er sei nur unter Aufopferung kostbarer Zeit nach Europa gekommen. Aber

Schischkin läßt sich nicht erweichen und bestimmt Vertagung um zwei Tage, auf Montag nachmittag.

5. Februar 1962:
Donovan hat von seinen amerikanischen Auftraggebern einen Rüffel erhalten. Gegenüber Schischkin hat er seinen Standeskollegen Wolfgang Vogel als einen Lügner und Schurken bezeichnet, der von den zuständigen Behörden hart bestraft werden müsse. Die Beamten in Washington haben telefonisch durchblicken lassen, Donovan möge sich zukünftig zurückhaltender äußern, um das Vorhaben nicht zu gefährden.

Der polterige Mann müht sich nach Kräften. Um 17.00 Uhr sitzt er erneut bei Schischkin im Konferenzzimmer. Zweiter Akt des Verhandlungsspiels: Die UdSSR nennt neue Austauschbedingungen. Ein Austausch Powers gegen Abel kommt in Betracht, ebenfalls ein Austausch Makinen gegen Abel. Aber Makinen und Powers gegen Abel – das sei indiskutabel. Doch öffnet Schischkin seinem amerikanischen Verhandlungspartner eine andere Tür: »Was den Fall Pryor betrifft, so liegt diese Angelegenheit außerhalb der Zuständigkeit sowjetischer Behörden und muß mit der ostdeutschen Regierung ausgehandelt werden.« Das habe über Frau Abel und ihren Anwalt Vogel zu geschehen, die Donovan schließlich bereits mitgeteilt hätten, daß ihre Petition von der ostdeutschen Regierung wohlwollend in Erwägung gezogen werde.

Zähneknirschend muß Donovan begreifen, daß ohne den »Schurken« Vogel eine Lösung des Falles Pryor nicht möglich sein wird. Er fährt – wie immer begleitet von der »Familie« Abel – zu Vogels Kanzlei in einem dringend renovierungsbedürftigen Altbauhaus. Donovan beäugt das Anwesen mißtrauisch. Die Wohngegend ist »zweitklassig«, der Boden vor dem Haus mit Unkraut überwuchert. Vor den Fenstern im Erdgeschoß hängen dünne Decken anstelle von Vorhängen. Der Eingang ist schlecht beleuchtet. Zu Vogels Büro führt ein schmaler Treppenaufgang in den ersten Stock. Die Tür öffnet sich zu einem kleinen Vorzimmer, hinter dem sich ein noch kleineres Wartezimmer auftut. Einem Vergleich mit einem New Yorker Anwaltsbüro hält diese Kanzlei, die einem DDR-Spitzenanwalt gehören soll, nicht stand. Immerhin: Wenigstens das Büro von Herrn Vogel selbst ist ansprechend, wenn auch nicht mit amerikanischem Komfort eingerichtet. Die beiden Kollegen stehen sich gegenüber. Donovan mustert seinen Gegenpart: Ständig – so erinnert er sich später – huscht ein rasches Lächeln über Vogels Gesicht.

Vogel präsentiert eine amtliche Nachricht des DDR-Generalstaatsanwalts Streit: Ihm, Vogel, werde bestätigt, daß sein Mandant (Pryor) an amerikanische Behörden übergeben werden könne, »falls von amerikanischer Seite die ihnen bekannten Bedingungen eingehalten werden«. Das heißt, daß auch die Ostdeutschen Pryor gegen Abel freilassen? »Ja«, antwortet Vogel.

Am selben Abend freilich läßt Vogel seinem amerikanischen Verhandlungspartner nach West-Berlin eine Nachricht zukommen: neue Schwierigkeiten seien aufgetaucht.

6. Februar 1962:
Wie reagiert Donovan auf die Hiobsbotschaft aus Vogels Kanzlei? Er geht zur sowjetischen Botschaft. Der ob des anstrengenden Verhandlungspartners etwas strapazierte Schischkin lehnt erneut jede Verantwortung für Entscheidungen der DDR ab: Wenn Donovan den Sinn von Vogels Mitteilung entschlüsseln wolle, müsse er sich an diesen wenden. Der Amerikaner hält dies für eine Schikane. Nach seinem Urteil befinden die Sowjets ohnehin nach eigenem Gutdünken, was mit Pryor, Powers, Makinen und allen politischen Gefangenen im Ostblock geschieht. Sein Mißvergnügen steigert sich zu Wut, als Vogel ihm in persönlichem Gespräch mitteilt, der DDR-Generalstaatsanwalt sei nunmehr nur bereit, Pryor gegen Abel freizulassen – von Powers kein Wort.

Das ist allerdings ein starkes Stück. Soll Donovan zum Narren gehalten werden? Nein – er hat nur nicht richtig zugehört. Donovan, der kaum Deutsch versteht, hat in die Äußerungen Vogels am Vortag zuviel hineininterpretiert. Die erklärte Bereitschaft der DDR hatte sich – wie die der Sowjetunion – nur auf einen Austausch Mann gegen Mann bezogen: dazu stehe Josef Streit unverändert. Von zwei gegen einen sei aber nie die Rede gewesen. Jetzt – so versucht Vogel seinem amerikanischen Kollegen klarzumachen – sei ein Wettstreit zwischen der UdSSR und der DDR um das Prestige im Gange, die Freilassung Abels erwirken zu können. Das ist die Wahrheit, zumindest ein Teil von ihr: Die DDR-Führung hat ohne

Absprache mit dem großen Bruder in Moskau gehandelt. Natürlich war es das von Wolfgang Vogel angestrebte und von seinen Auftraggebern wenigstens kalkulierte Verhandlungsziel gewesen, Powers und Pryor gegen Abel freizugeben. Streit und Ulbricht waren jedoch empört darüber, mit welcher Ignoranz der Amerikaner Donovan über die DDR hinweg verhandelte. Zu offenkundig war Donovans Mißachtung der DDR-Souveränität.

Auch wenn Donovan die Komplikationen selbst verschuldet hat, richtet er seinen ganzen Zorn gegen Vogel. Obwohl kein vernünftiger Anwalt einen Kollegen für die Kapriolen seines Auftraggebers verantwortlich machen wird, betrachtet der glühende Antikommunist Donovan die Mitteilung Wolfgang Vogels als neuen Schachzug im nervenaufreibenden Spiel zweier – nämlich Schischkin und Vogel – gegen einen, den mutigen Vorkämpfer des freien Westens im Bereich des Bösen: den Rechtsanwalt James D. Donovan aus New York City.

Für Wolfgang Vogel ist die Situation außerordentlich kompliziert: Soll der Austausch noch zustande kommen, muß er seinen eigenen Auftraggeber überzeugen, daß es im Interesse der Sache besser ist, die erfahrene Kränkung zu schlucken. Es gelingt Vogel, den Generalstaatsanwalt zum Einlenken zu bewegen. Der Austausch kann stattfinden. Die Freilassung von Powers wird von der »Prawda« in einer Acht-Zeilen-Meldung knapp kommentiert: »Das Präsidium des Obersten Sowjets hat beschlossen, den in der Sowjetunion inhaftierten amerikanischen Flieger Francis Gary Powers zu begnadigen und ihn den amerikanischen Behörden auszuliefern. Bei diesem Beschluß hat sich das Präsidium des Obersten Sowjets leiten lassen: 1. von dem Gnadengesuch der Angehörigen von Powers, 2. von seiner aufrichtigen Reue über sein Verbrechen und 3. von dem Wunsch, die Beziehungen zwischen der Sowjetunion und den Vereinigten Staaten zu verbessern.« Der Weg für weitere Entspannungsbemühungen ist frei.

Am Morgen des 10. Februar 1962 findet der Austausch an der Glienicker Brücke und am »Checkpoint Charlie« statt. Vogel begleitet den Studenten Pryor selbst bis zum Übergang an der Friedrichstraße, wo er vom Gesandtschaftssekretär Francis Meehan in Empfang genommen wird. Meehan verabschiedet sich von Wolfgang Vogel mit den Worten: »Es würde mich freuen, wenn wir uns noch öfter bei solcher Gelegenheit treffen würden.« Der Wunsch Meehans wird in Erfüllung gehen: 23 Jahre später kommt er als US-Botschafter zurück nach Ost-Berlin und ist zwischenzeitlich schon verschiedentlich als Verhandlungsführer der Amerikaner bei Austauschverhandlungen tätig gewesen, so im Falle Anatolij Schtscharanskijs.

James D. Donovan, Elefant im Porzellanladen, wird nach seiner Rückkehr in die Vereinigten Staaten wie ein Nationalheld empfangen. Der Vermittler, der ein Zusammenwirken der östlichen Behörden erst ermöglicht und damit die Voraussetzungen zu dem Austausch geschaffen hat, erscheint in der Öffentlichkeit als Buhmann. In seinem Buch »Strangers on a bridge« bezeichnet der unverständige Donovan seinen Standeskollegen Vogel als Schauspieler, Schurken und Lügner.

Bei solchen Angriffen blieb es nicht – auch in den folgenden Jahren sollte Vogel noch häufiger offenem Mißtrauen begegnen.

Der Mann mit dem Koffer

>»Wer ist moralisch besser, der, der
>verkauft, oder der, der kauft?«

Als ihn der Anruf seines Ministers Rainer Barzel erreicht, kennt Ludwig Rehlinger die Details des Spionenaustauschs Powers–Pryor nicht, auch der Name Wolfgang Vogel ist ihm zu jener Zeit noch nicht geläufig. Dabei nimmt Wolfgang Vogel schon 1962 eine Sonderstellung ein. Er ist seit 1957 einer der wenigen Ostberliner Rechtsanwälte, die noch eine Zulassung in Westberlin haben – ein Kuriosum, zu erklären nur durch den Vier-Mächte-Status der Stadt, der de facto von den DDR-Behörden zwar ignoriert wird, de lege lata jedoch fortbesteht und dessen Vorzüge die andere Seite dankbar in Anspruch nimmt. Ein prominenter Kollege mit Doppelzulassung in dieser Zeit ist Dr. Friedrich Karl Kaul, der im Westen gerne als »Star-Anwalt« apostrophiert wird. Kaul, der regelmäßig als engagierter und kompromißloser Verfechter der DDR im Westen auftritt, ist ein herausragender Jurist. Er weist gerne vor, daß er die Interessen seiner Mandanten aus der DDR erfolgreich bis zum Bundesgerichtshof in Karlsruhe vertreten hat. Ein idealer Vermittler zwischen Deutschland Ost und Deutschland West ist Kaul jedoch nicht: Hinter jedem Fall sieht er das Problem der eigenstaatlichen Respektabilität der DDR und setzt die Staatsinteressen dem menschlichen Interesse zumindest gleich. Vogel jedoch – wesentlich souveräner – sieht hinter jedem Problem zuerst den hilfesuchenden Menschen. – Es gibt übrigens 1962 noch einige Westberliner Rechtsanwälte mit Zulassung im Osten der Stadt. Einer von ihnen, Dr. Wilhelm Stark, praktiziert auch heute noch – ein Vierteljahrhundert später.

Auch wenn Rehlinger etwas wüßte über Wolfgang Vogel und seinen Westberliner Kontaktanwalt Jürgen Stange – es hätte ihm die Entscheidung nicht leichter gemacht. Als Anwalt mit Doppelzulassung ist Vogel ein Paradiesvogel, Stange ein Nobody. Das Risiko, die beiden Verhandlungen über die Freilassung politischer Gefangener führen zu lassen, ist groß. Dennoch ist Ludwig Rehlinger für Gespräche und überzeugt auch seinen Minister Rainer Barzel davon.

Rehlinger nimmt Kontakt mit Jürgen Stange auf. In der Karwoche 1963 treffen sich Barzel, Rehlinger und Stange im Hotel »Deutscher Kaiser« in München. Der Minister und sein Beamter sind von dem Vorschlag Stanges beeindruckt. Die DDR – so Stange – sei bereit, eine fünfstellige Zahl politische Häftlinge gegen Geldzahlung herauszugeben. Dabei sei die Höhe des »Kopfgeldes« in jedem Einzelfall gesondert festzusetzen. Die westdeutsche Seite soll Listen über jene politischen Häftlinge vorlegen, an deren Freilassung sie vorrangig interessiert ist. Die DDR will im Gegenzug Listen jener politischen Gefangenen vorlegen, deren sie sich gern entledigen will. Weiter besteht die DDR auf absoluter Diskretion.

Barzel und Rehlinger beschließen, einen Versuch zu wagen. Zurück in Berlin, nimmt Rehlinger Kontakt auf mit dem »Rechtsschutzbüro« der Bundesregierung, das von Rechtsanwalt Musiolek geführt wird. Musiolek hat im Laufe der Jahre ein zwar umfassendes, aber noch sehr unsystematisches Verzeichnis der politischen Häftlinge der DDR erstellt. Wochenlang sitzt Rehlinger über den Akten. Es ist schwer, aus der Vielzahl von Fällen die tragischsten herauszusuchen: Verfolgte Christen sind darunter, Bauern, die sich der Eingliederung in landwirtschaftliche Produktionsgenossenschaften (LPG) widersetzt haben, Verurteilte sowjetischer Militärtribunale, Gewerkschafter, Studenten und Hochschullehrer, die gegen die Gleichschaltung der Universitäten protestiert haben, SPD-Mitglieder, die sich vor eineinhalb Jahrzehnten gegen den Zwangszusammenschluß mit der KPD zur SED gewehrt hatten, Zeugen Jehovas, die erst bei den Nationalsozialisten in Gefängnissen saßen und wenig später bei den Sowjets, Fluchthelfer und – natürlich – Agenten.

Äußerst besorgt registriert Rehlinger, daß der in München so sicher wirkende Stange sich nicht für die Zahlenangaben der anderen

Seite verbürgen kann. Aus den über 10 000 politischen Häftlingen, die die DDR ursprünglich aus ihrer Haft entlassen wollte, werden im Laufe der Tage und Wochen immer weniger. Der arme Stange (der allen Grund hätte, seinen Verhandlungspartnern im Osten böse zu sein!) pendelt laufend zwischen Ost- und West-Berlin hin und her und hat Rehlinger immer neue Hiobsbotschaften zu überbringen: Nein, die DDR sei nicht länger bereit, eine fünfstellige Zahl politische Häftlinge zu entlassen. Barzel und Rehlinger sind enttäuscht, aber sie halten an dem Vorhaben fest – auch dann noch, als Stange meldet, daß die endgültige Zahl unter 1 000 liegen wird. (Die Geduld der beiden kann nicht hoch genug bewertet werden. Zu jener Zeit, da nach herrschender Meinung jenseits der Elbe das Böse regierte, wäre den meisten Bonner Politikern ein Abweichen der DDR von einmal Angekündigtem Grund genug gewesen, die Verhandlungen auf Jahre hinaus abzubrechen.)

Die »Reisediplomatie« Jürgen Stanges wird zur Farce. Hundert, fünfzig, zwanzig, zehn – dann nur noch ganze acht Häftlinge bietet der Ostberliner Rechtsanwalt Wolfgang Vogel letztendlich an. Und wer weiß: Vielleicht werden aus den Zehntausenden noch zwei oder nur einer?

Doch das Arrangement kommt zustande. Für jeden der acht wird ein individueller Preis ausgehandelt; verschieden nach Schwere des Delikts, für das der Freigekaufte verurteilt worden ist, und nach beruflicher Qualifikation. Der Gesamtpreis für die acht beträgt 360 000 DM.

Rehlinger hat darauf geachtet, daß die Freigekauften aus Haftanstalten mehrerer Bezirksstaatsanwaltschaften entlassen werden. Sein Mißtrauen ist groß: Immerhin könnte es theoretisch sein, daß ein einzelner Staatsanwalt auf diese ungewöhnliche Weise versuchen würde, mit der Bundesregierung ein Privatgeschäft zu machen – ohne Wissen der Führung in Ost-Berlin.

Die Hartnäckigkeit, mit der Barzel und Rehlinger – trotz aller negativen zwischenzeitlichen Erfahrungen – an dem Freikaufplan festhalten, hat einen Grund. Neben den humanitären Absichten verfolgen die beiden langfristig ein politisches Ziel. Nicht auf die Zahl der Ausgetauschten kommt es an, sondern auf die Tatsache an sich: Schließlich kann es dem Staatssicherheitsdienst der DDR, dem Strafvollzug und auf lange Sicht auch der Öffentlichkeit nicht verborgen bleiben, daß die Entlassung in den Westen mit Geld der Bundesregierung zu erkaufen ist. Den linientreuen Kommunisten muß dies als Preisgabe moralischer Prinzipien erscheinen. (Verkehrt ist die Überlegung nicht: Tatsächlich haben mir politische Häftlinge berichtet, daß der Freikauf der »Politischen« bei Offizieren und Wachpersonal in den Justizvollzugsanstalten auf weitgehendes Unverständnis stößt. Auch bedeutet das Wissen um die »Häftlingsaktion« für viele einen Halt, eine Hoffnung, an die sie sich klammern können. Allerdings ist umgekehrt nicht auszuschließen, daß die politischen Häftlinge von den »normalen« Kriminellen – möglicherweise auch vom Personal der Haftanstalten – gerade deswegen besonders schikaniert werden.)

So ungewöhnlich wie das Geschäft ist auch seine Abwicklung. Der vorsichtige Rehlinger besteht auf Vorleistung der anderen Seite. Tatsächlich treffen die ersten zwei Häftlinge im Frühsommer 1963 im Büro des Rechtsanwalts Musiolek ein. Wolfgang Vogel hatte die verdutzten Männer aus ihrer Haftanstalt abgeholt und zum Übergang nach West-Berlin gebracht, wo sie von Jürgen Stange in Empfang genommen worden sind. Ein dritter folgt, ein vierter – dann will die DDR Geld sehen.

Wie aber soll die Gegenleistung erfolgen? Die Möglichkeit einer Banküberweisung ist verworfen worden. Die DDR wünscht Barzahlung. Für Ludwig Rehlinger, den preußisch-korrekten Bundesbeamten, bedeutet dies einen Akt der Überwindung: Soll er zum Kassenbeamten des Ministeriums gehen und sich die schwindelerregende Summe (1962 entspricht der Betrag dem Mehrtausendfachen eines durchschnittlichen Beamtengehaltes) auf die Hand geben lassen? Was ist, wenn er bis zur Geldübergabe an Jürgen Stange beraubt wird? Es geht nicht anders: Rehlinger nimmt seinen Koffer, holt das Geld ab und deponiert es im Panzerschrank seines Ministerbüros in der Uhlandstraße.

Wie aber kann er sicherstellen, daß der Geldbote Jürgen Stange das Geld tatsächlich an die Adressaten im Osten übergibt und nicht auf ein Privatkonto in der Schweiz verbringt? Zu seinem Bedauern muß Rehlinger feststellen, daß dies nicht mit letzter Sicherheit auszuschließen ist. Als Bundesbeamter kann er Stange nicht in den Osten begleiten. Die Geldübergabe an Stange muß also vorher erfolgen. Rehlinger überlegt: Das geringste Risiko geht er ein, wenn er Stange das Geld am letzten Haltepunkt vor dem S-Bahnübergang Friedrichstraße übergibt. Dann hätte Stange nur die Wahl, das Geld – wie vereinbart – durch die Kontrollen in den Osten zu bringen oder aber sich in dieselbe S-Bahn zu setzen und zurück in Richtung Wannsee zu fahren – mit dem Geld. An diese Möglichkeit mag Rehlinger nicht denken.

Jürgen Stange hat auf der anderen Seite Verständnis für die Vorsicht des Beamten. Die Affäre bereitet ihm, dem eher unbekümmerten und kontaktfreudigen Menschen, einen durchaus angenehmen Nervenkitzel, aber nie wäre es ihm in den Sinn gekommen, das Geld zu veruntreuen. Aber woher soll Rehlinger das wissen?

Gleichzeitig fahren Rehlinger und Stange in ihren Pkws zum Lehrter Bahnhof. Sie betreten den S-Bahnsteig. Rehlinger hat das Geld für die ersten vier Häftlinge, die bereits entlassen worden sind, bei sich – in einem schlichten Din-A5-Umschlag verpackt. Es sind knapp 200000 Mark. Die beiden warten auf die S-Bahn. Das Umfeld links und rechts des Bahndamms ist trist: Tiergarten, Bellevue, Lehrter Bahnhof – jene Stationen, die früher das Zentrum Berlins ankündigten, sind heute Peripherie. Wenige wollen hier wohnen und arbeiten; die Mauer hat diesem Stadtteil das Hinterland, die Verbindungswege abgeschnitten. Es ist eine wenig einladende Stadtlandschaft.

Die S-Bahn Richtung Friedrichstraße fährt ein. Stange besteigt den Zug. Rehlinger gibt ihm – mit leiser Besorgnis – den wertvollen Din-A5-Umschlag. Die Bahn fährt ab. Jürgen Stange ist die gespenstische Strecke schon oft gefahren. Gute 300 Meter sind es vom Lehrter Bahnhof bis zum Alexanderufer auf Ostberliner Seite. Die S-Bahn überfährt den Humboldthafen zwischen Spandauer Schiffahrtskanal und Spree, die über mehrere Kilometer die Grenze zwischen Ost- und Westteil der Stadt bilden. Die einst weltberühmte Charité, auch heute noch Ziel vieler Patienten aus der Bundesrepublik, ist für einen Moment zur Linken zu sehen, rechts, noch auf westlichem Gebiet, der frei stehende Reichstag – jenseits der bizarren Grenzanlagen am Ufer entlang des mäanderhaften Verlaufs von Kanal und Spree: Mauer, ein breiter Sperrstreifen nackten Terrains, Stacheldrahtzaun, Wachtürme, patrouillierende NVA-Soldaten mit Maschinenpistolen. Jenseits des Kanals ist die S-Bahn-Trasse eingefaßt von übermannshohen Mauern: Niemand soll über diese Trasse in den Westen fliehen können. Unmittelbar hinter diesen Mauern sind die oberen Stockwerke von Mietshäusern sichtbar. Nirgendwo wirkt die deutsche Teilung bedrückender als auf diesen wenigen hundert Metern S-Bahn-Fahrt.

Kaum mehr als einen Kilometer hat die Fahrt gedauert, als Jürgen Strange am S-Bahnhof Friedrichstraße aussteigt. Er geht die Treppen hinunter, den Schildern »Grenzübergang« nach. Zu den wenigen, die aus der S-Bahn kommen (es gibt im Sommer 1963 noch kein Passierschein-Abkommen für Westberliner!), stoßen andere, die mit der U-Bahn angekommen sind. Die U-Bahn-Fahrt zur Friedrichstraße ist fast noch gespenstischer: Nach der Haltestelle Kochstraße verläßt die U-Bahn Westberliner Gebiet, passiert die verdunkelten Bahnhöfe Stadtmitte und Französische Straße, wo nur schemenhaft bewaffnete NVA-Soldaten zu erkennen sind. Sie sollen verhindern, daß Fluchtwillige die abgesperrten Bahnhöfe stürmen und in die U-Bahn einsteigen, die das Ostberliner Gebiet unkontrolliert passiert. Nach dem – beleuchteten – U-Bahnhof Friedrichstraße geht die Fahrt im Dunklen weiter: Oranienburger Tor, Nordbahnhof, Stadion der Weltjugend (das damals noch Walter-Ulbricht-Stadion heißt), dann – wieder in West-Berlin – Reinickendorfer Straße.

Rechtsanwalt Jürgen Stange passiert die Kontrolle ohne Schwierigkeiten. Auf der anderen Seite wartet schon Wolfgang Vogel, der das Geld in Gegenwart von DDR-Staatsanwalt Gernot Windisch in Empfang nimmt.

Wie soll es jetzt weitergehen? Rehlinger stellt Bedingungen. Die DDR soll erneut vorleisten. Grundlegende Bedenken bestehen bei der Generalstaatsanwaltschaft nicht: Die Bundesregierung hat ihre Vertragstreue durch korrekte (Bar-)Zahlung bewiesen.

Tatsächlich wickeln die Parteien das Geschäft wie vorgesehen ab. Die DDR entläßt vier weitere Häftlinge in den Westen, die Bundesregierung gibt den offenen Restbetrag frei. Aus dem Riesencoup, dem Freikauf einer fünfstelligen Zahl politische Häftlinge, ist freilich nur ein bescheidenes Teilgeschäft geworden. Immerhin haben sich beide Seiten von der Verläßlichkeit des Gegenübers überzeugen können – die Voraussetzungen für weitere Gespräche und Verhandlungen auf dieser Ebene sind erfüllt.

Nicht zu Unrecht glaubt Rainer Barzel daher, daß ihm der Ruhm zufalle, die erste Aktion in den humanitären Kontakten zwischen Bonn und Ost-Berlin veranwortet zu haben. Er verkennt nur zwei Dinge. Die »Häftlingsaktion«, noch heute Kernstück der humanitären Beziehungen beider deutscher Staaten, also der Austausch von Häftlingslisten über Anwälte und im Gegenzug die Vereinbarung von Sachleistungen an die DDR, ist erst unter Barzels Nachfolger Erich Mende beschlossen worden. Die Idee zu den Häftlingslisten ist sogar noch viel älter: Sie rührt bereits aus einer Zeit, als Barzel und Mende noch nicht Minister waren, als Axel Springer von nichts wußte.

Die Idee zur Häftlingsaktion ist – das ist bis heute unbekannt geblieben – in westlichen Kirchenkreisen entstanden. Ihre Väter sind Altbischof Kurt Scharf und sein damaliger persönlicher Referent, der Konsistorialrat und Rechtsanwalt Reymar von Wedel.

Der Mann aus Stuttgart

>»Marxismus schließt Glauben und
Humanismus nicht aus.«

Bischof Kurt Scharf ist auch heute noch – weit über 80 Jahre alt – ein beeindruckender Mann. Längst lebt er im Ruhestand, aber er ist präsent, und nicht selten blitzt etwas von der Streitbarkeit und Schlagfertigkeit auf, die seinen Ruf begründet haben: ein unbequemer Kirchenmann zu sein, der sich nicht gescheut hat, Politik zu machen, der sich jedoch vor allem nicht der Idee, sondern dem Menschen verpflichtet fühlt.

Im Dritten Reich war er Vorsitzender der Konferenz der Landesbruderräte der Bekennenden Kirche in Deutschland. Siebenmal wurde er von den Nationalsozialisten in Haft genommen, Schreib- und Redeverbot sind gegen ihn verhängt worden. Doch immer bot er dem Regime die Stirn. Regelmäßig sprach er beim Reichssicherheitshauptamt vor und verwandte sich für die Mitglieder der Bekennenden Kirche und andere, die wegen ihres Glaubens in Haft genommen oder gar in Konzentrationslager verschleppt worden waren. »Vater der Gefangenen« hieß Kurt Scharf schon damals.

Nach dem Ende des Zweiten Weltkrieges wurde Scharf Propst der Bekenntnissynoden für Brandenburg und hatte dieses Amt über 20 Jahre inne. Jahrelang wirkte er als Vorsitzender oder stellvertretender Vorsitzender des Rats der Evangelischen Kirchen in Deutschland (EKD). In seinen Funktionen stand er den Kirchenorganisationen in der Bundesrepublik, Berlin und auch der DDR vor. Die politische Teilung der Nation ließ (zunächst) die Einheit der Kirche unberührt.

Scharf sah es als seine sehr persönliche Aufgabe an, in seinen Funktionen für die Einheit der Kirche in Ost und West zu wirken.

Von seinem kompromißlosen Eintreten für eine grenzübergreifende Einheit der Gläubigen ließ er sich ebenso wenig abbringen, wie von seinem Kampf um Menschen, die in Not geraten waren; und so erstaunt es nicht, daß die andere Seite ihn geradezu genußvoll zum Buhmann stilisierte.

Prediger und gläubige Christen wurden in der DDR verfolgt und inhaftiert. Die kirchlichen Jugendorganisationen sollten zwangsweise in die Jugendorganisation der Sozialistischen Einheitspartei Deutschlands, die FDJ (Freie Deutsche Jugend), überführt werden. Daher wurden unabhängige Zusammenschlüsse gebildet, die neben den offiziell weitergeführten und umgewandelten Jugendorganisationen stehen sollten. Diese neu entstandenen kirchlichen Jugendverbände gingen wieder in die Junge Gemeinde und in die Studentengemeinde ein. Diese hatte sich 1934 nach Zwangseingliederung der evangelischen Verbände in die Hitlerjugend gebildet.

Die Mitglieder der Jungen Gemeinde und der Studentengemeinde wurden nicht selten wegen staatsfeindlicher Hetze verfolgt. Es war die Spät- und Hochzeit des Stalinismus in der DDR, der den zweiten deutschen Staat verhängnisvoll geprägt hat, was noch heute – über 30 Jahre später – nachwirkt.

Scharf hatte seinen Wohn- und Dienstsitz seinerzeit in Ost-Berlin. Seiner Familie, die im Westen lebte, war der Nachzug von den DDR-Behörden jedoch verweigert worden. Scharf richtete eine Eingabe nach der anderen an die Behörde für Inneres der DDR, um die Freilassung der Prediger und anderer Gemeindemitglieder zu erreichen, jedoch nur zum Teil mit Erfolg. Erst nach dem Tode Stalins, genau am 10. Juni 1953, wurde für die Jugendpfarrer, Diakone und Vertrauensstudenten eine Amnestie erlassen. Doch vergingen einige Tage, bis die jungen Leute tatsächlich freikamen – das dauerte den Angehörigen zu lange. Tagelange Demonstrationen vor dem Ministerium für Inneres und vor den Gefängnissen waren die Folge. Wenige Tage später, am 17. Juni, sollte es zu erheblichen Arbeiterunruhen kommen. Sie wurden blutig niedergeschlagen. Auch in den nächsten Jahren erfolgten wiederholt Verhaftungen von Pastoren und Gläubigen. Sämtliche Informationen darüber liefen zusammen beim Gefangenenreferat der EKD, dessen Leiter der Rechtsanwalt und Konsistorialrat Reymar von Wedel war. Von Wedel, der heute eine Anwalts- und Notariatskanzlei in Berlin-Dahlem unterhält, und Bischof Scharf suchten nach einem Weg, den Häftlingen zu helfen. Die rettende Idee kam den beiden jedoch erst nach dem Bau der Berliner Mauer: der Freikauf.

Die Kirche war in Schwierigkeiten geraten bei ihrem Versuch, den Gemeinden in der DDR unmittelbare Unterstützung zukommen zu lassen. Bischof Scharf handelte mit den zuständigen Behörden der DDR ein Konzept aus, das viele Jahre später auch bei der Abwicklung der »Häftlingsaktion« der Bundesregierung übernommen werden sollte: Die DDR erbrachte eine Leistung (in diesem Fall die Bereitstellung von Geld- oder Sachmitteln für die Kirchen in der DDR), und die andere Seite (hier die Kirche) stellte über ein speziell eingerichtetes Konto des Diakonischen Werks der DDR Geldbeträge zum Einkauf bestimmter Waren zu Verfügung, deren Wert in Verrechnungseinheiten festgesetzt wurde.

Die Unterhändler der DDR zeigten dabei vor allem Interesse an Gütern, an denen im Osten besonderer Mangel bestand: Das konnte Stahl ebenso sein wie Öl oder Lebensmittel. Diesen Geschäften (wie den späteren Transaktionen im Zusammenhang mit Freikauf und Familienzusammenführung) war gemeinsam, daß sie außerhalb des sogenannten Interzonenhandels stattfanden. (Der Interzonenhandel wird heute wie damals über eine offizielle »Treuhandstelle« in Berlin abgewickelt, die organisatorisch dem Bundeswirtschaftsministerium zugeordnet ist.)

Das Wort »Verrechnungseinheiten«, das die »Währung« bei diesen Geschäften bezeichnet, ist in zweierlei Hinsicht treffend. Zum einen hieße es Äpfel mit Birnen vergleichen, wollte man die nicht offiziell und auch inoffiziell nur zu ungünstigen Konditionen konvertierbare Mark der DDR mit der D-Mark vergleichen (zumal in dem absolut unrealistischen Verhältnis 1 : 1), zum anderen gewährte die DDR den Kirchen einen gewissen Bonus auf den DM-Wert der erhaltenen Lieferungen. Wenn Ost-Berlin also z. B. eine Lieferung im Wert von 100000 DM erhalten hatte, konnte es geschehen, daß die dortigen Kirchengemeinden eine Gutschrift im Wert von 150000 Mark (der DDR) erhielten und dieses Geld zur Instandhaltung der Räumlichkeiten oder für vergleichbare Aktivitäten verwenden konnten. Freilich ist der Bonus in den vergangenen drei Jahrzehnten beträchtlich geschrumpft. Dennoch liegt der sogenannte »Kirchenkurs« höher als der offizielle Kurs des Transferabkommens zwischen der Bundesbank und der Staatsbank, die 1 DM gegen 1 Mark (der DDR) verrechnet, jedoch niedriger als der Wechselstubenkurs, der wesentlich günstiger für DM-Besitzer ist.

Auch die Unterhändler, die über die Bestellisten der DDR verhandelten, sollten über Jahrzehnte dieselben bleiben: Es waren schon in diesen frühen Tagen der Geschäftsführer des Diakonischen Werks in Stuttgart, Ludwig Geisel (mittlerweile im Ruhestand), und der spätere Staatssekretär im Ostberliner Ministerium für Außenhandel, Alexander Schalck-Golodkowsky. – Schon lange vor Beginn der Freikaufaktion gab es also Verrechnungsgeschäfte zwischen Ost und West im Dienste der Humanität, und die Bundesregierung hat für »Häftlingsaktionen« und »Familienzusammenführung« später denselben Zahlungsweg über das Diakonische Werk übernommen. Im übrigen floß über die Hauptvertretung Berlin der katholischen Caritas ebenfalls Geld in die DDR. Leiter der Hauptvertretung war über viele Jahre Prälat Johannes Zinke. Sein nicht minder rühriger Nachfolger ist seit Zinkes Tod im Jahre 1968 Caritas-Direktor Heinz Dietrich Thiel.

1961 wurde auch für die Kirchen im geteilten Deutschland zu einem Schicksalsjahr. Kurt Scharf als Bischofsverweser für den Ostteil von Berlin-Brandenburg hatte sich gegen Vorschläge des Staatssekretärs für Kirchenfragen der DDR, Seigewasser, gewandt, den Kirchentag 1961 in Leipzig stattfinden zu lassen. Grundsätzlich hatte Scharf zwar keine Bedenken, jedoch hatte Seigewasser angekündigt, nicht dieselben großzügigen Räumlichkeiten wie beim Leipziger Kirchentag 1952 zur Verfügung stellen zu wollen. Auch wollte die DDR die Teilnehmerzahl aus der Bundesrepublik von vornherein auf 3 000 begrenzen und die Einreise von vier Mitgliedern des Rates der EKD verbieten (Bischof Dibelius, Bischof Lilje, Präses von Dietze und Bischof Kunst).

Sachliche Gründe für diese Weigerung gab es nicht; ganz offenbar wollten Seigewassers Auftraggeber die EKD, die wegen ihres gesamtdeutschen Auftrags als »friedensfeindliche und illegale Organisation« galt, brüskieren.

Der Rat der EKD beschloß daraufhin, den Kirchentag 1961 nach Berlin zu verlegen – mit Veranstaltungen in West- und Ost-Berlin und einer Abschlußkundgebung im Olympiastadion. Beängstigende Aussichten für die Führung der SED – verließen doch seit einiger Zeit Monat für Monat Tausende von Werktätigen mit ihren Familien das Land über das Nadelöhr Berlin. Ein Kirchentag würde bestimmt 50 000 Menschen in die geteilte Stadt locken (tatsächlich kamen dann mehr als 100 000). Durchaus realistisch sahen die Ostberliner Behörden die Gefahr des zusätzlichen Massenexodus.

Doch Scharf winkte ab: Kein Kirchentagsbesucher aus dem Osten würde die Chance zum Absetzen nutzen. Dafür werde er – Scharf – sich verbürgen. Doch die DDR traute dem Frieden nicht. Die Stadtgrenzen von Ost-Berlin zur DDR wurden für die Zeit des Kirchentags im Juli 1961 verschlossen; eine untaugliche Maßnahme, denn Zigtausende kamen – vorbei an den offiziellen Kontrollen – über die grüne Grenze in die Stadt. Der Kirchentag 1961 wurde zu einer Manifestation der Einheit des Glaubens – und Scharf hielt Wort: Bei der Abschlußkundgebung im Olympiastadion beschwor er die Besucher aus dem anderen Teil Deutschlands, nach Hause zurückzukehren. Tatsächlich hat sich kein einziger Kirchentagsbesucher in den Westen abgesetzt.

Nach dem Bau der Mauer am 13. August 1961 lief zwischen West- und Ost-Berlin überhaupt nichts mehr. Westberlinern war fortan der Besuch im anderen Teil der Stadt unmöglich: Nur wer einen Bundespaß hatte, konnte hoffen, eine Einreisebewilligung zu erhalten. Für die Kirchen galt keine Ausnahme. Der Kontakt zwischen den evangelischen Gemeinden in Ost- und West-Berlin brach, bis auf einige Kontakte durch westdeutsche Kuriere, zusammen. Reymar von Wedel nahm im November 1961 mit einem Kollegen aus Ost-Berlin auf der Bundesstraße 5 erstmals nach dem Mauerbau wieder Kontakt auf. Nur wenige Kirchenmänner bekamen eine Sondergenehmigung, darunter der Berliner Bischof (später Erzbischof und Kardinal) Alfred Bengsch, der in Ost-Berlin wohnte, aber an zehn Tagen im Monat mit offizieller Genehmigung bei den Gemeinden in West-Berlin weilte.

Kurt Scharf durfte auf solches Entgegenkommen nicht hoffen: Kurz nach dem Bau der Mauer hatte er zusammen mit dem Greifswalder Bischof Krummacher, dem Präses der EKD-Teilsynode im Osten, Figur, und dem Generalsuperintendenten in Ost-Berlin, Führ, ein Telegramm an Walter Ulbricht mit der dringenden Bitte geschickt, die Grenze zwischen beiden Teilen Berlins zumindest für Familienangehörige hüben wie drüben wieder zu öffnen. Diese Dreistigkeit sah Ulbricht dem streitbaren EKD-Ratsvorsitzenden nicht nach. Am 31. August 1961 wurde Kurt Scharf aus Ost-Berlin verwiesen. Seither wohnt und arbeitet er im Westen der Stadt.

Einem Mann war es jedoch besonders zu danken, daß der Kontakt zwischen den Kirchen in beiden Teilen der Stadt erhalten blieb: dem Prälaten Johannes Zinke. Zinke, Bevollmächtigter der Fuldaer Bischofskonferenz in Berlin, hatte eine Sondererlaubnis. Tag für Tag passierte der rührige Kirchenmann die Übergangsstellen, ermunterte die Gläubigen, half, wo er konnte. Prälat Zinke genoß das unbedingte Vertrauen der Behörden im Osten, und er hat es nie mißbraucht. Seine Freunde gaben ihm den respektvoll-ironischen Spitznamen »Mauersegler«.

Zinke war ständiger Besucher des Ministeriums für Inneres. Er setzte sich für jene Menschen ein, die aus Gewissensgründen drüben mit dem Gesetz in Konflikt gekommen und inhaftiert worden waren: Pfarrer, die unter ihrer Soutane Briefe oder Güter von West nach Ost (und umgekehrt) geschmuggelt hatten, oder Fluchthelfer, die zu jener Zeit noch überwiegend Idealisten und nicht gewissenlose Menschenhändler waren.

Der Katholik Wolfgang Vogel und Prälat Zinke lernten sich kennen. Zinke faßte Vertrauen zu dem jungen Anwalt und übertrug ihm verschiedene Mandate, die Vogel korrekt abwickelte. Vogel, der nach Aussage eines nahen Freundes von einer geradezu kitschig anmutenden, unkritischen Gläubigkeit erfüllt ist, achtete und verehrte den Kirchenmann wegen seines tiefen humanitären Engagements. Noch heute zählt er ihn zu seinen Vorbildern.

Auch die evangelische Kirche suchte nach Wegen, Glaubensbrüdern in der DDR, die sich in Schwierigkeiten befanden, zu helfen. Dabei war es der bereits erwähnte Rechtsanwalt Dr. Wilhelm Stark, der Reymar von Wedel auf Wolfgang Vogel aufmerksam machte. Zehn Monate nach dem Bau der Mauer nahmen Kurt Scharf und Reymar von Wedel Kontakt mit Wolfgang Vogel auf.

21. Juni 1962:
Ein junger, gutgekleideter Mann steigt die »Hühnersteige« zu der Anwaltskanzlei in dem wenig repräsentativen Gebäude Alt-Friedrichsfelde Nr. 155 hoch – denselben Aufstieg, den knapp eineinhalb Jahre zuvor mit leichtem Grausen James D. Donovan, der amerikanische Unterhändler im Spionenaustausch Powers–Abel, genommen hatte. Der junge Mann stellt sich beim Bürovorsteher Klaus Hartmann vor (Hartmann ist heute Sozius von Vogel): Sein Name sei Reymar von Wedel und er sei Rechtsanwalt aus Stuttgart. Wolfgang Vogel ist zu einer auswärtigen Besprechung, und von Wedel muß warten.

Als Vogel endlich kommt und seinen Gast in das Besprechungszimmer bittet, sagt von Wedel seinen Text auf: Er sei im Auftrag von einigen Stuttgarter Industriellen gekommen, und diese seien bereit, für die Freilassung politischer Häftlinge aus DDR-Gefängnissen Geld zu zahlen. Eine Liste der Häftlinge habe er bereits mitgebracht. Er, von Wedel, möchte Vogel bitten, sich beim DDR-Generalstaatsanwalt für diese Sache zu verwenden.

Der Kollege aus dem Westen ist Wolfgang Vogel durchaus sympathisch. Seine Schilderung jedoch erscheint widersprüchlich: Welches Interesse sollten ausgerechnet Stuttgarter Industrielle an der Freilassung politischer Häftlinge in der DDR haben? Die Sache riecht faul, und Vogel reagiert reserviert. Zum Glück erkennt von Wedel, daß die Angelegenheit zu mißlingen droht. Da auch sein erster Eindruck von Vogel positiv ist, gibt er sein Inkognito auf: den Stuttgarter Anwalt habe er nur vorgeschoben, um überhaupt nach Ost-Berlin kommen zu können. In Wirklichkeit sei er zugelassener Rechtsanwalt in Berlin, aber er stehe als Konsistorialrat und persönlicher Referent in den Diensten von Bischof Kurt Scharf, dem Ratsvorsitzenden der EKD. Im Auftrag Scharfs sei er, von Wedel, zu Vogel gekommen.

Wolfgang Vogel erkennt die Offenheit seines Gesprächspartners an. Zwar weiß er, wie unbeliebt der streitbare Bischof bei den DDR-Behörden ist, aber er beschließt, seinen Freund und Mentor, den Generalstaatsanwalt Josef Streit, von dem Vorschlag zu unterrichten.

Er tut dies bei nächster Gelegenheit mehr angelegentlich, ohne große Hoffnung auf Resonanz. Da sei doch tatsächlich – so Vogel zu Streit – ein als Anwalt getarnter Kirchenmann zu ihm gekommen und habe ihm den abenteuerlichen Vorschlag unterbreitet, politische Häftlinge aus DDR-Gefängnissen »freizukaufen«. Die Kirche führe sogar regelrechte Häftlingslisten, und von Wedel habe ihm eine unterbreitet.

Zu Vogels Erstaunen weist Josef Streit den Vorschlag nicht rundweg ab. Der Name Josef Streit steht im Westen für die systematische Verfolgung Andersdenkender. Tatsächlich gibt es daran kaum etwas zu beschönigen. Wolfgang Vogel hat jedoch auch einen anderen Streit kennengelernt: einen verläßlichen Freund, einen bedächtigen, kompromißfähigen, auch zu menschlichen Lösungen bereiten Mann. Streit erkennt auch die Vorteile eines solchen Freikaufverfahrens. Die Existenz politischer Häftlinge ist – das weiß Streit – zwar unvermeidlich, da systembedingt, jedoch kein Ruhmesblatt für die DDR. Daß politische Straftaten, auch leichterer Art, mit Freiheitsstrafen geahndet werden, wirkt sich außerordentlich ungünstig auf das innenpolitische Klima aus. Außerdem weiß Streit aufgrund seiner langen Erfahrung als Strafverfolger natürlich, daß die politischen Häftlinge nach ihrer Entlassung in der DDR die öffentliche Meinung noch weiter ungünstig beeinflussen und den Druck gegen die Führung in Ost-Berlin verstärken. Der Parteiführung ist jedoch in dieser Zeit besonders daran gelegen, jede stärkere Provokation zu meiden: Nach dem Bau der Mauer im Sommer 1961 hat sich hüben wie drüben eine resignierte Grundstimmung entwickelt, die leicht in Aggression umschlagen kann. Klarsichtiger vielleicht noch als Vogel und die Kirchen im Westen, die die Anregung zum Freikauf gegeben hatten, erkennt Streit, daß der Vorschlag der DDR die Möglichkeit bietet, ein Ventil zu schaffen für alle jene, die sich nicht mit den Gegebenheiten in der DDR abfinden können oder wollen.

Streit, der ein guter Taktiker ist, erkennt natürlich, daß ihm das Angebot aus dem Westen gleichzeitig ein gutes Argument bietet, um die Zweifler in der eigenen Parteiführung zu entkräften: Die chronisch devisenschwache und auf den Import von Wirtschaftsgütern dringend angewiesene DDR muß sich schwertun, einen Vorschlag vom Tisch zu wischen, der ihr die Möglichkeit zu zusätzlicher Devisenbeschaffung eröffnet. Immerhin gibt es auch eine gewisse Erklärung dafür, daß die DDR für die Freilassung der politischen Häftlinge Geld fordert: Schließlich hat sie den Betroffenen die Möglichkeit zu Schulbesuch, Studium oder Berufsausbildung gegeben und meint nun Anspruch auf eine pauschale Erstattung der dadurch entstandenen Kosten zu haben. Hinzu kommt, daß die ausgebildeten Fachkräfte für die Produktion ausfallen und dies einen erheblichen volkswirtschaftlichen Verlust für die DDR bedeutet.

Tatsächlich ist dies noch heute – 25 Jahre später – die inoffizielle Rechtfertigung für den Tausch »Menschen gegen geldwerte Leistungen« – obwohl die DDR sich bis heute nicht öffentlich zu diesem Verfahren bekennt. Im Grunde gibt es wenig Anlaß zu solcher Verschämtheit. Vogel hat vor acht Jahren in einem Interview gesagt: »Bei uns wird das Delikt nach dem Schaden beurteilt, der dem sozialen System und der Gesamtheit zugefügt worden ist. Die grundlegende Auffassung, daß diese Delikte auch materiell wiedergutzumachen sind, ist in Wirklichkeit der einzige und wahre Hintergrund dieser Austauschverfahren.« Es ist wohl weniger eigene Meinung, die Vogel da vorbringt – vielmehr gibt er die quasi amtliche Begründung wieder, aber das Argument ist durchaus diskussionsfähig. Es ist eine unbestreitbare Tatsache, daß die Ausbildung von Akademikern und Facharbeitern kostspielig ist: Für die Karriere eines Mediziners beispielsweise – von der Einschulung bis zum Abschluß des Studiums – können gut und gerne sechsstellige Beträge in Ansatz gebracht werden. Es gelingt Josef Streit, der schon vor seiner Aufnahme in das Zentralkomitee der SED im Januar 1963 beste Beziehungen zur Parteispitze hatte, grünes Licht für die Freikaufverhandlungen mit der Kirche zu erreichen.

Tatsächlich kommt es in der Folge zu einigen Freikäufen, die unmittelbar zwischen der evangelischen Kirche und der Generalstaatsanwaltschaft der DDR (vermittelt durch die Rechtsanwälte Vogel und von Wedel) abgewickelt werden. Der spektakulärste Einzelfall ist dabei die Entlassung des inhaftierten Pfarrers der Ostberliner St.-Marien-Gemeinde, Arnold. Arnold hatte – zusammen mit einem schwedischen Pfarrer – vielen Menschen zur Flucht verholfen. – Nach langen Verhandlungen gelingt es Reymar von Wedel und Wolfgang Vogel, eine Vereinbarung über die Freilassung des evangelischen Geistlichen zu entwerfen, die von höherer Stelle gebilligt wird.

Das Geld für diesen frühen Freikauf beschafft Bischof Hermann Kunst, der Beauftragte der evangelischen Kirche bei der Bundesregierung in Bonn. Auch in Zukunft wird Kunst eine wichtige Rolle in den humanitären Beziehungen zwischen der Bundesrepublik und der DDR spielen.

Als die evangelische Kirche Vertrauen in das »Geschäftsgebaren« der anderen Seite gefaßt hat (und umgekehrt), kommt von Wedel auf seinen ursprünglichen Vorschlag, nämlich den Austausch von Häftlingslisten, zurück. Erstmals praktizieren Kirche und Generalstaatsanwaltschaft der DDR diesen Austausch. Auch einigen sich beide auf den schon früher üblichen Verrechnungsmodus: Über das Diakonische Werk in Stuttgart erhält die DDR Gutschriften für den Einkauf lebenswichtiger Güter.

Das ist bereits das Modell, das die Bundesregierung später bei ihren humanitären Geschäften mit der DDR übernehmen wird. Die Einschaltung der Bundesregierung hat übrigens einen ganz schlichten praktischen Grund: Das Geschäft wächst der Kirche über den Kopf. Mehr Geld muß beschafft werden – und als potenter Geldgeber kommt nur die Bundesregierung in Frage.

Die Aktion

»Wenn mir jemand vor zwanzig
Jahren gesagt hätte, daß die Häftlingsaktion noch heute, 1987, laufen
würde, ich hätte es nicht für möglich
gehalten.«

Ein Mann war immer dabei, wenn Reymar von Wedel und Wolfgang Vogel sich in jenen Tagen zu Verhandlungen trafen: von
Wedels Westberliner Anwaltskollege Jürgen Stange.
   Wer über Wolfgang Vogel schreibt, kann Jürgen Stange nicht aus-
lassen. Stange, der fast zwei Jahrzehnte in Diensten der Bundesregierung stand und für seine Tätigkeit eine stattliche Pauschale erhielt, war mehr als nur ein Strohmann für eine Regierung, die sich
aus völkerrechtlichen Gründen nicht recht traute, mit der DDR zu
verhandeln. Zu jenen Zeiten, als er die Freikauflisten noch unmittelbar mit Vogel verhandelte, war er ein engagierter Partner. Später,
als Herbert Wehner und nach ihm Egon Frankes Ministerialrat Edgar Hirt die Verhandlungen unmittelbar mit Wolfgang Vogel führten, war Stange Garant für eine Kontinuität in den humanitären
Beziehungen. 1982 schied Stange im Zuge der Franke/Hirt-Affäre
aus dem deutsch-deutschen Geschäft aus. Die Begleitumstände waren unglücklich, auch Jürgen Stange war in ein schiefes Licht geraten. Es darf jedoch nicht verkannt werden, daß ohne die Person
Jürgen Stange und seine enge Beziehung zu Wolfgang Vogel die humanitären Beziehungen zwischen beiden deutschen Staaten niemals
den Umfang und die Selbstverständlichkeit erlangt hätten, die sie
heute haben. Durch seine Tätigkeit für die Menschen, die durch die
deutsche Teilung in Not geraten waren, hat sich Jürgen Stange un-
schätzbare Verdienste erworben – für Deutsche in Ost und West.
   Jürgen Stange war das Alter ego von Wolfgang Vogel. Die beiden,
die schnell zu Duzfreunden geworden waren, konnten sich bedin-
gungslos vertrauen – und ihre Auftraggeber ihnen. Mit äußerster

Korrektheit und ohne jede Mauschelei, mit anwaltlicher Penibilität und immer im Dienste der Menschen wickelten sie ihre oft komplizierten Fälle ab – die Diskussion um die Häftlingsfreikauflisten ebenso wie die oft schwierigen Einzelfälle, die außerhalb der Regel zu erledigen waren.

Die Beziehung der beiden Männer war nicht zuletzt deswegen besonders herzlich und intensiv, weil sie dramatische Erlebnisse miteinander hatten. Zweimal war es bei gemeinsamen Autofahrten zu Wildunfällen mit Totalschäden gekommen. Beim zweiten Mal, bei dem Zusammenstoß mit einem Reh, überschlug sich Vogels Wagen, und das Benzin tropfte auf ihn herab. Allerdings hatte ein Ast den Kontakt zur Batterie durchgerissen, so daß kein Zündfunke zu einer Explosion führen konnte. Vogel und Stange waren drei Stunden lang bewußtlos. Als Prälat Johannes Zinke wenig später mit den beiden darüber sprach, meinte er lakonisch: »Nun seht ihr einmal, daß es einen Herrgott gibt.«

Jürgen Stange hatte schon vor dem denkwürdigen Besuch Reymar von Wedels Kontakt mit Wolfgang Vogel gehabt. Auch Stange konnte nämlich die Mauer ungehindert passieren. Zwar war er in West-Berlin als Anwalt zugelassen, besaß jedoch einen in Niedersachsen ausgestellten Bundespaß. Die beiden hatten bereits einen spektakulären Austauschfall abgewickelt. Der Vorsitzende der Katholischen Deutschen Studentenvereinigung, Engelbert Nelle (später langjähriger Bundestagsabgeordneter der CDU), hatte Kontakt mit katholischen Studenten in Halle aufgenommen. Es wurde vereinbart, daß sich Nelle mit den Glaubensbrüdern aus dem Osten in Berlin treffen sollte. Zur Bestätigung schickte Nelle ein Telegramm, in dem er ein »Treffen bei Tante Hedwig« in Aussicht stellte. Gemeint war die Hedwigskathedrale in Ost-Berlin. Die Botschaft wurde dechiffriert, und als die Hallenser Studenten sich der Berliner Mauer in zu auffälliger Weise näherten, wurden sie festgenommen und inhaftiert. Der ahnungslose Nelle wurde beim Grenzübertritt festgenommen. Stange und Vogel führten – unterstützt von Johannes Zinke – lange Verhandlungen. Zu jener Zeit – zum Jahreswechsel 1961/62 – war die DDR noch nicht willens, sich auf ein Freikaufgeschäft einzulassen. Die »Rettung« nahte in Person eines DDR-Wissenschaftlers, der im Bundesgebiet festgenommen wurde. Gegen diesen Mann – so vereinbarten Stange und Vogel – sollte

Engelbert Nelle ausgetauscht werden. Johannes Zinke fragte Jürgen Stange dabei, wie ein solcher Austausch über die Bühne gehen sollte. Jürgen Stange erklärte es ihm geduldig, auch als der Prälat noch ein zweites Mal um Erklärung bat: Zunächst werde der DDR-Dozent über den Flughafen Tempelhof eingeflogen, dann zum Kontrollpunkt gebracht. Dort werde ihm die Begnadigung des Bundespräsidenten überreicht (der sogenannte »Rechtsakt«), und dann könne er in den Osten gehen – Zug um Zug gegen Engelbert Nelle. »Aber«, so fragte der Prälat, »was ist, wenn er gar nicht in den Osten will?« (Der Dozent wollte. Aber Johannes Zinke sollte recht behalten. Zumindest ein Austauschgeschäft ist daran gescheitert, daß ein Häftling – trotz des Makels, der an ihm haftete – nicht in den Osten zurück wollte.)

Jürgen Stange war nicht ohne ernsthafte Bedenken Beteiligter des höchst diskreten humanitären Geschäfts zwischen Ost und West geworden. Er hatte erwogen, den Anwaltsberuf aufzugeben und als Kriminalbeamter nach Braunschweig zurückzukehren. Plötzlich jedoch war er mittendrin. Er verhandelte mit Wolfgang Vogel auch im Auftrag des Westberliner Senats. Um die Lösung humanitärer Problemfälle ging es dabei, von denen der damalige Chef der Senatskanzlei, ein engagierter Theologe namens Heinrich Albertz, erfahren hatte. Albertz, der auch von Wedel und natürlich Scharf kannte, stieß sich nicht an der Fragwürdigkeit eines Handels Menschen gegen Geld: Der engagierte Christ Albertz, der 1966 (nachdem Willy Brandt als Außenminister der Großen Koalition nach Bonn gegangen war) für einige Zeit Regierender Bürgermeister von Berlin werden sollte, hielt es für alleinentscheidend, daß Menschen in Not geholfen werden konnte.

Bereits Weihnachten 1962 fand eine humanitäre Aktion statt. Damals hatte der Berliner Senat eine Liste von 25 Personen zusammengestellt, deren Ausreise er begehrte. Der Osten nahm einige Abstriche vor, etwa fünf Namen entfielen, doch der Handel konnte perfekt gemacht werden – das erste größere humanitäre Geschäft der deutsch-deutschen Geschichte.

In konzertierter Aktion mit den Vertretern der Kirchen mühten sich von Wedel, Vogel und Stange, die Bundesregierung zur Mitwirkung an der Häftlingsaktion der Kirchen zu bewegen. Den Kirchen war die Aktion – wie erwähnt – zwischenzeitlich zu teuer geworden. In Bonn stieß die seltsame Koalition west- und ostdeutscher Juristen nicht auf offene Ohren – das politische Klima hatte sich verändert.

Dabei war die politische Situation in und um Berlin nicht ganz so trostlos wie noch zwei Jahre zuvor. Im Dezember 1963 war das erste Passierschein-Abkommen zustande gekommen, das es den Westberlinern ermöglichte, wieder den Ostteil der Stadt zu besuchen. – Doch Rainer Barzel war nicht mehr gesamtdeutscher Minister. Nach dem Rücktritt Konrad Adenauers war eine Koalition von CDU/CSU und FDP gebildet worden. Der neue gesamtdeutsche Minister und Vizekanzler unter Regierungschef Ludwig Ehrhard hieß Erich Mende. Mende war eine nicht unumstrittene politische Persönlichkeit mit (bei Politikern allerdings allgemein verbreitetem) Drang zur Selbstdarstellung. Zu Zeiten der sozialliberalen Koalition verließ er die FDP und trat der CDU bei. Als Repräsentant des Investment-Konzerns IOS geriet er später in die Schlagzeilen, als das Konzerngebäude des Finanzmaklers Bernie Cornfeld zusammenbrach. Bei allen Schwächen Erich Mendes, die sich in seinen biographischen Bocksprüngen widerspiegeln, kann nicht übersehen werden, daß Erich Mende politischen Mut und Handlungsbereitschaft besaß.

Aber im Kanzleramt und im Gesamtdeutschen Ministerium gab es noch viele, die nur sehr zurückhaltend auf die Möglichkeit von Kontaktaufnahmen mit der DDR reagierten: Ludger Westrick, Franz Thedieck und Carl Krautwig und andere, darunter auch »Betonköpfe«, denen jedes Geschäft mit »Ulbrichts Leuten« als politische Sünde erschien.

Ein Mann kümmerte sich besonders intensiv darum, diese Zweifler mit der Idee der Häftlingsaktion anzufreunden: der Bevollmächtigte der evangelischen Kirche bei der Bundesregierung, Militärbischof Hermann Kunst. Kunst, dem Wolfgang Vogel durch Scharf und von Wedel empfohlen worden war, öffnete dem Ostberliner Emissär viele Türen in Bonn. Der DDR-Anwalt sah sich bei seinen zahlreichen Bonn-Besuchen im Frühjahr 1964 und später nicht selten als unerwünschten Bittsteller behandelt. Hermann Kunst begriff, daß es notwendig war, einen persönlichen Kontakt zwischen Vogel und den Ministerialbeamten Erich Mendes herzustellen. Mit einem verblüffend einfachen Trick gelang es Kunst, Vogel in Bonn hoffähig zu machen. Er lud ihn in sein Büro ein – zum selben Termin, an dem er auch den persönlichen Referenten von Staatssekretär Carl Krautwig, Dr. Hansjürgen Schierbaum, geladen hatte. Als die beiden Herren, die von der Doppeleinladung nichts wußten, einander in die Augen sahen, legte der humorvolle Kunst seine Arme um beide und sagte zu Schierbaum: »Sie sehen, das ist auch nur ein Mensch. Nun geben Sie sich erst einmal die Hand!« Damit war das Eis gebrochen. Die drei Herren unterhielten sich angeregt, und Schierbaum erinnert sich noch heute, nach diesem ersten Gespräch bei Bischof Kunst mit Vogel gemeinsam zum Mittagessen gegangen zu sein.

Endlich kamen die Beteiligten überein, das von der evangelischen Kirche entwickelte Konzept des Freikaufs auch für die Häftlingsaktion zwischen der Bundesregierung und der DDR-Führung zu übernehmen: Über einen Anwalt ihres Vertrauens (dazu wurde Jürgen Stange bestimmt) sollte die Bundesregierung zukünftig Listen derjenigen Personen überreichen, deren Entlassung aus DDR-Gefängnissen Bonn wünschte. Die DDR-Generalstaatsanwaltschaft wollte im Gegenzug Listen solcher Häftlinge überreichen, deren sie sich gerne entledigen wollte. Die Gegenleistung sollte nach dem für die Transaktionen der Kirche entwickelten Modell erfolgen: über eine Gutschrift von einem speziell eingerichteten Konto beim Diakonischen Werk in Stuttgart.

Am 12. Juni 1964 traf sich der gesamtdeutsche Minister und Vizekanzler Erich Mende in seinem Berliner Ministerbüro mit jenem DDR-Anwalt, der noch immer keine offizielle Handlungsvollmacht seiner Regierung vorweisen konnte und für den nicht mehr sprach als die erfolgreiche Abwicklung eines Freikaufs von acht Häftlingen im Jahre zuvor. Das Treffen zwischen Mende und Vogel dauerte kaum zwanzig Minuten und verlief sehr oberflächlich. Immerhin erinnerte sich Mende in seinen Memoiren noch daran, daß Vogel »in seiner vornehmen Art eher den Eindruck eines englischen Diplomaten als den eines Kommunisten proletarischer Herkunft« machte. Ironie der Geschichte: Einem weniger gefällig gekleideten, weniger verbindlichen Vermittler hätte Mende womöglich das Angebot rundweg abgeschlagen – und die Geschichte der humanitären Beziehungen zwischen der Bundesrepublik und der DDR seit 1964 wäre anders verlaufen. Aus dem Mund des seriösen Wolfgang Vogel jedoch hatte der Vorschlag nichts Anrüchiges, den er im Auftrag von Generalstaatsanwalt Josef Streit unterbreitete.

Streit bot nicht mehr und nicht weniger an als den Freikauf von 650 politischen Gefangenen. Die DDR forderte dafür einen Pro-Kopf-Preis von zirka 40 000 DM. In Zukunft sollte jedoch nicht mehr über den Wert jedes einzelnen Häftlings gesondert verhandelt werden. Von Wedel, Stange und Vogel hatten erfahren müssen, daß dies eine unmenschliche Prozedur war. Zukünftig sollte also über eine Pauschale abgerechnet werden, die hoch genug angesetzt war, um auch jene Fälle zu erfassen, die der DDR besonders »wertvoll« waren: 40 000 DM schienen dafür ein angemessener Preis zu sein.

Man kam überein, die Häftlingsaktion zu diesen Bedingungen abzuwickeln. Erneut suchte Ludwig Rehlinger aus den bekanntgewordenen Haftfällen die tragischsten heraus. Die DDR legte gleichzeitig Listen gewünschter Waren vor: Butter, Rohkaffee, Kakao, Südfrüchte, Getreide, Öle, Medikamente, chemische Produkte, Werkzeugmaschinen, Haushaltsgeräte und Düngemittel – im Gesamtwert von 32 Millionen DM.

Die Leistungen sollten Zug um Zug erfolgen: Ein Bus voller Häftlinge, die zum Übergang nach Herleshausen gefahren wurden, gegen eine Gutschrift vom Diakonischen Werk in Stuttgart in Höhe der Warenbestellung der DDR, die – damals wie heute – der Leiter des Bereichs »Kommerzielle Koordinierung« im DDR-Ministerium für Außenhandel, Staatssekretär Schalck-Golodkowski, ausgehandelt hatte.

Das Besondere dieser Vereinbarung war, daß sie nicht zwischen der Bundesregierung und der DDR getroffen wurde, sondern daß die evangelische Kirche unmittelbarer Vertragspartner der DDR wurde. Es war Bischof Hermann Kunst, der offiziell die Listen aushandelte und nach außen hin die Verantwortung trug. Verantwortlich für diese Konstruktion war die in jener Zeit noch immer sehr starke Berührungsangst zwischen bundesdeutschen und DDR-Behörden.

Hermann Kunst war jedoch mehr als nur ein Strohmann. Engagiert setzte er sich auch für »seine« Gefangenen ein, und wenn einmal der Fluß der Mittel, die zur Häftlingsaktion benötigt wurden, stoppte, scheute sich Kunst nicht, mit Lutherrock und Kreuz beim

Bundeskanzler Ludwig Ehrhard zu erscheinen und die Zahlungen anzumahnen.

Der erste Transport erfolgte am 14. August 1964. Am Vortag hatte Jürgen Stange bei Ludwig Rehlinger angerufen: Er bat, statt des vorgesehenen einen Busses für den Häftlingstransport zwei zur Verfügung zu stellen. Ganz korrekt hatten die Gefängnisbeamten der DDR den freigekauften Häftlingen den Haftsold ausgehändigt. Da die nicht konvertierbare Mark der DDR auf der anderen Seite jedoch wertlos sein würde, hatten die Häftlinge Gelegenheit erhalten, sich bei einem ambulanten Händler mit Lebensbedarf einzudecken. Dabei hatten sie so viel eingekauft, daß Einkaufstaschen und -tüten den Stauraum im vorgesehenen Transportbus zu sprengen drohten. (Später, als die DDR sich an das Geschäft gewöhnt hatte, passierten solche Mißgeschicke nicht mehr.)

Vor der Abfahrt des ersten Busses zur Grenze Wartha-Herleshausen stiegen Jürgen Stange und Wolfgang Vogel, die offiziellen Vermittler dieses Geschäfts, zu den zwölf Männern in das Fahrzeug. Vogel sagte in der ihm eigenen Art, die zurückhaltend ist, aber nicht ohne Pathos: »Daß Sie in diesem Bus sitzen, ist ein Wunder. Das eigentliche Wunder aber ist, wenn es sich wiederholt.« Er forderte die entlassenen Häftlinge auf, über die Umstände ihrer Freilassung Stillschweigen zu bewahren. Dies hat er in den folgenden zwanzig Jahren viele hundert Male wiederholt: jedesmal, wenn ein neuer Häftlingstransport zur Grenze nach Herleshausen fuhr und dort von den Bundesbehörden in Empfang genommen und zum Notaufnahmelager in Gießen weitergeleitet wurde.

An das mit der Häftlingsaktion verbundene Schweigegebot hielt sich auch der frühere Staatssekretär im DDR-Justizministerium, Dr. Dr. Helmuth Brandt. Er war im September 1950 mit der Begründung, gegen die DDR gearbeitet zu haben, verhaftet und zu einer hohen Zuchthausstrafe verurteilt worden.

Sein Fall war doppelt tragisch: Bereits 1958 wurde er zum ersten Mal entlassen, jedoch bereits zwei Tage später wegen versuchter Republikflucht erneut festgenommen. Brandt gelangte mit dem zweiten Transport am 18.8.1964 mit 35 weiteren Häftlingen (darunter zwei Frauen) in die Freiheit. Drei Tage später, am 21.8.1964, folgte der dritte Transport (3 Frauen und 19 Männer), und so ging es weiter bis zum Oktober 1964 – bis alle 650 Personen frei waren.

Durch (gezielte?) Indiskretionen war die Häftlingsaktion schon binnen weniger Tage nach dem ersten Transport bekannt geworden. Bereits am 26. August 1964 meldete »Die Welt«: »Zonenbehörden lassen zahlreiche politische Häftlinge frei.« Auch die anderen Berliner Zeitungen berichteten darüber. Zwar war dabei von einem »Häftlingsaustausch« die Rede (was nur insoweit zutreffend war, als auch der unter schwerem Spionageverdacht inhaftierte Ostberliner Verlagsdirektor Günter von Hofé der DDR überstellt wurde), auch stimmten die genannten Zahlen nicht, aber die Angelegenheit war publik geworden, wenn auch die amtlichen Stellen offiziell Stillschweigen bewahrten.

Doch plötzlich kehrte auch in der Öffentlichkeit Schweigen ein. Die Medien hatten einen bemerkenswerten Konsens erzielt: Im Interesse der Sache, im Interesse der vielen politischen Häftlinge in der DDR, die noch auf ihre Freilassung warteten, durfte die Angelegenheit nicht publik bleiben. Aus Besorgnis, sonst als »Menschenhändler« am Pranger zu stehen, hätte die DDR das Unternehmen wieder abgebrochen. Ein bemerkenswerter Artikel erschien in der Springer-Zeitung »Berliner Morgenpost«:

»Diese Zeitung hat es sich stets als Verdienst angerechnet, niemals vor ›heißen Eisen‹ zurückzuschrecken. Sie hat Nachrichten veröffentlicht und Meinungen geäußert, die mancher Journalist in der Akte Tabu zur stillen Ruhe bettet. Doch es gibt Grenzen der journalistischen Informationspflicht.

Wir wissen so gut wie andere, daß seit einiger Zeit aus der DDR politische Häftlinge – unter bestimmten Voraussetzungen, versteht sich – entlassen werden. Wir wissen aber auch, daß der Entlassung weiterer Häftlinge nichts mehr schadet als zu viele, zu laute Worte.

Es kann nicht genug bedauert werden, daß einige Zeitungen und Nachrichtenagenturen sich nicht zu dieser Einsicht durchringen konnten. Unsere Leser werden Verständnis dafür haben, wenn wir im Interesse der politischen Häftlinge, die noch auf ihre Entlassung hoffen, und ohne Rücksicht auf das Verhalten anderer journalistischer Medien, weiterhin in dieser Angelegenheit Stillschweigen bewahren.

Denn es gibt Nachrichten, die töten, während sie zu informieren vorgeben.«

Was zu jener Zeit niemand wußte: Axel Springer, der vermeintlich kühle, machthungrige Autokrat, hatte persönlich den Abdruck dieses Artikels »verfügt«. Seinem Einfluß war es auch zu verdanken, daß Verleger und Journalisten in der Bundesrepublik und Berlin zu begreifen begannen, wie sehr die öffentliche Erörterung der Sache der politischen Häftlinge in der DDR schaden konnte. Auch dies, die Fähigkeit, im richtigen Moment aus Verantwortungsbewußtsein Schweigen verordnen zu können, gehört zum Gesamtbild der umstrittenen Verlegerpersönlichkeit Axel Springer. (Tatsächlich hat Axel Springer die Arbeit von Wolfgang Vogel und Jürgen Stange bis zu seinem Tode begleitet und stand mit beiden in persönlichem Kontakt. Wolfgang Vogel spricht noch heute mit Respekt von Springer.)

Daß dieses Schweigen wenig später wieder durchbrochen wurde, war nicht Schuld der Journalisten. Nach Abschluß der ersten Häftlingsaktion verplapperte sich der Pressesprecher des Gesamtdeutschen Ministeriums und gab Einzelheiten bekannt. Erich Mende sprang ihm schnell zur Seite. Dies diente auch einem guten Zweck: Mende hob hervor, daß kein unterschiedliches »Kopfgeld« für die politischen Häftlinge gezahlt worden war. Auch wenn das Vorurteil sich hartnäckig hält: Seit 1964 wird bei der Häftlingsaktion mit Pauschalsummen abgerechnet. Zwischen Akademikern und Arbeitern werden keine Unterschiede gemacht, ebenso nicht zwischen solchen Personen, deren Freilassung der DDR Schwierigkeiten bereitet (z. B. weil sie verantwortliche Positionen in der NVA innehatten oder in sicherheitsrelevanten Bereichen als »Geheimnisträger« gearbeitet hatten), und den sogenannten »einfachen« Fällen – nur daß der Pauschalpreis von zirka 40 000 DM zwischenzeitlich auf über 90 000 DM angestiegen ist. Aber wie gut es Erich Mende auch gemeint haben mag: Der Freikauf wurde erneut Gegenstand der öffentlichen Diskussion. Jetzt zeigte sich, daß der Verlegerkönig Springer seine Blätter gut auf seinen Kurs eingestellt hatte: Die »Bild«-Zeitung ernannte Mende zum »Minister für Geschwätzigkeit«, und in der »Berliner Morgenpost« hieß es:

»Diese Entlassungen – das muß einmal deutlich gesagt werden – tragen nicht den Stempel des Sklavenhandels. Die entlassenen Häftlinge gehen nicht in die Sklaverei, sondern in die Freiheit. Für diesen

Weg in die Freiheit steht uns manches Opfer gut an, auch der Verzicht auf das Geschwätz.«

Die atmosphärischen Trübungen zwischen Bonn und Ost-Berlin, die infolge der Erörterung des Freikaufs in den bundesdeutschen Medien entstanden waren, verschwanden jedoch. In der Amtszeit Erich Mendes wurden rund 2600 politische Häftlinge freigekauft. Ihr »Gegenwert« betrug etwa 97 Millionen DM. Daß das Gesamtdeutsche Ministerium diese Zahlen noch vor dem Ende der Kanzlerschaft Erhard bekannt gab, hat die Popularität Erich Mendes nicht entscheidend erhöht, es hat der Sache aber auch nicht tiefgreifend geschadet.

Mit der großen Koalition, angeführt von Bundeskanzler Kurt Georg Kiesinger (CDU) und Außenminister Willy Brandt (SPD), kam frischer Wind in das Gesamtdeutsche Ministerium. Der neue Mann an der Spitze hieß Herbert Wehner. Wehner war vorher jahrelang Vorsitzender des Gesamtdeutschen Ausschusses im Bundestag gewesen. Er war ein Kenner der Materie par excellence. »Onkel Herbert«, der nach außen kalt, schroff und abweisend wirken konnte, war und ist ein Mann, dem humanitäres Engagement immer von großer Wichtigkeit war: kein Mann großer Gesten, aber fähig und bereit zu größter Fleiß- und Detailarbeit, ein Kämpfer.

Wehner, der die Situation als politisch Verfolgter aus eigener Erfahrung kannte, wollte die Verhandlungen über die Häftlingslisten nicht einem Dritten überlassen. (Jürgen Stange hatte bis dato die Gespräche als Beauftragter der Bundesregierung mit Vogel geführt.) Er beschloß, den Ostberliner Anwalt kennenzulernen.

Die beiden Männer trafen sich auf neutralem Boden: im Büro des Beauftragten der schwedischen Kirche für humanitäre Fragen in West-Berlin, Carl-Gustav Swingel. Sowohl Herbert Wehner als auch Wolfgang Vogel verbindet vieles mit Schweden. Wehner war mit dem langjährigen Generalkonsul in West-Berlin, Sven Backlund, eng befreundet. Auf der schwedischen Insel Öland hat Wehner seinen Altersruhesitz genommen. Vogel wiederum ist seit Jahren Vertrauensanwalt der schwedischen Botschaft in Ost-Berlin und war vorher Vertrauensanwalt des schwedischen Konsulats in West-Berlin.

Zwischen den beiden Männern, die so völlig wesensverschieden zu sein scheinen (der eine poltrig und schroff, der andere zurückhaltend und immer um Ausgleich bemüht), sprang sofort der Funke über. Das Treffen bei Swingel wurde Grundstein einer Freundschaft zwischen den beiden Männern, die noch heute andauert.

Ungezählte Male sind Herbert Wehner und Wolfgang Vogel in den drei Jahren der Großen Koalition zusammengekommen, um über die Häftlingslisten zu verhandeln. Oft diskutierten sie bis tief in die Nacht. Auch war Wehner Gast bei der Familie Vogel im Privathaus des Rechtsanwalts auf der Insel Schwerin am Teupitzer See.

Nach der Bundestagswahl 1969 und dem Beginn der sozialliberalen Koalition übernahm ein anderer verdienter Sozialdemokrat das Ministerium Wehners, das in »Innerdeutsches Ministerium« umbenannt wurde: Egon Franke, der Chef der SPD-Hinterbänkler, der »Kanalarbeiter-Riege«. Franke überließ die Verhandlungen über die Freikauflisten seinem Ministerialrat Edgar Hirt. Hirt war ein unauffälliger, aber fleißiger und verläßlicher Gesprächspartner Vogels, auch er ein Gewährsmann dafür, daß die Häftlingsaktion in aller Diskretion über mehr als ein Jahrzehnt weitergeführt werden konnte.

Womöglich geblendet von den großen Freiheiten, die ihm das Millionengeschäft um politische Häftlinge ließ, hat Edgar Hirt den Pfad der Tugend verlassen. Als Ludwig Rehlinger 1982 nach dem Bruch der sozialliberalen Koalition seine Arbeit als beamteter Staatssekretär im Innerdeutschen Ministerium aufnahm, entdeckte er einen Fehlbetrag von mehr als 5 Millionen DM in der Ministeriumskasse. Das Geld war – soviel wurde im Verlauf der staatsanwaltschaftlichen Ermittlungen klar – über die Caritas in Berlin und Rechtsanwalt Jürgen Stange zurück an Hirt geflossen. Dieser gab zwar an, das Geld für humanitäre Zwecke verwandt zu haben, konnte jedoch keinen Nachweis führen, wofür genau. In die DDR war das Geld jedenfalls nicht gelangt: Ludwig Rehlinger stellte nach Prüfung der Angelegenheit Wolfgang Vogel eine öffentliche Ehrenerklärung aus – ein in der Sache überflüssiger, aber dennoch vernünftiger Entschluß, denn in der mißtrauischen bundesrepublikanischen Öffentlichkeit waren die Vorurteile gegen den Rechtsanwalt aus dem anderen Deutschland, der sich mit äußerst diskreten und schon daher verdächtigen Geschäften befaßte, noch längst nicht behoben.

Die Affäre Hirt böte Stoff für ein weiteres Buch. Doch sie hat nichts mit Wolfgang Vogel zu tun, und es soll daher nicht weiter auf sie eingegangen werden. Vogel kann jedenfalls heute noch nicht glauben, daß jener Mann, mit dem er nächtelang über das Schicksal Tausender Menschen verhandelt hat, 5,6 Millionen DM aus der Kasse des Innerdeutschen Ministeriums unterschlagen haben soll. »Könnte ich ihm helfen, würde ich es tun«, sagt Vogel.

Noch heute fahren regelmäßig Häftlingsbusse von Karl-Marx-Stadt zur innerdeutschen Grenze nach Herleshausen, wo die Freigelassenen von bundesdeutschen Behörden wie selbstverständlich in Empfang genommen werden. Das »Wunder«, von dem Vogel beim ersten Häftlingstransport sprach, ist also Wahrheit geworden: Weit mehr als 20 000 politische Häftlinge sind im Verlauf der vergangenen 23 Jahre auf diese Weise in den Westen gekommen. Möglich geworden ist dies nur, weil sich (fast) alle Beteiligten an das Gebot der Diskretion gehalten haben: die Medien ebenso wie die Politiker und die Freigekauften, die darauf verzichteten, ihr nicht selten tragisches Schicksal in reißerischen Biographien zu vermarkten.

Daß Staats- und Parteichef Erich Honecker heute öffentlich von den humanitären Beziehungen zur Bundesrepublik spricht, ist Zeichen des gewachsenen Selbstvertrauens der DDR und ihrer politischen Führung. Natürlich wird die Praxis des Freikaufs aus westlicher Sicht bestenfalls die Normalität des Anomalen sein, niemals wünschenswerte Praxis. Auch kann der DDR nicht daran gelegen sein, ihre Staatsbürger zu politischen Straftaten anzuregen, um so als »politische« Häftlinge über den Freikauf in den Westen zu gelangen. Grundsätzlich jedoch ist jedes Bekenntnis zu den Dingen, wie sie sind, zu begrüßen – solange es den Menschen, die in den Haftanstalten in der DDR auf ihre Freilassung warten, nicht schadet.

Im übrigen verliefen die 23 Jahre, die die Häftlingsaktion nunmehr andauert, bei aller Diskretion nicht störungsfrei. Von den Krisen soll jedoch später die Rede sein.

Der Fall Martina W.

> »Am meisten bewegen mich Fälle, in
> denen ich Kinder vertrete, und das
> war im kalten Krieg oft der Fall.«

Am 24. Februar 1965 schreibt der Tempelhofer Amtsgerichtsrat Joachim Seibt ein Kapitel deutsch-deutscher Geschichte. In einem Beschluß erklärt er, daß die Herausgabe des Kindes Martina W.* an seine leibliche Mutter unzulässig sei. Er widersetzt sich damit einem Berufungsurteil des Berliner Kammergerichts vom 8. Januar 1965 und einem gleichlautenden erstinstanzlichen Urteil des Landgerichts, das folgenden Tenor hat:

»Die Beklagten werden verurteilt, der Klägerin oder einer von ihr mit notarieller Vollmacht versehenen Person die am 10. Juli 1956 geborene Martina W. herauszugeben.«

Die Beklagten, das sind die Familie Luise und Fritz P. und das Bezirksamt Tempelhof. Fritz P. ist der Vater von Martina, Luise die Mutter von Fritz P. Die beiden leben (und leben noch heute, zwei Jahrzehnte später) zusammen und haben Martina W. gemeinsam großgezogen. Martina sagt zu Luise »Mutti«. Daß »Mutti« und »Vati« nicht Mann und Frau, sondern Mutter und Sohn sind, bedeutet ihr nichts: Zum einen ist sie erst acht Jahre alt, zum anderen führen die drei aus Sicht eines Kindes ein normales Familienleben. Im Westberliner Stadtteil Mariendorf fühlt sich das Mädchen wohl, hier hat sie ihre Freundinnen und Freunde. Mitverklagt war das Bezirksamt (Jugendamt) Tempelhof, da diese Behörde sich ebenfalls geweigert hat, Martina W. an die Klägerin herauszugeben.

---

* Name geändert

Die Klägerin, Hildegard W., ist die tatsächliche Mutter von Martina. Seit 1959 bemüht sie sich, ihr Kind zu sich zu holen – jedoch erfolglos. Hildegard W. hat ein Problem: Sie wohnt in der DDR.

Chronologie eines Familiendramas:

10. Juli 1956:
Martina W. wird als uneheliches Kind der Hildegard W. und des Fritz P. in West-Berlin geboren.

August 1957:
Hildegard W. wird wegen Rippenfellentzündung in ein Krankenhaus eingeliefert. Luise P., die Großmutter, nimmt Martina zunächst in Pflege. Auch wenn Hildegard W. ihre Tochter in der Folgezeit häufig besucht, fühlt sich das Mädchen bei Großmutter und Vater zunehmend heimisch.

14. August 1959:
Hildegard W. heiratet den gleichaltrigen Schlosser Willi W. – in Dresden. Die beiden, die sich im Frühjahr desselben Jahres in West-Berlin kennengelernt haben, sind im Sommer in die DDR übergesiedelt. Wenig später erhält der Ehemann eine Arbeitsstelle in einer Ziegelei in Zittau, sie arbeitet als Halbtagskraft in einer Gärtnerei. Im September wird ihnen eine Zwei-Zimmer-Wohnung zugewiesen.

Hildegard W. schreibt an Luise und Fritz P. und bittet sie, ihr das Kind Martina zurückzugeben. Die beiden weigern sich, nicht zuletzt, weil Martina nicht zu der ihr fremd gewordenen Mutter nach Zittau ziehen will. Hildegard W. beantragt daraufhin beim Jugendamt Tempelhof die Herausgabe des Kindes. – Martina ist jetzt drei Jahre alt.

Wenig später:
Das Jugendamt Tempelhof erwirkt gemeinsam mit Luise P. beim Amtsgericht Tempelhof-Kreuzberg eine einstweilige Anordnung, durch die Hildegard W. das Aufenthaltsbestimmungsrecht für ihre Tochter entzogen und auf die Abteilung Jugend des Bezirksamtes

Tempelhof als Pfleger übertragen wurde. Als Begründung wird u. a. angeführt, daß die »Kindesmutter (...) einen unsteten und ungeordneten Lebenswandel geführt (habe) und sich sehr selten um ihr Kind kümmerte«. (Bei einer einstweiligen Anordnung kann – wenn die Notwendigkeit sofortiger Entscheidung glaubhaft gemacht wird – das Gericht auf eine Anhörung der anderen Partei verzichten.) Die Antragsteller haben vorgetragen, daß Gefahr im Verzug sei, sehe man daran, daß Frau W. »bereits Anstalten getroffen (habe), das Kind zu sich zurückzunehmen«. Daher prüft das Gericht nicht eingehend, ob die gegen Frau W. erhobenen Vorwürfe – die eine Entziehung des Aufenthaltsbestimmungsrechts des Kindes durchaus rechtfertigen – tatsächlich zutreffen, zumal die Mutter jetzt in Dresden wohnt.

21. September 1960:
Hildegard W. bittet das Referat Jugendhilfe bei der Abteilung Volksbildung des Rates der Stadt Zittau um Unterstützung. – Martina ist jetzt vier Jahre alt.

27. Oktober 1960:
Das Referat Jugendhilfe schreibt an das Jugendamt Tempelhof: »Die häuslichen Verhältnisse der Kindesmutter, Frau Hildegard W., wurden durch uns eingehend überprüft. Die Ermittlungen haben ergeben, daß die Kindesmutter jetzt einen geordneten, sauberen Haushalt führt und über ihren Leumund nichts Nachteiliges bekannt ist. Sie geht einer Halbtagsbeschäftigung nach und wird vom Betrieb her gut beurteilt. Es wäre ihr also unter den jetzigen Umständen ohne weiteres möglich, ihr Kind in den Haushalt aufzunehmen.«

29. März 1961:
Das Jugendamt Tempelhof bittet die Jugendhilfe in Zittau schriftlich »nochmals zur Überprüfung der jetzigen häuslichen Verhältnisse der Eheleute W.«. Willi W. hatte – um den Antrag seiner Frau noch zu unterstützen – mitgeteilt, daß er jetzt in eine Drei-Zimmer-Wohnung umgezogen sei, die »genügend Platz für uns drei bietet, wobei ich Martina mit einrechne«.

9. Mai 1961:
Die Jugendhilfe Zittau schreibt an das Jugendamt Berlin-Tempelhof: »Wir sind der Meinung, daß Martina mit Liebe und Fürsorge
betreut würde und eine Übersiedlung nach Zittau durchaus dem
Wohle des Kindes entspräche.«

13. August 1961:
Die Berliner Mauer wird gebaut. – Martina ist jetzt fünf Jahre alt.

25. August 1961:
Das Jugendamt Tempelhof teilt der Jugendhilfe Zittau mit, daß die
Sorgerechtsregelung in die Zuständigkeit des Vormundschaftsge-
richtes fällt und das Jugendamt daher keine verbindliche Stellungnahme abgeben kann.

13. September 1961:
Das Vormundschaftsgericht erlegt dem Jugendamt Tempelhof auf,
es möge veranlassen, daß sich ein »Dipl.-Psychologe darüber äußere, ob Martina W. bei einer etwaigen Übersiedlung zur Mutter seeli-
schen Schaden erleiden könne«.

5. Januar 1962:
Das Gutachten der Diplom-Psychologin liegt vor. Es kommt zu
dem Ergebnis, daß »eine abrupte Trennung der Martina W. von ihren jetzigen Betreuern, die das Kind lieben und von dem sie wieder-
geliebt werden, die Gefahr in sich birgt, daß bei Martina eine
schwere Angstentwicklung einsetzt und als Folge derselben die
Entfaltung der Begabung behindert, das Verhältnis zu Mitmen-
schen, zum eigenen Selbst und zur Objektwelt gestört wird«.

9. Februar 1962:
Das Amtsgericht Tempelhof-Kreuzberg entzieht Hildegard W.
endgültig das Aufenthaltsbestimmungsrecht für ihre Tochter Martina und überträgt es dem Jugendamt Tempelhof.

Frühjahr 1962:
Hildegard W. schaltet den berühmten Ostberliner Rechtsanwalt
Professor Dr. Friedrich Karl Kaul ein. Dieser legt Beschwerde ge-
gen den Beschluß des Vormundschaftsgerichts Tempelhof ein.

11. Juli 1962:
Das Landgericht gibt der Beschwerde von Hildegard W. statt.

6. September 1962:
Das Jugendamt Tempelhof teilt Hildegard W. mit: »Ihre Tochter Martina wird von einem Beauftragten des Deutschen Roten Kreuzes am 14. September 1962 am Kontrollpunkt Berlin, Bahnhof Friedrichstraße, der Bahnhofsmission übergeben. Wir bitten Sie, Martina um 11.00 Uhr dort abzuholen.« – Martina ist jetzt sechs Jahre alt.

13. September 1962:
Hildegard W. erhält folgendes Telegramm: »Bitte am 14.9.62 nicht kommen, Martina fieberhaft erkrankt, nicht transportfähig, Brief folgt.« Absender ist das Bezirksamt Tempelhof. In dem angekündigten Brief heißt es: »Wir sind durch die Erkrankung des Kindes zu der Überzeugung gekommen, daß eine so plötzliche Trennung dem Wohle des Kindes sehr abträglich sein würde. Wir beabsichtigen, nunmehr ein Obergutachten über das seelische Verhalten des Kindes im Falle einer Übersiedlung in Ihren Haushalt einzuholen und eine höchstrichterliche Entscheidung zu beantragen.« Das Bezirksamt Tempelhof legt weitere Beschwerde ein.

3. Januar 1963:
Das Kammergericht weist die weitere Beschwerde des Bezirksamts zurück. Damit ist die Entscheidung des Westberliner Landgerichts rechtskräftig: Hildegard W. behält das Aufenthaltsbestimmungsrecht für ihre Tochter Martina.

Der Fall ist in der Zwischenzeit längst zu einem Politikum geworden. Der Chef der Senatskanzlei, der spätere Regierende Bürgermeister Heinrich Albertz, und die Jugendsenatorin, Ella Kay, haben sich der Sache Martinas angenommen. Die Berliner Presse polemisiert gegen die »Rabenmutter«: Hildegard W., die sich früher nie um ihr Kind gekümmert habe und es jetzt aus dem vertrauten Umfeld herausreißen wolle. Ungeprüft wird der frühere Lebenswandel von Hildegard W. als »liederlich« hingestellt. Der Fall Martina W. wird zu einem Symbol für den kalten Krieg der Systeme: hier die liebevolle, hilflose Großmutter, dort die kalte, verbissen um ein vermeintliches Recht kämpfende Mutter. Vergessen ist der Mensch, um den es einzig und allein gehen soll: das sechsjährige Mädchen. Trotz des rechtskräftigen Beschlusses weigert sich das Bezirksamt Tempelhof, die Herausgabe von Martina an ihre in Zittau lebende Mutter zu veranlassen. Nicht das Bezirksamt könne Martina »herausgeben« (ein unmenschliches Wort in diesem Zusammenhang), sondern allein Luise und Fritz P.

Martina ist über den Streit um ihre Person fast sieben Jahre alt geworden und hat sich ganz natürlich in den Haushalt von Vater und Großmutter eingelebt, soziale Bindungen aufgebaut. Durch den Zeitablauf ist die Entfremdung von der Mutter immer stärker geworden – wenn überhaupt in der kurzen Zeit des Zusammenlebens bis zur Erkrankung der Mutter so etwas wie Vertrautheit zwischen den beiden hatte entstehen können. Martina W. will nicht zu ihrer Mutter – und so weigern sich Vater und Großmutter, das Kind herauszugeben.

Eine einsichtige Mutter würde wohl jetzt im Interesse ihres Kindes auf ihr Recht verzichten. Vielleicht bedürfte es auch nur eines verständigen Rechtsberaters. Doch Martina W. ist für Ost-Berlin und insbesondere für Rechtsanwalt Kaul zu einem Prestigeobjekt geworden. Kaul will erzwingen, daß Martina ausgeliefert wird – koste es, was es wolle. Die Affäre Martina W., die schon über drei Jahre dauert, ist noch längst nicht zu Ende.

5. März 1963:
Rechtsanwalt Kaul erhebt beim Landgericht Berlin Klage gegen das Bezirksamt Tempelhof und gegen Fritz und Luise P., diesmal auf Herausgabe des Kindes.

7. Februar 1964:
Das Landgericht gibt der Klage statt. Das Bezirksamt Tempelhof und Fritz und Luise P. legen Berufung ein.

8. Januar 1965:
Das Kammergericht Berlin weist die Berufung zurück. Eine Revision zum Bundesgerichtshof in Karlsruhe wird nicht zugelassen. (Die Gerichte können gar nicht anders entscheiden. Wenn der Mut-

ter einmal rechtskräftig das Aufenthaltsbestimmungsrecht zugesprochen worden ist, hat sie auch das Recht, von jedem die Herausgabe des Kindes zu verlangen.) – Martina W. ist jetzt acht Jahre alt.

4. Februar 1965:
Das Bezirksamt beantragt bei dem für die Zwangsvollstreckung zuständigen Amtsgericht Tempelhof, die Zwangsvollstreckung auf Herausgabe von Martina W. einzustellen. Als Begründung führt Rechtsanwalt Arnold Heinemann für das Bezirksamt aus: »Es würde eine sittenwidrige Härte bedeuten, wenn durch die Zwangsvollstreckung vollendete Tatsachen geschaffen werden, die mit Rücksicht auf die Verhältnisse in der sowjetischen Besatzungszone irreparabel wären.«

24. Februar 1965:
Der Tempelhofer Amtsgerichtsrat Joachim Seibt gibt dem Antrag statt und erläßt einen Beschluß, in dem die Zwangsvollstreckung »als verfassungs- und menschenrechtswidrig für unzulässig« erklärt wird (Aktenzeichen: 53 M 510/65). Er übt – ein Kuriosum – eine derart heftige Urteilsschelte (die Entscheidung der Kammergerichtsräte bezeichnet er als »lebensfremde Schreibtischjustiz, oberflächlich, fehlsam und ohne menschliches Verständnis«), daß ein Disziplinarverfahren gegen ihn eröffnet wird (Aktenzeichen D 61/65). – Rechtsanwalt Kaul legt Beschwerde gegen diesen Beschluß ein.

3. Juni 1965:
Das Landgericht gibt der Beschwerde statt. Das Bezirksamt legt weitere Beschwerde bei dem Kammergericht ein.

26. Juli 1965:
Das Kammergericht weist die Beschwerde des Jugendamtes zurück. Damit steht endgültig fest: Fritz und Luise P. müssen Martina an die Mutter in Zittau herausgeben.

31. August 1965:
Das Unfaßbare geschieht: Amtsgerichtsrat Joachim Seibt erklärt die Zwangsvollstreckung auf Herausgabe von Martina W. zum zweiten Mal für unzulässig (Aktenzeichen 33 M 3018/65).
Professor Kaul legt erneut Beschwerde ein. – Martina W. ist jetzt neun Jahre alt.

23. November 1965:
Das Landgericht gibt der Beschwerde Kauls statt. Das Jugendamt legt erneut weitere Beschwerde ein.

17. Januar 1966:
Das Kammergericht weist die weitere Beschwerde zurück. Allerdings zeigt das Kammergericht den Weg in die richtige Richtung: Wohl könne man Vater und Großmutter zwingen, das Kind herauszugeben, nicht jedoch Martina W. selbst: Ein Widerstand des Kindes gegen seine Verbringung zur Mutter dürfe vom Staat nicht gebrochen werden. Wenn sich Martina also weigert mitzukommen, sind alle Verfahren, die sämtlich zugunsten der Mutter in Zittau ausgegangen sind, sinnlos gewesen. Nicht länger – das ist im Kern die Aussage des Kammergerichtsbeschlusses – sollen Dritte ihre Machtspielchen am untauglichen Objekt betreiben dürfen; Martina W. soll sich ihre Mutter selbst aussuchen können.

3. August 1966:
Zum dritten Mal erklärt Amtsgerichtsrat Seibt die Vollstreckung der Herausgabe von Martina W. als »für z. Zt. unzulässig«. Erneut legt Rechtsanwalt Kaul Beschwerde ein.

4. November 1966:
Das Landgericht gibt erneut der Beschwerde Kauls statt.

Zwei Rechtsanwälte, die an dem Verfahren nicht beteiligt sind, sehen den nunmehr seit sieben Jahren andauernden Streit um Martina W. mit größtem Unbehagen: Wolfgang Vogel und Jürgen Stange. Zweitausend Elternpaare in der Bundesrepublik warten darauf, daß ihre in der DDR lebenden Kinder zu ihnen kommen können. Zahlreiche Kinder sind durch den Bau der Mauer im Jahre 1961 plötzlich von ihren Eltern getrennt worden. Viele von ihnen hatten sich damals zu Besuch bei Verwandten in der DDR aufgehalten. Oft sind auch die Eltern geflüchtet – in der Hoffnung, ihre Kinder bald nachholen zu können. Als der Streit um Martina W. – nicht zuletzt durch die Schuld der aufgeregten Berichterstattung in den Westberliner und bundesdeutschen Medien – zur Prestigefrage wird, hat die DDR einen Ausreisestopp für alle Kinder verfügt. In einer Sensationsstory meldet die »Bild-Zeitung« am 12. April 1966: »Zone hält Siebzehnjährige ›als Geisel‹ fest – Austausch nur gegen Martina W.«. Die »Bild-Zeitung« kann dabei auch einen (authentischen) Ausschnitt eines Briefes von Wolfgang Vogel an den Vater des betroffenen Mädchens zitieren: »Auf Ihre Anfrage zum 23. 3. 1966 muß ich Ihnen zu meinem Bedauern mitteilen, daß gegenwärtig Kinder grundsätzlich nicht ausreisen dürfen. Soweit ich informiert bin, liegt dies daran, daß der in West-Berlin anhängige und wohl auch Ihnen bekannte Fall Martina W. noch nicht gelöst ist.«

Das Schicksal eines Kindes ist zur Belastung für die deutschdeutschen Beziehungen geworden. Die Sache – darüber ist man sich hüben wie drüben einig – muß aus der Welt. Aber wie? Wolfgang Vogel und Jürgen Stange werden beauftragt, eine Lösung zu suchen – ohne Anrufung von Gerichten, im Interesse der zweitausend Kinder, die von ihren Eltern erwartet werden, im Interesse aber auch von Martina W.

Am 29. November 1966 unterbreitet Wolfgang Vogel seinem Verhandlungspartner den Vorschlag, daß die Großmutter ihre Enkelin zur Mutter nach Zittau bringen solle und nach sechs Monaten geprüft werden soll, ob sich Martina bei Mutter und Stiefvater eingelebt hat. Sei dies nicht der Fall, könne Martina ungehindert zu ihrer Großmutter in den Westen zurückkehren. Vogel verweist weiter darauf, daß er dieses Angebot mit offizieller Billigung unterbreitet. Allerdings sehe sich seine Seite nur bis zum 1. Februar 1967 an das Angebot gebunden. Sollte eine Vereinbarung nicht zustande kommen, dürfte ein für allemal eine Übersiedlung der zweitausend Kinder, die von ihren Eltern getrennt in der DDR leben, ausgeschlossen sein. Rückendeckung erhält Vogel von Bischof Kurt Scharf, der an den mittlerweile zum Regierenden Bürgermeister avancierten Heinrich Albertz schrieb: »Ich halte dieses Angebot für sachlich vertretbar. Nach meiner Kenntnis ist der Weg, auf dem es überbracht worden ist, zuverlässig. Die DDR hat bisher jedenfalls in Fragen, die in diesem Aufgabenbereich liegen, Vereinbarungen stets eingehalten. Ich würde also nicht daran zweifeln, daß die DDR auch in diesem Fall zu ihrem Wort stehen würde.« Scharf bittet Albertz dringlich, sich bei der Großmutter für eine Zustimmung zu dem Vorschlag einzusetzen.

Heinrich Albertz nimmt sich der Sache persönlich an. Über seinen Bekannten Reymar von Wedel bittet Albertz den Pastor der Gemeinde Mariendorf, auf die Großmutter Luise P. einzuwirken. Endlich gibt diese ihre Zustimmung zu dem Vorschlag. Auch sie ist nun überzeugt, daß es für Martina W. besser ist, wenn sie über ihre Zukunft selbst entscheidet.

Am 2. Januar 1967 teilt Jürgen Stange seinem Ostberliner Kollegen mit, daß der Westen mit einigen Modifikationen auf das östliche Angebot eingeht. Nach Stanges Vorstellungen sollen Mutter, Großmutter und Martina sich zunächst für zirka 14 Tage an einem in der DDR gelegenen Urlaubsort treffen, um die Scheu voreinander zu verlieren. Im Anschluß daran sollen Mutter und Kind nach Zittau weiterreisen. Auch fordert Stange für Großmutter und Vormund das Recht, während der sechsmonatigen »Probezeit« das Mädchen zu besuchen. Im übrigen bestätigt Stange seinem Kollegen das Vertrauen seiner Auftraggeber. Sie gehen davon aus, daß Martina tatsächlich bei Eingewöhnungsschwierigkeiten die Rückreise nach West-Berlin gestattet werden wird. Zusammen mit dem Schreiben übergibt Stange Vogel inoffiziell eine Liste ungelöster »Kinderfälle«. (So verhilft Luise P. mit ihrer Zustimmung unzähligen Kindern zu einer Übersiedlung in den Westen; denn es ist zwischen Stange und Vogel klar, daß die DDR als Gegenleistung für die Zusammenführung von Mutter und Tochter die Ausreisesperre für Kinder, die von ihren Eltern getrennt waren, aufheben wird.)

Am 24. Januar 1967 ist es endlich soweit. Martina, ihre Großmutter und ihr Vormund fahren um 13.48 Uhr mit einem schwarzen Mercedes 220 über den Kontrollpunkt Sandkrugbrücke/Invalidenstraße in den Ostteil der Stadt – ohne Passierschein, ohne Kontrolle. Sie fahren zunächst zum Büro von Rechtsanwalt Kaul in der Wilhelm-Pieck-Straße und von dort aus – zusammen mit Hildegard W., der Mutter – zu jenem neutralen Ort, der für das erste Kennenlernen von Mutter und Tochter vorgesehen ist: das alte

Schloß von Zeuthen bei Köpenick, das zum Gästehaus des Magistrats umfunktioniert worden ist. Dort verabschieden sich Großmutter und Vormund von Martina W. und kehren über dieselbe Sektorengrenze wieder zurück in den Westen.

Es gelingt Mutter und Tochter nicht, die Fremdheit zu überwinden. Vielleicht ist die Befangenheit auf beiden Seiten einfach zu groß. Die Mutter, die in den vergangenen sieben Jahren im Kampf um ihr Kind viele Pyrrhussiege erzielt hat, kann sich des Erfolgs nicht so recht freuen – weiß sie doch, daß das Treffen gegen den Willen des Kindes arrangiert worden ist. Martina, die mit ihren zehneinhalb Jahren alt genug ist, um das Geschehene wenigstens gefühlsmäßig zu werten, empfindet die Frau, zu der sie geführt worden ist, zwar nicht als unsympathisch, aber doch als eine Fremde.

Es ist Wolfgang Vogel, der die beiden noch vor Ablauf der vorgesehenen 14 Tage nach Zittau weiterfährt. Dasselbe Bild dort: Auch der Stiefvater, Willi W., ist um Freundlichkeit und Natürlichkeit bemüht, doch die Fremdheit bleibt. Nach siebenjährigem Kampf verzichtet Hildegard W. auf ihre Tochter, »aus Liebe zum Kind« – auch dies eine Tragödie.

Am 7. Februar 1967 kehrt Martina W. im BMW-Coupé Jürgen Stanges über den Sektorenübergang Sandkrugbrücke/Invalidenstraße wieder nach Berlin zurück.

Im übrigen hält die DDR Wort: Sobald der Westen seinen Teil der Vereinbarung, nämlich die Vollstreckung des Herausgabeurteils bezüglich Martina W., erfüllt hat, hebt auch Ost-Berlin die Ausreisesperre für jene Kinder auf, die von ihren Eltern im Bundesgebiet oder West-Berlin durch den Bau der Mauer getrennt worden sind.

Martina W. kann sich noch heute – 20 Jahre später – gut an die aufregende Zeit erinnern. Wir haben uns in einem Lokal im Berliner Stadtteil Neukölln verabredet. Ich erkenne sie sofort: eine schmächtige, mädchenhaft wirkende Frau mit blonden Haaren, natürlich ohne die so akkurat geflochtenen Zöpfe von damals. Unverändert aber sind die Augen: groß, unruhig und ein wenig hilflos. Martina W. ist freundlich, sympathisch und zuvorkommend höflich. Der Umgang mit Menschen, die etwas über sie wissen wollen, ist ihr nicht neu: Jahrelang hat sie der Presse Rede und Antwort stehen müssen, die begierig jedem Wort aus ihrem Kindermund Bedeutung beigemessen und Schlagzeilen daraus gemacht hat. Mit der Vergangenheit als politischer Kinderstar verbinden Martina W. heute zwiespältige Erinnerungen. Unleugbar ist es reizvoll, im Mittelpunkt des Interesses zu stehen, doch sie erinnert sich, froh gewesen zu sein, als im Februar 1967 alles überstanden und Ruhe eingekehrt war. Zwar hätten auch später gelegentlich Reporter angerufen, sie sei ihnen jedoch regelmäßig »entflohen«. Im übrigen sei ihr der ganze Rummel nicht gut bekommen: zu hohe Erwartungen hätte ihr Vater in der Folge in sie gesetzt. Doch sie hat nicht den Beruf gewählt, den er für sie ausgesucht hatte. Ihre Ehe ist auseinandergegangen, und ihr Vater hat sie aufgefordert, wieder in den Schoß der Familie zurückzukehren, damit alle drei – Großmutter, Vater und Tochter – wieder vereint wären.

Martina W. zog es jedoch vor, es allein mit ihrem Sohn zu versuchen. – Heute wohnt sie mit Sohn und Lebensgefährten zusammen, immer noch in West-Berlin.

Ob sie sich noch an die Anwälte erinnern könne? Jürgen Stange – meint sie – sei natürlich und nett gewesen, Professor Kaul unsympathisch. Er habe versucht, sie mit Spielzeuggeschenken zu ködern, nach dem Motto: »Mit Speck fängt man Mäuse«, und das sei ihr unangenehm aufgefallen. Und Wolfgang Vogel? An ihn kann sie sich kaum erinnern. Ist das der Mann, der sie nach Zittau gefahren hatte?

Das Verhältnis zu ihrem Vater ist nicht mehr sehr gut. Die beiden haben sich auseinandergelebt. Die Mutter, die jetzt nördlich von Berlin wohnt, sieht sie gelegentlich. Sie lebt immer noch mit ihrem Mann Willi zusammen – in der DDR. Mutter und Tochter sind sich nähergekommen, haben ein fast freundschaftliches Verhältnis entwickelt. Auch ihren Stiefvater sieht sie positiv.

Ob sich die Mühe damals gelohnt hat? Ja, auf jeden Fall. Martina W. ist froh, daß sie bei Großmutter und Vater aufwachsen durfte, zusammenbleiben mit den alten Freundinnen und Freunden. Sie erinnert sich gerne an ihre Jugend. (Richter Seibt hat also, gleich ob aus menschlichen oder politischen Motiven, richtig gehandelt!)

Wir verabschieden uns. Martina W. muß zu ihrem kranken Sohn zurück. Eine Bitte hat sie noch: sie hätte so gerne ihre Mutter einmal zu Besuch in West-Berlin. Die Besuchsanträge seien jedoch in der

Vergangenheit regelmäßig abgelehnt worden. Vor 15 Jahren hatten Hildegard W. und ihr Mann einen Ausreiseantrag gestellt, ob dies der Grund sei? Und ob Professor Vogel sich für eine Besuchserlaubnis einsetzen könne?

Für Ludwig Rehlinger waren damals die »Kinderfälle«, deren spektakulärster Martina W. war, Anlaß, über eine mögliche Regelung für eine ganze Gruppe von Problemfällen nachzudenken: die Familien, die auf die eine oder andere Weise in Folge der deutschen Teilung getrennt waren. Immer wieder meldeten sich in seinem Büro und in Bonner Ministerien Einzelpersonen und Familien, die Vater, Mutter, Braut, Bräutigam oder Kinder zu sich holen wollten. Rehlinger wollte von Vogel wissen, ob die DDR bereit sei, auch für diese normalen Ausreisefälle eine allgemeine Vereinbarung zu treffen. Ähnlich wie bei der Häftlingsaktion wollte die Bundesregierung über einen bevollmächtigten Anwalt Listen übersiedlungswilliger DDR-Bürger überreichen. Auch zu materiellen Gegenleistungen war man von bundesdeutscher Seite aus bereit. (Auch die Familienzusammenführungen begannen vor der Einschaltung der Bundesregierung. Der erste Fall betraf die seit Kriegsende verschollene Tochter eines Offiziers der Bundeswehr, die von ihrem Vater und Reymar von Wedel auf dem Bahnhof Zoo in Empfang genommen wurde.)

Die Übereinkunft über die »Familienzusammenführung« kam zustande. Von westlicher Seite wurde als vermittelnder Anwalt erneut Jürgen Stange benannt, die DDR wurde natürlich von Wolfgang Vogel vertreten. Nach dem Ausscheiden Jürgen Stanges nahmen die Rechtsanwälte Wolf-Eckhard Jäger und Barbara von der Schulenburg die Aufgabe wahr, nach dem Ausscheiden Jägers Frau Rechtsanwältin von der Schulenburg allein.

Ausgangspunkt der Aktion aber waren die »Kinderfälle«. Noch heute erinnert sich Ludwig Rehlinger mit Stolz daran: Innerhalb eines Jahres waren alle Fälle gelöst – und es wurde kein Pfennig dafür gezahlt.

»Helden« an der unsichtbaren Front

»Jeder Spion, den wir austauschen,
bedeutet ein Problem weniger, eine
Reibungsursache weniger zwischen
den beiden deutschen Staaten und in-
folgedessen zwischen Ost und
West.«

Zu den Aufgaben des Rechtsanwalts Wolfgang Vogel gehört nicht nur die verantwortliche Entgegennahme und Betreuung der Listen im Rahmen der Häftlings- und Familienzusammenführungsaktion. Das vielgerühmte Verhandlungsgeschick Vogels und auch ein gewisser Standortvorteil (Berlin an der Nahtstelle zwischen Ost und West) haben dazu geführt, daß Vogel zu jenem handverlesenen Kreis von Anwälten gehört, die sich in dem höchst diskreten Geschäft des Spionenaustauschs einen Namen gemacht haben. Der Tausch Abel gegen Powers legte erstmals dafür Zeugnis ab.

Die Praxis des Spionenaustausches ist Ergebnis eines Generalkonsenses zwischen den Geheimdiensten in Ost und West. Spionage kann ein sehr lukratives Geschäft sein, auf jeden Fall ist es ein äußerst riskantes. Das Strafrecht – gleich ob in Ost oder West – sieht für landesverräterische Betätigung hohe Freiheitsstrafen vor. Einem enttarnten Spion kann sein Auftraggeber keinen anderen Liebesdienst erweisen, als sich zu bemühen, ihn gegen einen anderen Agenten, den die eigene Polizei verhaftet hat, auszutauschen. Da es bedauerlicherweise außerordentlich selten vorkommt, daß beide beteiligten Länder eine gleiche Anzahl von Spionen mit gleichem »Tauschwert« in die Verhandlungen einbringen können, sind bilaterale Tauschverfahren die Ausnahme und sogenannte »Ringtäusche« die Regel. Bei dem Tausch Powers–Abel war mit der DDR (die den Studenten Pryor gefangenhielt) ein drittes Land beteiligt. Bei dem Tausch um Anatolij Schtscharanskij waren Mitarbeiter des Bundesnachrichtendienstes, der CIA, der tschechischen, polnischen und sowjetischen Geheimdienste beteiligt. Der einzige Nichtspion war die Zentralfigur des Austausches, der russische Dissident Schtscharanskij selbst.

Der Osten unterscheidet zwischen zwei Arten von Spionage. »Meyers Neues Lexikon«, 2. Auflage, Leipzig 1976, beschreibt Spionage als »wegen ihrer friedensgefährdenden Ziele und Auswirkungen eines der gefährlichsten Verbrechen gegen die DDR«, und so verwundert es nicht, daß das Strafgesetzbuch der DDR in den §§ 97 und 98 dieses Verbrechen bis zur Strafrechtsreform im Jahr 1987 im Höchstfall mit der Todesstrafe bedroht. Wenigstens von einem Fall ist bekannt, daß die DDR in den vergangenen zehn Jahren die Todesstrafe vollstreckt hat: Der Konteradmiral der Volksmarine, Winfried Baumann, wurde am 6. Juni 1979 als Agent des Bundesnachrichtendienstes verhaftet und zum Tod durch Erschießen verurteilt. Seine Lebensgefährtin, die Leipziger Ärztin Christa-Karin Schumann, verbüßt noch heute eine fünfzehnjährige Haftstrafe im zentralen Untersuchungsgefängnis des Ministeriums für Staatssicherheit in Hohenschönhausen. Vielleicht wird es im Vorfeld des Honecker-Besuches zu einer Freilassung in den Westen kommen.

Nach östlicher Lesart hat die Arbeit sozialistischer Geheimdienstler »nicht das Geringste gemein mit den schändlichen Praktiken imperialistischer Agenten« (so Generaloberst Erich Mielke, Minister für Staatssicherheit in der DDR). So heißen die Kämpfer an der unsichtbaren Front der DDR auch nicht »Agenten«, sondern »Kundschafter«, ihre Tätigkeit ist – so Erich Mielke – als ethisch herausragend zu werten: »Die Arbeit sozialistischer Kundschafter entspricht zutiefst dem humanistischen Wesen sozialistischer Politik.« Auch Erich Honecker pries »jene aufrechten Menschen (...), die an der geheimen Front im Lager des Gegners patriotische Taten vollbringen«. Natürlich weiß auch Honecker, daß sich unter seinen »Kundschaftern« ebenso viele Könner, Dilettanten, gute, böse und indifferente befinden wie bei der westlichen Konkurrenz, aber es gilt, die eigenen Leute zu motivieren.

Für Spione hüben wie drüben ist das geteilte Deutschland ein hervorragendes Betätigungsfeld. Werbende wie Geworbene, Führungsoffiziere, Kuriere, Agenten sprechen die gleiche Sprache, entstammen der gleichen Kultur. Sie bewegen sich frei im jeweils anderen Teil Deutschlands, ungezwungen, unauffällig und unverdächtig. Glaubt man den jährlichen Verfassungsschutzberichten des Bundesinnenministeriums, entfallen auf die Geheimdienste der DDR rund achtzig Prozent der östlichen Spionage.

Es gibt zwei DDR-Geheimdienste: Für die Militärspionage zuständig ist die »Abteilung Aufklärung« im Ministerium für nationale Verteidigung, viel bedeutender aber ist die »Hauptabteilung Aufklärung« im Ministerium für Staatssicherheit der DDR. Wie viele Mitarbeiter dieses Ministerium, das in einem monströsen Gebäude in der Ostberliner Normannenstraße (Stadtteil Lichtenberg) residiert, im In- und Ausland hat, ist nicht bekannt: Aus naheliegenden Gründen veröffentlicht das MfS keine Mitarbeiterstatistiken. Generalbundesanwalt Kurt Rebmann schätzt die Zahl der im Bundesgebiet tätigen DDR-Spione auf zirka zweitausend.

Chef der Hauptabteilung Aufklärung war seit Beginn ihres Bestehens Generaloberst Markus Wolf, der im Januar 1987 überraschend zurücktrat. Der geheimnisumwitterte Markus Wolf war – das wurde ihm von Frontenwechslern, die ihn kannten, bereitwillig attestiert – hochintelligent, vielseitig gebildet, faszinierend im Gespräch, schlagfertig, humorvoll und vor allem erfolgreich; so erfolgreich, daß der nicht gerade als Possenreißer verschriene Staatsratsvorsitzende Erich Honecker sich einen Seitenhieb auf die bundesdeutsche Geheimdienstkonkurrenz nicht verkneifen konnte: »Wir haben nicht die Absicht, Berichte unseres Geheimdienstes über die Lage in der Bundesrepublik Deutschland, in der Bonner Regierung, in der Führung der CDU/CSU oder des Bonner Verteidigungsministeriums zu veröffentlichen. Es besteht aber kein Zweifel, daß wir etwas besser informiert sind.« Schon die Liste der enttarnten Ost-Agenten bestätigt Honecker: der SPD-Abgeordnete Alfred Frenzel, der Abteilungsleiter im Bundesnachrichtendienst Heinz Felfe, der Fotokaufmann Hans-Heinz Porst, der persönliche Referent von Bundeskanzler Willy Brandt, Günther Guilleaume, die Sekretärin im Bundespräsidialamt, Margarete Höke, und natürlich der Abteilungsleiter im Bundesamt für Verfassungsschutz Hans-Joachim Tiedge. Diese enttarnten Agenten stellen natürlich nur die Spitze eines Eisbergs dar. Viele arbeiten ein Leben lang unauffällig und werden nie enttarnt. Sie arbeiten aus Überzeugung, aus Liebe zu einem anderen Menschen oder aus simplen materiellen Erwägungen für die andere Seite. Die DDR zahlt ihren Westagenten ein zusätzliches Entgelt, das – abhängig von Art, Intensität und Erfolg der geheimdienstlichen Tätigkeit – von einem Taschengeld bis zu einem satten zweiten Monatsgehalt gehen kann.

Aus gutem Grund sind die bundesdeutschen Geheimdienste mit Informationen über erzielte Erfolge zurückhaltend. In der Bundesrepublik gibt es drei Geheimdienste: den Militärischen Abschirmdienst (MAD) in Bonn, der in seiner Funktion in etwa der Abteilung Aufklärung im DDR-Ministerium für nationale Verteidigung gleichkommt, das Bundesamt für Verfassungsschutz (BfV) in Köln und den Bundesnachrichtendienst (BND) in München-Pullach. Das BfV dient der Abwehr geheimdienstlicher Tätigkeit, während dem BND die Koordinierung der eigenen Nachrichtendienste obliegt. Wenigstens einen prächtigen Fang gibt der BND zu: Am 19. Januar 1979 wechselte der MfS-Mitarbeiter Oberleutnant Werner Stiller in den Westen. Er brachte eine Unmenge an Mikrofilmen mit, die vergrößert 17 Aktenordner füllten. Vergnügen bereitete dem bundesdeutschen Geheimdienst ebenfalls der »Kundschafter« Reiner Fülle, der am Kernforschungszentrum Karlsruhe gearbeitet hatte. Er wurde zunächst über Werner Stiller enttarnt. Nach seiner Festnahme konnte er dem begleitenden BKA-Beamten entwischen, fand Unterschlupf in der sowjetischen Militärmission in Baden-Baden und wurde in einer Holzkiste am 30. 1. 1979 in einem sowjetischen Lkw in die DDR geschmuggelt. Dort erhielt er den »Kampforden für Verdienste für Volk und Vaterland« und den »Vaterländischen Verdienstorden«. Allerdings hatte Fülle – was den Ordensgebern nicht bekannt war – einmal mehr die Seiten gewechselt und arbeitete mittlerweile in der DDR für den bundesdeutschen Verfassungsschutz. Fleißig sammelte er Informationen, und in der Nacht vom 4. zum 5. September 1981 wurde er über die ČSSR in die Bundesrepublik ausgeschleust. Er hatte viel zu erzählen.

(Es darf vermutet werden, daß Professor Herbert Meißner in den drei Tagen seines Pullach-Aufenthaltes – mit oder gegen seinen Willen – das eine oder andere Detail von Interesse berichtet haben wird. Es dürfte jedoch schwer sein, vom BND oder gar vom Wissenschaftler selbst eine offizielle Bestätigung für diese Vermutung zu erhalten.)

Deutschland ist also ein beliebtes Tummelfeld für Spione. Deutsche hüben wie drüben werden von KGB, MfS, BND oder CIA geworben, bezahlt, geführt, enttarnt, umgedreht und im ungünstigsten Fall verhaftet. Manche werden auch verhaftet, ohne Spion gewesen zu sein (wenngleich dies eindeutig die Ausnahme ist). Dann sind es nicht die Geheimdienste, die sich um die Freilassung bemühen, sondern die Regierungen selbst. In jedem Fall bedarf es mehrerer geschickter Unterhändler, die à jour sind, was den derzeitigen Bestand an inhaftierten Spionen anbelangt. Sie müssen auch über die Resthaftdauer Bescheid wissen, denn auch sie bestimmt den Tauschwert von Spionen mit. (Daher hatte schon seit einigen Jahren der hochkarätige, früher im Bundesverteidigungsministerium tätige DDR-Spion Lothar Erwin Lutze nur noch einen geringen Verhandlungswert: Lutze, der 1979 zu zwölf Jahren Freiheitsstrafe verurteilt worden war, konnte nach Verbüßung von Zweidrittel der Haftzeit, also 1987, mit seiner Entlassung rechnen. Daß für ihn im März dieses Jahres noch vier Westagenten eingetauscht werden konnten, ist beinahe als diplomatischer Erfolg des Westens zu werten.) Der Vermittler muß weiter über Gewandtheit auf dem internationalen Parkett und Fähigkeit zum Kompromiß verfügen. Wolfgang Vogel besitzt all jene Eigenschaften und Kenntnisse, und er hatte sich bei der Affäre Powers/Abel bewährt.

Wolfgang Vogel hat in den vergangenen 25 Jahren an internationalen Spionenaustauschaktionen mitgewirkt, bei denen folgende Länder beteiligt waren: USA, Chile, Israel, Südafrika, Moçambique, Angola, Frankreich, Schweiz, Dänemark, Österreich, UdSSR, ČSSR, Ungarn, Polen, Bulgarien. Immer wurden diese »Geschäfte« im stillen abgewickelt, nur selten drangen Informationen an die Öffentlichkeit. Insgesamt dürften es jedoch zirka 150 Agenten oder »Kundschafter« aus Ost und West gewesen sein, die Vogel den Weg zurück in die Freiheit verdanken. Darunter sind einige bekannte und weniger bekannte Namen: Gerald Brooke, Arthur Wilbraham, Peter und Helen Kroger, Gordon Lonsdale, Greville Wynne, Heinz Felfe, Alfred Frenzel, Günther von Hofé, John van Altena, Alice Meckelson, Prof. Alfred Zehe, Marian Zacharski, Penju Kostadinov, Jerzy Kaczmarek, Wolf-Georg Frohn, Detlef Scharfenorth, Jewgenij Semljakow, Karel und Hana Koecher, Jaroslav Javorski, Dietrich Niestroy, Karl Frucht, Jorge Montez – und natürlich Rudolf Abel, Francis Gary Powers, Frederic Leroy Pryor und Anatolij Schtscharanskij. Namenlos bleiben die vielen, deren Freilassung auch in keiner Zeitung oder Nachrichtenagentur erwähnt wurde. Es sind Schuldige darunter ebenso wie Unschuldige, geschulte Agenten, Fluchthelfer, Journalisten, Kaufleute, idealistische Amateure, Systemkritiker und Pechvögel. Oft ist die Grenze vom Spion zum Nichtspion schwer zu ziehen. Eins nur ist ihnen gemeinsam: Wolfgang Vogel hat an ihrer Freilassung mitgewirkt. Einem Anwalt, der auf Konfrontation aus ist, wäre dies nicht möglich gewesen. Vogel jedoch hat immer einen Ausgleich gesucht, der allen Beteiligten geholfen hat, das Gesicht zu wahren. Zwei Fälle sollen dies beispielhaft belegen.

Die Geschichte, die wie ein Alptraum endet, beginnt wie ein Märchen.

Am 4. August 1966 fliegt Sabine F.*, Redakteurin einer bundesdeutschen überregionalen Tageszeitung, mit einer Linienmaschine nach Moskau und von dort am folgenden Tag nach Alma Ata weiter, der Heimat ihres Verlobten, des russischen Ingenieurs Alexej P.*. Fünfmal ist die weitgereiste Journalistin schon in der UdSSR gewesen, sie hat eine »schwärmerische Neigung« für das Land und die Menschen entwickelt – ganz besonders für jenen Alexej P., den sie bereits bei einem früheren UdSSR-Besuch ihrer Mutter vorgestellt hat. Diesmal nun soll Hochzeit sein, und Sabine F. hat ihr Brautkleid eingepackt.

Die ersten zwei Tage in Kasachstan verlaufen harmonisch. Die Verlobten machen Ausflüge ins benachbarte Gebirge, fahren auf die Datscha von Alexej. Am dritten Tag, als die beiden gerade in seinem Dienstwagen sitzen, steckt der Bräutigam seiner Braut plötzlich eine Zigarettenschachtel zu und steigt aus. Wenig später kommen drei Mitarbeiter des sowjetischen Geheimdienstes KGB an den Wagen und verhaften Sabine F. Die Zigarettenschachtel enthält – was Sabine F. nicht weiß – belastendes Fotomaterial. Für die Behörden in Alma Ata ist Sabine F. eine Spionin. Einen Monat bleibt sie im Gefängnis von Alma Ata, am 6. September 1966 wird sie unter Bewachung in einem Linienflugzeug nach Moskau verbracht – in das vielen politischen Häftlingen vertraute Staatsgefängnis Ljublanka.

* Name geändert

Dort, in Zelle 101, »einem vergitterten, nur wenige Quadratmeter großen Raum – drei eiserne Pritschen, ein Tisch, zwei Schemel, ein Waschbecken, eine Toilette –«, verbringt sie die folgenden drei Monate. Sabine F. hat sich ihre Flitterwochen anders vorgestellt.

In der Zwischenzeit unternimmt der Chefredakteur von Sabine F. große Anstrengungen, um seiner Kollegin zur Hilfe zu kommen: Bischof Hermann Kunst ist alarmiert, Herbert Wehner, ebenso der neue Justizminister der großen Koalition, Gustav Heinemann, und die Rechtsanwälte Jürgen Stange und Wolfgang Vogel. Stange und Vogel erhalten das Mandat, über die Freilassung von Sabine F. zu verhandeln. Die Unterhändler stehen vor einer komplizierten Situation. Die Sowjets behandeln die Journalistin als Spionin und sind nicht ohne weiteres bereit, sie freizulassen, schon gar nicht ohne Gegenleistung. Aber die Bundesrepublik hat der Sowjetunion keinen adäquaten Tauschpartner anzubieten. Zu Vogels Mandanten gehören jedoch auch der Spion des KGB Heinz Felfe und der für den tschechischen Geheimdienst tätige Alfred Frenzel, die beide im Gefängnis München-Straubing einsitzen. Für die Entlassung des ehemaligen Regierungsrates Heinz Felfe, der bis zu seiner Enttarnung und Verhaftung im November 1961 Leiter der Abteilung »Gegenspionage Sowjetunion« beim Bundesnachrichtendienst in Pullach war, würde die UdSSR sicher gerne die enttäuschte Braut zur Verfügung stellen. Aber für die bundesdeutsche Seite ist ein Austausch Felfe–Sabine F. völlig indiskutabel: Ein Top-Agent kann nicht gegen ein »unbeschriebenes Blatt« ausgetauscht werden.

Auch Alfred Frenzel ist im Grunde eine Nummer zu groß. Frenzel, Deckname »Anna«, hat das gesamte westdeutsche Luftverteidigungsprogramm, das Konzept über die Umgliederung von Bundesheer und Bundesluftwaffe sowie den geheimen Bonner Verteidigungshaushalt von 1961 an den tschechoslowakischen Geheimdienst verraten. Seine intimen Kenntnisse der Materie bezog der SPD-Bundestagsabgeordnete Alfred Frenzel aus seiner Tätigkeit als Mitglied des Bonner Verteidigungsausschusses. Der gebürtige Böhme Frenzel, dessen Vergangenheit offenbar nicht völlig lupenrein war, war von der tschechischen Spionage zur Agententätigkeit erpreßt worden. Der von seiner Fraktion als fleißig und geschäftig geschätzte Frenzel stellte seine Erpresser mehr als zufrieden: Insgesamt 39mal traf er sich in Deutschland, der Schweiz und Österreich mit seinen Führungsoffizieren, und nie kam er mit leeren Händen. Doch er geriet ins Visier des Verfassungsschutzes und wurde auf frischer Tat ertappt.

Die Vernehmungsprotokolle vor dem Bundesgerichtshof umfaßten 240 Seiten. Der Präsident des 3. Strafsenats, Heinrich Jagusch, hatte für den Angeklagten wenig freundliche Worte übrig: »Das Urteil ist der Schlußstrich unter eine für das ganze öffentliche Leben schädliche, peinliche, tief enttäuschende und niederdrückende Affäre.« Auch Frenzel räumte ein, daß sein Werk »die reine Feigheit« gewesen sei. Eine Freiheitsstrafe von 15 Jahren war die Quittung.

Vogel und Stange stellen Vorüberlegungen an: Wird Bonn bereit sein, den hochkarätigen Agenten Frenzel gegen die unbedarfte Journalistin, die in Moskau einsitzt, freizulassen? Genau besehen stehen die Chancen doch nicht ganz so schlecht. Frenzel hat seit 1960 schon mehr als die Hälfte der Haftzeit verbüßt (im Regelfall wird nach zwei Dritteln der verhängten Freiheitsstrafe der Rest zur Bewährung ausgesetzt), außerdem ist er schwer krank. Aber hat nicht Vizekanzler Erich Mende noch im Oktober 1966 klargemacht, daß ein Austausch von Frenzel nicht in Betracht kommt? Doch seither haben sich die Verhältnisse geändert: An die Stelle Mendes als gesamtdeutscher Minister ist Herbert Wehner getreten, als langjähriger Vorsitzender des gesamtdeutschen Ausschusses Kenner der Materie und der Usancen des diskreten Geschäfts und humanitär stark engagiert. Wehner wird dem Handel sicher zustimmen, der neue Justizminister Gustav Heinemann auch. Vielleicht wird die Bundesrepublik gewisse Draufgaben fordern, aber darüber kann man ja noch verhandeln. – Vogel und Stange täuschen sich nicht.

Fast jeden Tag wird Sabine F. zum Verhör geholt. Die Prozedur gleicht sich: Der sowjetische Vernehmungsbeamte stellt immer wieder dieselben Fragen, die ein Dolmetscher übersetzt, und immer wieder beschwört Sabine F. die beiden, endlich zu glauben, daß sie keine Agentin ist. Die Verhöre erscheinen ihr quälend und sinnlos. Über drei Monate geht dies jetzt schon so: Im August war sie in die Sowjetunion gekommen, und jetzt ist Dezember. (Sie könnte genausogut gegen eine Wand reden. Selbst wenn der Beamte von ihrer Unschuld überzeugt wäre, würde er nie einer Freilassung von Sabine F. das Wort reden. Schließlich hat es sich rumgesprochen, daß ihretwegen Austauschverhandlungen laufen, und da gibt keine Seite vorzeitig ihre Trümpfe aus der Hand. Doch das weiß Sabine F. natürlich nicht.)

Am Morgen des 23. Dezember verläuft der Routinetermin jedoch anders als erwartet. Außer dem Vernehmungsbeamten und dem Dolmetscher ist ein untersetzter, freundlich blickender Mann erschienen, den der Dolmetscher als Rechtsanwalt Vogel aus Berlin vorstellt. Weiter erklärt der Dolmetscher, daß die Sowjetunion zur Freilassung von Sabine F. bereit sei, wenn sie verspreche, keine subversive Tätigkeit mehr gegen die Sowjetunion auszuüben und den Fall nicht für Berichterstattungen freizugeben.

Sabine F. ist fassungslos vor Überraschung und Glück. Ihr zittern die Knie. Wolfgang Vogel geht auf sie zu, reicht ihr die Hand und sagt: »Ich gratuliere Ihnen.« Die Frau weint. Nach viereinhalb Monaten ist es das erste Mal, daß ihr wieder ein Mensch die Hand gibt.

Noch am selben Tag fliegt Sabine F. mit Wolfgang Vogel nach Ost-Berlin. Sie fahren vom Flughafen Schönefeld zum Grenzübergang Wartha-Herleshausen. Auf einem Parkplatz bei Wartha steigen drei Männer zu, die – so Wolfgang Vogel – der eigentliche »Preis« für die Freilassung Alfred Frenzels sind. Die drei Männer sind wegen politischer Straftaten zu lebenslangem Zuchthaus verurteilt worden. Sabine F. ist – wie Vogel lakonisch meint – nur die »Weihnachtsschleife« auf dem Austauschpaket.

Von der anderen Seite nähert sich Jürgen Stange dem Grenzübergang Herleshausen. Sein Beifahrer ist Alfred Frenzel, mit einem Begnadigungsschreiben von Bundespräsident Heinrich Lübke und einer Einbürgerungsurkunde aus Prag im Gepäck. Frenzel hat die tschechoslowakische Staatsangehörigkeit annehmen müssen, weil laut Grundgesetz ein Deutscher nicht an einen anderen Staat ausgeliefert werden darf. Der Teufel steckt eben im Detail.

Auf bundesdeutschem Gebiet wird Sabine F. von der Mitarbeiterin des Bischofs Kunst, Frau Else Gräfin von Rittberg, in Empfang genommen und nach Hause gefahren. – All dies geschieht am 23. Dezember 1966.

Aus einem geplanten achttägigen UdSSR-Urlaub sind 141 Tage voller Verzweiflung und Hoffen geworden. Doch Sabine F. erinnert sich, immer korrekt behandelt worden zu sein. Zum Abschied hat man ihr sogar einen Schluck Cognac (nicht Wodka!) angeboten. Auch alle Sachen hat sie zurückerhalten – bis auf das Brautkleid.

Auch Wolfgang Vogel konnte zufrieden sein, die Fälle Frenzel und Sabine F. mit einem Schlag gelöst zu haben. Denn es gab noch ein zweites Problem zu jener Zeit: das des Mädchens Martina W., die sich zwischen der Mutter im Osten und der Großmutter im Westen zu entscheiden hatte. Und da war noch Heinz Felfe, der Top-Spion des KGB, für den sich kein adäquater Tauschpartner fand. Vogel wußte zu jener Zeit noch nicht, daß Heinz Felfe einmal die mit der Bundesregierung getroffenen Vereinbarungen über Häftlingsfreikauf und Familienzusammenführung in sehr ernste Gefahr bringen sollte.

Heinz Felfe war eine ganz große Nummer im Spionagegeschäft: 1918 in Dresden geboren, Jurastudium in Berlin, Mitglied der SS, Kriminalkommissar und endlich Leiter des Referats Schweiz/Liechtenstein im politischen Nachrichtendienst (Amt VI) des Reichssicherheitshauptamtes in Berlin. Nach dem Zweiten Weltkrieg wurde er vom sowjetischen Geheimdienst KGB geworben und in die »Organisation Gehlen«, den Vorläufer des Bundesnachrichtendienstes, eingeschleust. Felfe, der unter dem Decknamen »Friesen« (oder »Sanders« bzw. »Beck«) auftrat, machte als Doppelagent beachtliche Karriere: Zum Schluß war er Leiter des Referats »Gegenspionage Sowjetunion«. Man hatte den Bock zum Gärtner gemacht: Felfe verriet 96 Mitarbeiter des Bundesnachrichtendienstes an seine Auftraggeber in Moskau. Er spielte ihnen über 15 000 Dokumentenfotos und 20 Tonbänder voller Aufzeichnungen sowie ungezählte Funkberichte zu. Im Gegenzug wurde er vom KGB mit hochwertigem »Spielmaterial« versorgt. Das sind Informationen (Lagepläne, Sitzungsprotokolle, Agentenlisten), die den Schein der Echtheit tragen, im Grunde jedoch nur der Verwirrung des Gegners dienen. Sie müssen jedoch so gut gemacht sein, daß der Agent, dem sie zugespielt werden, nicht enttarnt wird. Felfe erhielt vorzügliches Material. Er genoß beim BND einen ausgezeichneten Ruf.

Doch auch dem besten Agenten unterlaufen gelegentlich Fehler. Felfe verplapperte sich, verriet gegenüber seinem persönlichen Referenten mehr Wissen, als er eigentlich haben durfte. Der aufmerksame Mitarbeiter ließ daraufhin seinen eigenen Chef observieren.

Dabei wurden Felfes Kontakte zum KGB aufgedeckt. Am 6. November 1961 wurde Heinz Felfe von der Sicherheitsgruppe des Bundeskriminalamtes in Pullach verhaftet.

Im Juli 1963 verkündete der 3. Strafsenat des Bundesgerichtshofes in Karlsruhe nach zweiwöchiger Verhandlung das Urteil gegen Felfe: 14 Jahre Zuchthaus wegen Landesverrats.

Der KGB war dringend daran interessiert, Felfe auszutauschen. Zum einen war er aus Fürsorgepflicht seinem Agenten gegenüber dazu gehalten, zum anderen verfügte Felfe über herausragende Kenntnisse über die Organisationsstruktur des Bundesnachrichtendienstes und seine Agenten. Aus demselben Grund kam für die Bundesrepublik ein Austausch Felfes nicht in Betracht. Dies galt um so mehr, als die andere Seite keinen entsprechenden »Tauschpartner« in Gewahrsam hielt. Auch die Aussicht, die in Moskau inhaftierte Journalistin Sabine F. freizubekommen, konnte die Bonner nicht locken. Der Osten mußte also – wollte er Felfe tatsächlich freitauschen – schwere Geschütze auffahren. Die DDR setzte alles auf eine Karte – und gewann.

Der eigentliche Vorgang ist Geschichte: Heinz Felfe hatte sich in der Haftzeit, die er im niederbayerischen Straubing verbrachte, des anwaltlichen Beistands von Wolfgang Vogel versichert. Mehrfach hatte Vogel seinen Mandanten im Zuchthaus besucht, ohne ihm allerdings große Hoffnungen auf eine baldige Freilassung machen zu können. Weihnachten 1968 hatte sich das Bild gewandelt. Vogel machte gegenüber Felfe Andeutungen, er könne im Februar 1969 mit Begnadigung und Haftentlassung rechnen. Am Freitag, dem 14. Februar, wurde Felfe von zwei Beamten der Sicherungsgruppe des Bundeskriminalamtes in Pullach abgeholt und zur Grenze nach Herleshausen gebracht. Ein Beamter des Gesamtdeutschen Ministeriums – es war Ministerialrat Ludwig Rehlinger – überreichte ihm die Begnadigungsurkunde des Bundespräsidenten und eröffnete ihm, daß er im Fall einer Ausreise in die DDR jederzeit wieder in die Bundesrepublik einreisen und sich niederlassen könnte. Felfe entschied sich, in den Osten zu gehen und dort zu bleiben. Er lehrt heute als Professor für Kriminalistik an der Ostberliner Humboldt-Universität.

Unbekannt blieb jedoch, daß der Freilassung Felfes die bisher schwerste Krise in den humanitären Beziehungen zwischen beiden deutschen Staaten vorangegangen war. Wolfgang Vogel war zu einer seiner Routinebesprechungen mit dem Minister für gesamtdeutsche Fragen Herbert Wehner nach Bonn geflogen. In seinem Gepäck führte er zwei Listen bei sich. Die eine enthielt Namen von Mitarbeitern bundesdeutscher Geheimdienste, die in Gefängnissen Osteuropas festgehalten wurden, auf der anderen waren politische Häftlinge in DDR-Haftanstalten aufgeführt. Die Freilassung all dieser Menschen könne die Bundesregierung erwirken, wenn sie – so Vogel zu Herbert Wehner – bereit sei, im Gegenzug Heinz Felfe auszutauschen. »Und was ist, wenn wir damit nicht einverstanden sind?« fragte Herbert Wehner zurück. »Dann wird es keine Häftlingsaktion mehr geben.« Herbert Wehner sah den Mann an, den er seit Jahren kannte und schätzte, dem er vertraute. »Wenn ich Sie nicht so lange kennen würde, würde ich sagen, das ist Erpressung.« Vogel antwortete lakonisch: »Ja, das ist Erpressung. Ich habe aber keine andere Wahl.«

Herbert Wehner begriff, daß es seinem Gegenüber ernst war. Natürlich wußte er, daß Vogel auf Weisung handelte, und er war weit davon entfernt, Vogel für diese Dreistigkeit einen persönlichen Vorwurf zu machen. (Was Herbert Wehner möglicherweise nicht verstand oder verstehen konnte: Kein guter Anwalt wird der Gegenseite einen Vorschlag unterbreiten, der nicht wenigstens eine Verhandlungsgrundlage enthält. Wenn Vogel also mit einem »Alles oder nichts« pokerte, so war dies auch Ergebnis nüchternen Kalküls, daß Herbert Wehner im Interesse der politischen Häftlinge in der DDR auf das Geschäft eingehen würde. Vogel stellt sich gerne arglos. Doch ein guter Anwalt ist mehr als nur ein Bote erfreulicher und unerfreulicher Nachrichten. Zu seinen Aufgaben gehört es auch, sich mit den Auftraggebern zu beraten und ihnen von erfolglosen Schritten abzuraten. Man wird Vogel sicherlich nicht unrecht tun, wenn man annimmt, daß er sich mit dem auftraggebenden Generalstaatsanwalt eingehend über die Erfolgsaussichten seines Vorgehens unterhalten hatte.)

Schweren Herzens stimmte die Bundesregierung daraufhin einem Austausch Felfes zu – gegen den Protest von BND-Präsident Gerhard Wessel. Am 3. Januar 1969 unterbreitete Vogel bei einer Besprechung in Ost-Berlin den Vorschlag, daß von einer Häftlingsliste des BND, die 29 Namen enthielt, im Zuge der Entlassung Heinz Felfes insgesamt 20 Personen freikommen sollten, zusätzlich zwei Mittäter. Ein weiterer Häftling sollte sechs Wochen danach freigelassen werden. Am 8. Januar 1969 teilte Wolfgang Vogel seinem Pendant, Rechtsanwalt Jürgen Stange, mit, daß seine Seite auch bereit sei, drei in der Sowjetunion verhaftete Studenten Zug um Zug gegen Felfe in Herleshausen zu überstellen. Doch die Bundesregierung schraubte den Preis hoch. Sie machte zur Bedingung, daß die DDR vorleistete. Zuerst sollten die BND-Häftlinge übergeben werden, dann sollte der erste Transport der allgemeinen Häftlingsaktion, die von der DDR unterbrochen worden war, erfolgen, weiter sollte sichergestellt werden, daß die Familienzusammenführung wieder aufgenommen wurde, dann erst sollte Felfe freikommen – so beschlossen am 4. Februar 1969 und so geschehen.

Eine Anmerkung zum Schluß: Vogel hatte auch mitgeteilt, daß seine Seite damit einverstanden sei, den Fall nicht amtlich propagandistisch herauszustellen. Heinz Felfe fühlte sich an dieses Wort nicht gebunden. Siebzehn Jahre später, im Januar 1986, erschien – pikanterweise in Hamburg! – seine Autobiographie »Im Dienste des Gegners«. (Vogel hatte mehrfach Pech mit Mandanten, die er zum Schweigen verpflichtet hatte. Auch der Wirtschaftswissenschaftler Hermann von Berg hatte nach seiner Entlassung in den Westen nichts Eiligeres zu tun, als bereitwillig Interviews zu geben und selbst Zeitungsartikel zu schreiben.)

II

In diplomatischer Mission

Anerkannt

»Wenn man bescheiden daran mit-
wirken kann, Konflikte zu entschärfen oder gar Leid in Freude umzuset-
zen, so ist das etwas unsagbar Befrie-
digendes, vielleicht vergleichbar mit
dem Erfolgserlebnis des Chirurgen.«

Der Mai 1967 brachte einen grundlegenden Wandel in den deutsch-deutschen Beziehungen. Während in den 18 Jahren zuvor die Bundesregierung die Existenz des zweiten deutschen Staates negiert und das Gebilde zwischen Elbe und Oder einfach als »Phänomen« abgetan hatte, traf das Kabinett der großen Koalition unter Kurt Georg Kiesinger die weitreichende Entscheidung, zukünftig Schreiben der DDR-Regierung anzunehmen und zu beantworten. Die Bundesregierung zog damit die Konsequenz aus der fatalen Entwicklung, die die strikte Einhaltung der Hallstein-Doktrin mit sich gebracht hatte. Zwar war es gelungen, die DDR weitgehend diplomatisch zu isolieren, da die meisten Länder – vor die Wahl gestellt, entweder diplomatische Beziehungen zur Bundesrepublik oder zur DDR aufzunehmen – sich für die wirtschaftlich potentere und politisch gefälligere Bundesrepublik entschieden hatten. Doch hatte sich gezeigt, daß die sture Mißachtung der DDR ein untaugliches Mittel war, sie zu einem Kurswechsel Richtung Westen zu bewegen. Das Gegenteil war eingetreten – und im Grund war es auch naheliegend: Ohne Gesprächspartner im Westen war die DDR praktisch gezwungen, verstärkt nach Rückhalt bei den verbündeten Ländern des Warschauer Pakts zu suchen. Hinzu kam, daß die Politik des Ignorierens von der Bevölkerung im Bundesgebiet und in Berlin nicht mehr so rückhaltlos unterstützt wurde wie noch zehn Jahre zuvor. Keine Deutschlandpolitik zu betreiben, das bedeutete auch den Verzicht auf offizielle humanitäre Vereinbarungen zum Wohle der Menschen hüben und drüben. Es gab keine Vereinbarungen über wirtschaftliche Kooperation, über Zahlungs-

und Reiseverkehr, über Transport und Handel, über Kulturaustausch. Der Zeitablauf brachte es mit sich, daß der Fundus an Gemeinsamkeiten zwischen West- und Ostdeutschen immer kleiner wurde: Zu deutlich hatte das neue Gesellschaftssystem in der DDR dem Alltag im anderen Deutschland ein fremdes Gepräge gegeben. Menschen traten drüben ins Berufsleben, die im sozialistischen Deutschland geboren, aufgewachsen, zur Schule gegangen, erzogen worden waren – junge Männer und Frauen, die Westdeutschland nie mit eigenen Augen kennengelernt hatten. Für viele andere, die ihre Verwandten im Westen noch kannten, gab es kaum Möglichkeiten, den Kontakt aufrechtzuerhalten. Nicht selten kamen Briefe nicht an oder waren geöffnet worden – und trafen dann mit geschwärzten Textzeilen ein. Wie das Leben im Westen aussah, wußten die allermeisten nur über das Westfernsehen (obwohl dessen Empfang seinerzeit verboten war) – mit Ausnahme der Menschen im Umkreis von Dresden, wo ARD und ZDF nicht zu empfangen sind. In der DDR hieß und heißt diese Region daher ironisch »Tal der Ahnungslosen«.

Deutsche in Ost und West drohten sich fremd zu werden. Es war Zeit für eine neue Politik, die wenigstens der faktischen Existenz der DDR Rechnung trug. So paradox es klang: Wollte Bonn dem Verfassungsauftrag gerecht werden, die Einheit und Freiheit Deutschlands in freier Selbstbestimmung zu vollenden, mußte zunächst die Tatsache der Teilung akzeptiert werden. Denn wie sonst, wenn nicht über Vereinbarungen mit der Regierung des anderen Deutschland, sollten Regelungen geschaffen werden, die eine Vertiefung des menschlichen Kontakts zwischen Deutschen hüben und drüben und eine Verbesserung der Lebensverhältnisse in der DDR mit sich brachten?

Die »Vertragspolitik« war und ist umstritten. Noch heute werfen Unionspolitiker der damaligen sozialliberalen Regierung vor, sie habe die Verträge seinerzeit nicht sorgfältig genug ausgehandelt. Äußerst mißtrauisch beobachten konservative Politiker, daß die Preisgabe der Hallstein-Doktrin eine deutliche Verbesserung der internationalen Reputation der DDR mit sich gebracht hat. Im sicheren Bewußtsein, daß die Pflege guter Beziehungen auch zum sozialistischen Deutschland das Bündnis mit dem Allianz-Partner Bundesrepublik nicht nachhaltig gefährden würde, haben Paris,

London, Washington und Rom nach und nach ihre Zurückhaltung gegenüber der DDR aufgegeben und die Aufnahme diplomatischer Beziehungen vereinbart.

Trotz massiver Angriffe aus Kreisen der CDU/CSU setzte die sozialliberale Koalition die Verhandlungen über zwischenstaatliche Vereinbarungen mit der DDR fort. Begünstigt wurden diese Gespräche durch eine grundlegende Entkrampfung des politischen Klimas zwischen West und Ost: Die »Entspannungspolitik« hatte begonnen. Insbesondere war die Sowjetunion bereit, an einem Vier-Mächte-Abkommen mitzuwirken, das eine Festschreibung des Status von Berlin und eine Bestätigung der besonderen Beziehung zwischen der Bundesrepublik und West-Berlin zum Ziel hatte. Am 3. September 1971 konnten die Verhandlungen zwischen den Vertretern von USA, Großbritannien, Frankreich und der Sowjetunion abgeschlossen werden. Auf der Grundlage dieses Berlin-Abkommens wurden zusätzliche Vereinbarungen zwischen der Bundesregierung, der Regierung der DDR und dem Berliner Senat getroffen, die das Abkommen mit Leben füllen sollten. Es ging um den Transitverkehr zwischen Berlin und der Bundesrepublik, um den Gebietsaustausch von Enklaven im Berliner Raum, die Verbesserung des Postverkehrs zwischen West- und Ost-Berlin und in der DDR sowie den Reise- und Besucherverkehr von Westberlinern, die nach Ost-Berlin und in die DDR wollten.

Höhepunkt der Vertragspolitik war zweifellos der Abschluß des Grundlagenvertrages zwischen der Bundesrepublik und der DDR, der am 21. Dezember 1972 in Ost-Berlin unterzeichnet wurde. In ihm wurden gutnachbarliche Beziehungen, ausgehend von der souveränen Gleichheit aller Staaten, ihrer territorialen Integrität und der Unverletzlichkeit ihrer Grenzen, vereinbart. Auch die Einrichtung Ständiger Vertretungen (anstelle von Botschaften) in Bonn und Ost-Berlin wurde beschlossen. Zukünftig sollten – so der Grundlagenvertrag – weitere Abkommen auf den Gebieten Wissenschaft, Technik, Verkehr, Rechtsverkehr, Post, Gesundheitswesen, kulturelle Zusammenarbeit, Sport, Umweltschutz, Austausch von Büchern, Zeitschriften und Produktionen von Funk und Fernsehen sowie über den nichtkommerziellen Zahlungs- und Verrechnungsverkehr abgeschlossen werden. Die meisten dieser Verträge, zuletzt das lange umstrittene Kulturabkommen, sind zwischenzeitlich zu-

stande gekommen. Die Bundesregierung und die Staats- und Parteiführung der DDR fanden eine Formel, die ihrer Ansicht nach ein
Arrangement ohne Gesichtsverlust möglich machte: »Agree to disagree.« Dies war das offene Eingeständnis, in einigen grundlegenden Fragen nicht zu einer Übereinkunft kommen zu können, so
z. B. in den Fragen von Nation und Staatsangehörigkeit. Aber beide
Seiten hatten ungeachtet der unüberwindlichen Gegensätze ein lebhaftes Interesse an vertraglichen Abklärungen. Es dürften nahezu
einhundert zwischenstaatliche Vereinbarungen sein, die in den vergangenen fünfzehn Jahren zwischen der Bundesregierung und der
DDR geschlossen wurden. Trotz des »Agree to disagree« verliefen
manche Vertragsverhandlungen äußerst zäh; und zumeist war die
Frage der Einbeziehung Berlins das kritische Problem. Doch Ausdauer und beiderseitiger Erfolgswille machten sich im Regelfall bezahlt.

Mögen Wortlaut und Geist mancher Abkommen auch verschiedentlich auf Kritik gestoßen sein, so brachte die »Vertragspolitik«
doch unbestrittene Erleichterungen für die Menschen im geteilten
Deutschland mit sich. Es ist nicht zum gefürchteten Zusammen-
bruch der sozialen Kontakte von Verwandten und Freunden diesseits
und jenseits der innerdeutschen Grenze gekommen. Der Postver-
kehr läuft reibungsloser als noch vor fünfzehn Jahren, Zensurmaß-
nahmen sind die Ausnahme. Wurden 1970 noch 700 000 Telefon-
gespräche aus der Bundesrepublik und West-Berlin in die DDR
geführt, waren es 1985 bereits 26 400 000 Gespräche. Ein Drittel aller
Einwohner der Bundesrepublik hat die DDR und Ost-Berlin bereits besucht. Auffallend ist das Interesse an Reisen in die DDR
bei Schulgruppen und alleinreisenden jungen Leuten. Auch umgekehrt hat es Erleichterungen für Westreisende gegeben. Die vor
kurzer Zeit geltenden Beschränkungen für ausgewählte Personen-
kreise wie Rentner, Funktionäre, Sportler, Künstler und Angehörige von Westdeutschen in dringenden Familienangelegenheiten sind
offensichtlich etwas gelockert worden. (Sicher ist die Vermutung
nicht verkehrt, daß Wolfgang Vogel auch an den hier zugrunde lie-
genden Entscheidungsprozessen beratend mitgewirkt hat.) Hinzu
kommt, daß der Informationsstand der DDR-Bürger über das Leben in der Bundesrepublik, über Spitzenpolitiker, Künstler und
Sportler außerordentlich hoch ist – westliche Fernsehprogramme

sind nicht mehr tabu; ARD und ZDF werden sogar in DDR-Kabel-
netze, z. B. in Eisenhüttenstadt, eingespeist.

Für Wolfgang Vogel und seine Aufgaben bedeutete die Aufnahme
offizieller Kontakte zwischen Bonn und Ost-Berlin eine deutliche
Verbesserung der Arbeitsmöglichkeiten. Er, der vorher ohne Netz
und doppelten Boden gearbeitet hatte, dessen Existenz und Wirken
keinen offiziellen Charakter hatte, sondern nur durch beidseitiges
Vertrauen möglich war, konnte fortan mit offizieller (und von der
Bundesregierung anerkannter) Vollmacht auftreten. Dieses Dokument, unterzeichnet vom Generalstaatsanwalt der DDR, ist noch
heute im Bonner Kanzleramt verwahrt:

»Vollmacht für Herrn Rechtsanwalt Wolfgang Vogel, 1136 Berlin,
Reiler Straße 4.

Die Regierung der Deutschen Demokratischen Republik bestellt
Sie mit sofortiger Wirkung bis auf schriftlichen Widerruf als ständigen Rechtsberater und in besonderen Fällen als Rechtsvertreter.
    Diese Bestellung erstreckt sich insbesondere auf die Wahrneh-
mung der Interessen der Deutschen Demokratischen Republik gegenüber der Bundesrepublik Deutschland, der besonderen politischen Einheit West-Berlin und gegenüber anderen Staaten.

Berlin, den 1. August 1969   Dr. Streit«

Im Grunde war diese Vollmacht nicht mehr als eine offizielle Bestätigung dessen, was in Bonn und in Ost-Berlin allgemein akzeptiert
war: daß die DDR Vereinbarungen, die Wolfgang Vogel für sie
schloß, für und gegen sich gelten lassen wollte. (Wolfgang Vogel
legte diese Vollmacht zweimal vor bundesdeutschen Gerichten vor:
1980 im Verfahren gegen die Gesellschaft für Menschenrechte (vgl.
Seite 187 ff.) und 1984, als er sich in einem Rechtsstreit mit einem
Mitarbeiter der »Neuen Zürcher Zeitung« befand. Dieser hatte behauptet, Vogel habe die Unwahrheit gesagt, als er mitteilte, daß der
Westen für die Freilassung der sechs Besetzer der US-Botschaft in
Ost-Berlin Gegenleistungen erbracht habe.)
    Tatsächlich brachten beide Seiten dem Anwalt aus Ost-Berlin

längst uneingeschränktes Vertrauen entgegen: Mit Wohlgefallen hatte der DDR-Generalstaatsanwalt vermerkt, daß auch die andere Seite sich regelmäßig vertragstreu verhielt, »Kundschafter«, deren Austausch vereinbart wurde, tatsächlich entließ und pünktlich und regelmäßig jene Millionenbeträge für Häftlingsfreikauf und Familienzusammenführung dem Sonderkonto des Diakonischen Werks in Stuttgart gutschreiben ließ, mit denen die DDR über den Interzonenhandel hinaus lebenswichtige Güter im Westen »einkaufen« konnte.

Im übrigen hat Wolfgang Vogel – so erstaunlich es klingen mag – an jenem allgemeinen Mandat seiner Regierung, das er für die Aushandlung der Listen im Zusammenhang mit Häftlingsaktion und Familienzusammenführung seit nunmehr über 20 Jahren hält, bis heute nicht einen Pfennig verdient. Anders als sein Pendant Jürgen Stange, der für seine Tätigkeit im Auftrag der Bundesregierung eine durchaus stattliche Pauschale erhielt, hat Vogel seine Aufgabe, die ihm einen wichtigen Platz in der deutschen Nachkriegsgeschichte zuweist, ohne materielle Gegenleistung seines staatlichen Auftraggebers wahrgenommen. Vogel hat über diese Tatsache aus gutem Grund bislang geschwiegen: Auch eine Person, die (ungewollt) im öffentlichen Interesse steht, ist nicht verpflichtet, über ihre Einkünfte bzw. Nichteinkünfte Rechenschaft abzulegen. Um so härter mag es ihn aber treffen, wenn Kreise, die ihm kritisch gegenüberstehen, ihn als »Menschenhändler« diffamieren, der »am Schicksal politischer Häftlinge verdient«. (Aus diesem Grund hat Wolfgang Vogel immer Wert darauf gelegt, daß er bei Geldübergaben in Begleitung eines Zeugen war – um dem Vorurteil vorzubeugen, er habe sich nach Art eines Erfolgshonorars an den Erlösen selbst bedienen können.)

Dennoch besteht keine Veranlassung, sich um das wirtschaftliche Wohl Vogels Sorgen zu machen. Das internationale Renommée, das er sich durch seine Tätigkeit erworben hat, zahlt sich aus: Für jeden, der in Rechtsfragen mit der DDR zu tun hat, ist Vogels Kanzlei im Ostberliner Stadtteil Friedrichsfelde erste Adresse, und da rechnet Vogel – wie jeder Anwalt westlich oder östlich der Elbe – nach Gebührenordnung oder Honorarvereinbarung ab. Vogel läßt sich seinen guten Namen durchaus etwas kosten; schließlich ist er nach eigenem Bekunden »kein Samariter und will nicht heiliggesprochen werden«. (Ich habe bei verschiedenen beruflichen und privaten Besuchen durchaus nicht den Eindruck gehabt, daß Vogel Not leidet. Das ist aber bei den meisten Anwälten so – auch in der DDR.)

Im übrigen verlief das Jahr 1969 für den Ostberliner Rechtsanwalt durchaus erfreulich. In diesem Jahr erhielt er die Ehrendoktorwürde der Akademie für Staats- und Rechtswissenschaften der DDR in Babelsberg. Anläßlich der Verleihung hielt er eine bemerkenswerte Rede: »Gedanken zu einigen Fragen der Strafverteidigung der Deutschen Demokratischen Republik«. Vogel plädiert seit langem für mehr Rechtsstaatlichkeit und Transparenz in Strafrecht, Strafprozeß und Strafvollzug der DDR. Es ist sicher mehr als nur hohle Spekulation, daß die überraschende Strafrechtsreform, die in diesem Sommer verkündet wurde (Abschaffung der Todesstrafe, Berufungsmöglichkeit gegen Urteile des Obersten Gerichts), nicht zuletzt auf den Einfluß des zwischenzeitlich zum Professor für Strafprozeßrecht an der Akademie für Wissenschaften in Babelsberg avancierten Vogel zurückzuführen ist.

1969 brachte auch den Wechsel in der Führung des Gesamtdeutschen Ministeriums. Herbert Wehner, persönlicher Verhandlungspartner, Vorbild und Freund Wolfgang Vogels, wechselte in die Fraktionsspitze der SPD, Egon Franke nahm den Ministersessel ein. Franke, ein gradliniger, verläßlicher Mann, war nicht von demselben missionarischen Eifer erfüllt wie sein Vorgänger. Andererseits neigte er auch nicht zu Experimenten in der Deutschlandpolitik, die den erreichten Stand der humanitären Beziehungen aufs Spiel setzten. Er war kein Neuerer, aber Garant für eine Kontinuität in den deutsch-deutschen Beziehungen. Die Unterhandlungen über die Freikauflisten führten seitdem Wolfgang Vogel und Frankes Ministerialdirektor Edgar Hirt – getreu der seinerzeit getroffenen Vereinbarung, auf beiden Seiten Stillschweigen zu bewahren. Seit der Wende 1982 ist Staatssekretär Ludwig Rehlinger der Verhandlungspartner Vogels auf westlicher Seite.

Hohe Politik

»Ob ich ein persönliches Vertrauensverhältnis zum DDR-Staatsratsvor-
sitzenden habe? Da müssen Sie ihn
selbst fragen. Aber ich denke schon,
daß ich ihn bisher nicht enttäuscht
habe.«

In der Führungsspitze der Sozialistischen Einheitspartei Deutschlands fand 1971 ein Revirement statt, das weitreichende Folgen
auch für Wolfgang Vogel haben sollte. Walter Ulbricht, der das Bild
der DDR in der Öffentlichkeit ähnlich geprägt hat wie Konrad
Adenauer das der Bundesrepublik in den ersten Nachkriegsjahr-
zehnten, wurde als Generalsekretär abgelöst vom Mitglied des Po-
litbüros Erich Honecker. Der gebürtige Saarländer, gelernter Zim-
mermann, war vorher Sekretär des Nationalen Verteidigungsrates
der DDR. Seine Frau, Dr. h. c. Margot Honecker, steht seit mehr
als zwei Jahrzehnten dem DDR-Ministerium für Volksbildung vor.
Honeckers Position als Generalsekretär der SED ist heute, nach
16jähriger Amtszeit, unbestrittener als je zuvor. Der äußerlich eher
unscheinbar wirkende Honecker, dem die 75 Lebensjahre kaum anzusehen sind, ist seit 1976 auch Vorsitzender des Staatsrates der
DDR. Obwohl Interna aus der DDR-Führung nur selten bekannt
werden, darf als sicher gelten, daß Honecker über eine große und
verläßliche Hausmacht verfügt. Dies zeugt gleichermaßen von der
Fähigkeit zum richtigen Umgang mit dem politischen Weggefähr-
ten wie auch von sicherem Machtinstinkt. Es wäre verkehrt, den
Politiker und Staatsmann Honecker zu unterschätzen. Sein Name
steht für Kontinuität und das Bemühen um vorsichtige Entkrampfung.

Honecker und Vogel »können« miteinander. Es ist bekannt, daß
Honecker den Rechtsanwalt in Fragen der humanitären Beziehungen und der Deutschlandpolitik allgemein gerne konsultiert. Vogel
hat jederzeit Zugang zum Staats- und Parteivorsitzenden – ein selte-

nes Privileg. Im Verlauf ihrer mehrjährigen Bekanntschaft ist zwischen den beiden Männern ein Vertrauensverhältnis entstanden, das sich auch als außerordentlich hilfreich für die Bewahrung des Erreichten in den deutsch-deutschen Krisen der vergangenen anderthalb Jahrzehnte erwies. Immer wenn es einmal »brannte« zwischen Bonn und Ost-Berlin, konnte Vogel schnell zu einer Beilegung der Krisen beitragen. Dabei traf es sich gut, daß Vogel zu zwei Bundespolitikern in herausragender Position gute persönliche Kontakte unterhielt: Herbert Wehner und Helmut Schmidt – zum einen herzlich und voller Vertrauen, zum anderen mit menschlicher und sachlicher Hochachtung.

Einiges Aufsehen erregte ein ungewöhnliches Foto im SED-Zentralorgan »Neues Deutschland« vom 1. Januar 1973. Es zeigte den SED-Generalsekretär Erich Honecker auf der Veranda seines Landhauses in Wandlitz gemeinsam mit den Vorsitzenden der SPD- und der F.D.P.-Bundestagsfraktion, Herbert Wehner und Wolfgang Mischnick. Auf dem Foto waren drei entspannt wirkende Männer zu sehen, gruppiert um einen Gartentisch mit Kaffee und Kuchen. Herbert Wehner zündet sich gerade die unvermeidliche Pfeife an.

Im Berichtstext war davon die Rede, daß beide Seiten ihre Genugtuung über die Fortschritte zum Ausdruck gebracht hätten, die während der letzten Zeit in Richtung auf Entspannung und Sicherheit in Europa erzielt werden konnten. Wörtlich hieß es: »Erich Honecker unterstrich die Erwartung, daß der Grundlagenvertrag baldigst in Kraft gesetzt werden kann. Seine strikte Einhaltung und volle Anwendung wird es ermöglichen, günstige Bedingungen für die Zusammenarbeit zwischen der DDR und der BRD zu schaffen, was dem Wohl der Menschen in beiden deutschen Staaten dient. Im Zuge der Normalisierung der Beziehungen zwischen der DDR und der BRD werden praktische und humanitäre Fragen gelöst, wie es im Grundlagenvertrag vorgesehen ist.« Kein Wort fand sich darüber, daß die drei Männer bei ihrem Kaffeeplausch am Vortag eine neue, ernste Krise in den humanitären Beziehungen zwischen der Bundesrepublik und der DDR aus der Welt geschafft hatten.

Im Oktober 1972 hatte die DDR vier Millionen ehemalige Mitbürger amnestiert, die bis zum 1. Januar 1972 geflüchtet waren. Ausführlich berichteten die bundesdeutschen Medien darüber – sehr zur Verärgerung der DDR. Hinzu kam, daß die bundesdeutsche Seite im Zuge der »Vertragspolitik« versuchte, von den materiellen Gegenleistungen für die Entlassung politischer Häftlinge wegzukommen. Die DDR stoppte daraufhin die ganze Aktion: Ein halbes Jahr lang saßen Ausreisewillige, die bereits eine Zusage erhalten hatten, auf ihren gepackten Koffern.

Diese »Kofferfälle« bereiteten Herbert Wehner große Sorgen. Wehner drängte auf schnelle Lösung des Problems. Doch wer sollte die Dinge wieder richten?

Noch immer war die Berührungsangst nicht überwunden, die die Bundesregierung hinderte, offizielle Vertreter zu Verhandlungen in die DDR zu schicken. Da schien es unverbindlicher, die Fraktionsvorsitzenden der Regierungsparteien zu entsenden.

Herbert Wehner, immer ein Mann des direkten Weges, suchte den unmittelbaren Kontakt zu Erich Honecker. Im Gespräch von Mann zu Mann, so hoffte Wehner, würde die Angelegenheit zu bereinigen sein. Ganz offiziell – im Auftrag der Bundesregierung – bat Herbert Wehner seinen Intimus Wolfgang Vogel, sich beim Generalsekretär der SED für ein Gespräch unter sechs Augen einzusetzen.

Honecker stimmte zu. Doch auch er war daran interessiert, dem Treffen einen weniger offiziellen Charakter zu geben – kein öffentlicher Erwartungsdruck sollte das Gespräch belasten. So traf man sich auf Honeckers Datscha bei Kaffee und Kuchen.

»Das Gespräch fand in einer sachlichen und aufgeschlossenen Atmosphäre statt«, hieß es zusammenfassend im »Neuen Deutschland« am folgenden Tag. Was das Blatt verschwieg: Noch am selben Tag hob die DDR ihren halbjährigen Ausreisestopp auf. Bereits am 1. Juni 1973, einen Tag später, passierten die ersten Übersiedler die innerdeutsche Grenze. Herbert Wehner hatte sein Ziel erreicht, den Leuten zu helfen, die auf ihren Koffern saßen: »Dies wollte ich wegkriegen, und das habe ich weggekriegt.« Daß Wolfgang Vogel dieses Treffen vorbereitet und vermittelt hatte, wurde bis heute nicht bekannt. Seine guten persönlichen Kontakte zu Herbert Wehner, zu Josef Streit und zu Erich Honecker haben ihm dabei geholfen. – Die wahre Bedeutung des Treffens Honeckers mit Wehner im Mai 1973 ist nie in vollem Umfang publik geworden. Auf wenige Vermittlungen ist Wolfgang Vogel jedoch so stolz wie auf diese. Tatsächlich war es vorher zu einer solchen Verhärtung der Positionen auf beiden Seiten gekommen, daß ein völliger Abbruch der humanitären Beziehungen drohte. Vogel erkannte geschickt, daß es für ein Treffen zwischen Wehner und Honecker, bei dem die Dinge ins Lot gebracht werden konnten, einen wichtigen Anknüpfungspunkt zwischen beiden Männern gab: den gegenseitigen Respekt vor der Leistung des anderen im »antifaschistischen Widerstandskampf«. Als der Gesprächsfaden einmal geknüpft war, war das Weitere nur mehr eine Sache der Technik – doch auch die mußte beherrscht werden.

Erich Honecker bediente sich in der Folgezeit häufiger der vermittelnden Fähigkeiten Wolfgang Vogels. Umgekehrt begriff auch der neue Bundeskanzler Helmut Schmidt schnell, daß angesichts der delikaten Beziehungen zwischen der Bundesrepublik und der DDR ein stiller Mittler unter Umständen nützlicher war als ein allzu vertrautes Verhältnis zum ersten Mann im anderen Deutschland. Häufig, doch meist von der Öffentlichkeit unbemerkt, trafen Schmidt und Vogel zusammen. Geschickt dementierte das Kanzleramt jeden persönlichen Kontakt zwischen Schmidt und Vogel – solange Schmidt Kanzler war, erfuhr die Öffentlichkeit nichts. Natürlich entging es den aufmerksamen Beobachtern der Regierungsszene nicht, daß der Kanzler in seinem Wochenenddomizil am Brahmsee gelegentlich geheimnisvollen Besuch aus Ost-Berlin erhielt. Wolfgang Vogel selbst, dem es – wie jedem guten Anwalt – ein deutliches Vergnügen bereitet, wenn sein Gegenpart sich selbst ein Bein stellt, bestätigte diese diskreten Treffen einmal indirekt. Als er gefragt wurde: »Herr Vogel, waren Sie als Abgesandter Honeckers am Wochenende bei Kanzler Schmidt am Brahmsee?«, antwortete er: »Nein, das war ich nicht.« Auf die Nachfrage: »Heißt das, Sie sahen den Kanzler nicht am Wochenende?«, antwortete Vogel: »Nein, aber Ihre Fragestellung vorhin lautete anders.«

Um was es bei diesen Treffen ging, blieb jedoch immer geheim – ob nun die Unterzeichnung der KSZE-Schlußakte in Helsinki anstand, die Freilassung des Kanzlerspions Günther Guilleaume oder die Übersiedlung der Regimekritiker Nico Hübner und Rudolf Bahro. Nicht geheimhalten ließ sich jedoch, daß Wolfgang Vogel entscheidend dazu beigetragen hat, daß Helmut Schmidt

1981 seinen ersten und einzigen Besuch als Kanzler in der DDR tatsächlich antrat.

Freitag, den 11. Dezember 1981, 19.00 Uhr, im Gästehaus des Staatsrates »Haus am Döllnsee«: Der Generalsekretär des Zentralkomitees der SED und Vorsitzende des Staatsrats der DDR, Erich Honecker, und Bundeskanzler Helmut Schmidt treffen sich zu einem gemeinsamen Abendessen. Vier Stunden erst ist es her, daß Helmut Schmidt mit seiner Delegation in einer Boeing 707 der Luftwaffe in Berlin-Schönefeld gelandet ist. Das gemeinsame Abendessen soll zur Entkrampfung des Besuchsklimas beitragen. Die Mitglieder der zehnköpfigen Delegation Helmut Schmidts sind gespannt: »Kann« der kühle Hamburger mit dem etwas spröden ersten Mann der DDR? Erst zweimal sind sich Schmidt und Honecker begegnet: zur Unterzeichnung der KSZE-Schlußakte in Helsinki und anläßlich der Beisetzung des jugoslawischen Staatschefs Josip Broz Tito im Vorjahr. Am Samstagmorgen verkündet der Kanzler: »Wir haben uns ganz gut aufeinander eingestellt.« Aus seinem Mund kommt dies schon fast einer Liebeserklärung gleich.

Ungewöhnlich wie die Gesamtumstände der fünfzigstündigen Schmidt-Visite im anderen Deutschland ist auch die Teilnehmerliste jenes denkwürdigen Abendessens am 11. Dezember 1981. Nur zwei Männern ist es gestattet, Zeugen des Gesprächs Schmidt–Honecker zu werden: Schmidts Staatsminister im Kanzleramt, Günter Huonker, und – welch ein Verstoß gegen diplomatische Usancen – dem Privatmann Dr. Wolfgang Vogel. Deutlicher können Kanzler und Generalsekretär ihren persönlichen Respekt vor dem Mann nicht ausdrücken, der zu schwieriger Zeit den deutsch-deutschen Gipfel möglich gemacht hat.

Helmut Schmidt, der im Ruf von Entschlossenheit und Tatkraft stand und sich weltweit einen Namen als Außen- und (Welt-)Wirtschaftspolitiker gemacht hatte, zeigte auf dem Gebiet der Deutschland-Politik äußerste Zurückhaltung. Natürlich hielt er Fühlung mit Honecker (wobei ihm sicher der geheimnisvolle Besucher am Brahmsee durchaus hilfreich war), nur eben – es fehlte die sichtbare Geste. Die Öffentlichkeit forderte von Schmidt einen Besuch in der DDR. Nach der Bundestagswahl im Herbst 1980 sollte der Besuch in Angriff genommen werden.

Weltpolitisches Großklima und deutsch-deutsche Wetterlage waren jedoch alles andere als günstig. Im Dezember 1979 hatten sowjetische Truppen Afghanistan besetzt. Polen meldete Unruhen; die unabhängige Gewerkschaftsbewegung »Solidarnoćź« demonstrierte lautstark für Demokratie. Der Westen befürchtete eine Intervention der UdSSR nach dem Vorbild von Prag 1968. Darüber hinaus hatte Erich Honecker kurz nach der Bestätigung der sozialliberalen Koalition bei der Bundestagswahl im Oktober 1980 bei einer Rede in Gera jene vier Forderungen aufgestellt, die für die Zukunft die offiziellen Beziehungen zwischen Bonn und Ost-Berlin belasten sollten: Anerkennung der DDR-Staatsbürgerschaft, Umwandlung der Ständigen Vertretungen in Botschaften, Festlegung der Elbgrenze in der Flußmitte und Auflösung der Zentralstelle zur Erfassung von DDR-Unrechtstaten in Salzgitter. Wie um Honeckers Forderungen Nachdruck zu verleihen, erhöhte die DDR am 13. Oktober 1980 den Mindestumtausch für DDR-Besucher auf 25 DM je Person und Tag. All dies hat die Begeisterung Helmut Schmidts für einen Besuch im anderen Deutschland nicht gerade verstärkt. Die Unterhändler beider Seiten konnten sich denn auch nicht auf ein Besuchsprogramm einigen, das den Beifall Schmidts und Honeckers fand. Zu eifrig bestanden die wenig flexiblen Verhandlungspartner aus der DDR auf einer Aufnahme Ost-Berlins in dieses Programm. Einer solchen Aufwertung Ost-Berlins konnte die Bundesregierung jedoch in keinem Fall zustimmen. (Juristisch unterliegt Ost-Berlin noch heute dem Vier-Mächte-Status der Gesamtstadt. Es ist Teil der politischen Einheit Berlin und kann nach westlicher Auffassung daher nicht Hauptstadt der DDR sein.)

Helmut Schmidt unternahm einen letzten Versuch. Er übergab Wolfgang Vogel einen Brief an Erich Honecker. Sein Inhalt ist nicht bekannt. Bekannt ist nur, daß Honecker Vogel mit der Ausarbeitung des Gesamtprogramms beauftragte. Helmut Schmidt und Wolfgang Vogel verhandelten fortan im persönlichen Gespräch weiter. Das eigentlich Faszinierende des DDR-Besuchs von Helmut Schmidt im Dezember 1981 ist, daß er zustande kam, obwohl in keiner einzigen Sachfrage im Vorfeld Übereinstimmung erzielt werden konnte. Die einzige Gemeinsamkeit war die Überzeugung gewesen, daß der Gesprächsfaden zwischen den beiden deutschen Staaten gerade in krisenhafter Zeit nicht abreißen durfte.

Der Rest ist Geschichte. Berlin blieb beim Besuchsprogramm ausgespart. Vom Flughafen Schönefeld fuhren Schmidt und Honecker gemeinsam in Honeckers Regierungs-Citroën über den Autobahnring um Berlin herum in die Schorfheide. Für zwei Nächte nahm Schmidt Quartier im Schloß Hubertusstock am Werbellinsee. Für Schmidt war der Besuch in der Mark Brandenburg eine Reise in die eigene Vergangenheit: In Bernau, der nahen Kreisstadt, hatte der Flak-Leutnant Helmut Schmidt vor 40 Jahren seine Ehefrau Loki kennengelernt. In dieser Gegend war sein jung verstorbener Sohn zur letzten Ruhe gebettet worden. Die Landschaft hatte sich – wie Schmidt feststellte – nur wenig verändert: »Sandige Hügel, stille Gewässer, lichte Forste.« Die äußeren Voraussetzungen für Schmidts Wohlbefinden waren gegeben. (Daß Hubertusstock nur wenig den herkömmlichen Vorstellungen von einem Schloß entsprach, enttäuschte den sparsamen Hanseaten Schmidt weniger. Das Herrenhäuschen war sozialistisch-zweckmäßig kaputtrestauriert worden. Auf barocke Pracht legte Schmidt jedoch ohnehin keinen Wert.)

Das Besuchsprogramm war intelligent konzipiert. Nach dem Kennenlernen und »Auftauen« der beiden Delegationsführer folgten am Samstag die Fachgespräche der begleitenden Experten im Gästehaus am Döllnsee. Den Abschluß bildeten am Sonntag eine gemeinsame Pressekonferenz und ein Besuch in der mecklenburgischen Stadt Güstrow, wo der Kanzler das Ernst-Barlach-Haus und die Domkirche besichtigte. Ein kurzer Rundgang über den Güstrower Marktplatz, auch er bis ins Detail geplant, geriet freilich zur Farce. Um eine Wiederholung der Erfurter Vorfälle von 1970 zu verhindern, hatte die SED ganze Busse mit linientreuen Genossen nach Güstrow einfahren lassen. Während Willy Brandt 1970 bei seinem Erfurt-Besuch laute »Willy, Willy«-Rufe entgegengeschallt waren, hieß es in Güstrow: »Hoch lebe Erich Honecker!« Immerhin waren auch hier einige »Helmut«-Rufe hörbar.

Das Verhältnis von Helmut Schmidt und Erich Honecker wurde durch den abschließenden Mißklang nicht getrübt. Fünfzehn Stunden waren die beiden Männer in den vergangenen zwei Tagen zusammen gewesen. Helmut Schmidt sah sich nachträglich veranlaßt, vor der bundesdeutschen Presse eine Ehrenerklärung für Erich Honecker abzugeben. Während des Besuchs war in Polen das Kriegsrecht ausgerufen worden, und der bayerische Ministerpräsident Franz Josef Strauß vermutete zwischen diesem Ereignis und der Inszenierung des Schmidt-Besuchs einen Zusammenhang. Er – so erwiderte Schmidt – glaube der Darstellung Honeckers, daß dieser von der Entwicklung in Polen nichts gewußt habe. Wie gut es zwischen den beiden Männern geklappt hatte, beweist ein Versprecher Schmidts, der den verdutzten Honecker öffentlich mit »mein verehrter Freund« angeredet hatte.

Niemand wird sich über diese Äußerung mehr gefreut haben als Wolfgang Vogel. Für den harmoniebedürftigen, immer auf Ausgleich bedachten Anwalt bedeutete das gute persönliche Einvernehmen zwischen Schmidt und Honecker eine Gewähr für den Fortbestand der humanitären Vereinbarungen zwischen beiden deutschen Staaten.

Außerdem mußte ihm der Ausgang des »Gipfels«, der nicht zuletzt sein Werk war, persönliche Befriedigung vermitteln. Es war ihm gelungen, den unwilligen Kanzler trotz kritischer Weltlage und angespannter bilateraler Beziehungen von der Nützlichkeit eines DDR-Besuchs zu überzeugen. Auch gegenüber seinen Auftraggebern hatte Vogel die Bedingungen des Treffens durchsetzen müssen: die Ausklammerung Ost-Berlins und die Teilnahme Egon Frankes, der dem in der DDR offiziell ignorierten Innerdeutschen Ministerium vorstand. Nicht zuletzt galt es beiden Seiten klarzumachen, daß ein Treffen auch ohne konkrete Ergebnisse sinnvoll war.

Wolfgang Vogel hatte ein Meisterstück in hoher Diplomatie geliefert. Er hat nie darüber gesprochen. Für die beiden deutschen Staaten war das Treffen am Werbellinsee Ausgangspunkt jener in der Zwischenzeit vielbeschworenen »Koalition der Vernunft«, die heute und in Zukunft Ansätze für die Zusammenarbeit der beiden deutschen Staaten auch in Sicherheitsfragen bietet. Auch ohne konkrete Ergebnisse wird dieses Gipfeltreffen in der Geschichtsschreibung einen Wendepunkt in den innerdeutschen Beziehungen markieren: hin zu mehr Vertrauen, Offenheit und Bereitschaft zur Zusammenarbeit.

Diese Bereitschaft war wenige Jahre später gefordert – als Hunderte von DDR-Bürgern versuchten, durch Botschaftsbesetzungen ihre Ausreise zu erzwingen.

Der Sturm auf die Botschaften

> »Es darf niemandem der Versuch ge-
> stattet werden, die Beziehungen der
> beiden Staaten in einen Teufelskreis
> abzudrängen.«

E s sage niemand, an warnenden Stimmen habe es gefehlt. Bereits als im Mai 1974 die Ständige Vertretung der Bundesrepublik in der Hannoverschen Straße in Ost-Berlin eröffnet wurde, mußte ihr erster Leiter, Staatssekretär Günter Gaus, Rede und Antwort stehen: Was werden Sie tun, wenn sich ein DDR-Bürger in das Gebäude flüchtet, die Ausstellung eines Bundespasses verlangt und sich weigert, die Vertretung wieder zu verlassen? – Günter Gaus verweigerte die Antwort.

Die Situation ist tatsächlich fatal. Da es nach bundesdeutscher Auffassung nur eine Staatsbürgerschaft gibt, hat auch jeder DDR-Bürger Anspruch auf Schutz durch die diplomatische Vertretung der Bundesrepublik – sei es in der DDR oder im Ausland. Weigerten sich nun die Ständige Vertretung in Ost-Berlin und andere betroffene Botschaften, den Antragstellern aus der DDR Bundespässe auszustellen, bedeutete dies einen Verstoß gegen die selbstauferlegte Fürsorgepflicht für alle Deutschen.

Tatsächlich ist es immer wieder zu solchen Botschaftsbesuchen gekommen, und regelmäßig konnten die Probleme leise aus der Welt geschafft werden: Die Antragsteller erhielten – ohne daß darum viel Aufhebens gemacht wurde – die Ausreisegenehmigung. Zumeist war es auch hier Wolfgang Vogel, der vermittelnd eingriff.

Vor größere Schwierigkeiten wurden die deutsch-deutschen Krisenmanager erstmals am 20. Januar 1984 gestellt. Sechs DDR-Bewohner begannen einen Hungerstreik im Gebäude der US-Botschaft in Ost-Berlin. Sie stellten Asylantrag und weigerten sich, die Botschaft zu verlassen. Die sechs waren den Amerikanern ebenso unangenehm wie der DDR und der Sowjetunion. Die Führungsmacht des Ostens befürchtete, daß die Asylfälle den dünnen Gesprächsfaden wieder zerreißen lassen könnten, der nach dem Amtsantritt Juri Andropows zu den USA geknüpft worden war. Die DDR lief Gefahr, vom großen Bruder in Moskau dafür gescholten zu werden, und die USA endlich fragten sich, was sie das Ganze eigentlich anging – denn offenkundig diente die US-Botschaft nur als Vehikel für eine Ausreise der sechs Besetzer in die Bundesrepublik. Um die Zahl der Einbezogenen noch zu erhöhen, alarmierte Rozanne L. Ridgway, seinerzeit Botschafterin Washingtons in der DDR, ihren Kollegen Hans-Otto Bräutigam mit der Bitte um Beilegung des Problems. Ein offensichtlich von unglücklichem missionarischem Eifer beseelter Hörfunkjournalist hatte die stillschweigende Übereinkunft der in Ost-Berlin akkreditierten Korrespondenten gebrochen, im Interesse der Betroffenen über Botschaftsbesetzungen nicht Bericht zu erstatten (getreu der goldenen Regel: »Es gibt Nachrichten, die töten können.«) Fortan hatten sich die westlichen Medien lustvoll des Falles bemächtigt: Keine Zeitung, die am Samstagmorgen die Besetzung nicht auf Seite 1 meldete. Den Rest besorgten die Nachrichtensendungen von ARD und ZDF, die das Botschaftsdrama 60 Stunden lang fortschrieben.

Der Schwarze Peter – soviel war klar – lag in Ost-Berlin, und es mußte schnell gehandelt werden. Die Verantwortlichen dort trafen zwei weitreichende Entscheidungen. Die erste war richtig – der bewährte Unterhändler Wolfgang Vogel wurde aus dem Skiurlaub zurückgerufen. Die zweite jedoch war ein folgenschwerer Fehler: Wolfgang Vogel wurde mit der Vollmacht ausgestattet, den sechs Störenfrieden ohne Vorbedingung die Ausreise zu gestatten.

Mit diesem Mandat versehen, war die Bereinigung der Angelegenheit für ihn nur noch eine Formsache. Bereits am Sonntagabend konnte er den Abschluß der Unterhandlungen mit den sechs Besetzern melden. Gemeinsam mit Hans-Otto Bräutigam brachte er die Ausreisewilligen zum Grenzübergang Invalidenstraße, wo sie von Vertretern von Bundesbehörden in Empfang genommen wurden. Vogel erhielt schriftliche Belobigungen von Frau Botschafterin Ridgway und sogar von dem für Europafragen zuständigen Staatssekretär Washingtons, Lawrence S. Eagleburger. Mit der Erteilung der Ausreisegenehmigung für die sechs Besetzer hatte die DDR jedoch eine Lawine ins Rollen gebracht.

Nur wenige Wochen später erhielt das Palais Lobkowitz, der Sitz der bundesdeutschen Botschaft in Prag, Besuch mit prominenter Verwandtschaft. Die Nichte des DDR-Ministerpräsidenten Willi Stoph, Frau Ingrid Berg, suchte zusammen mit ihrem Mann Hans-Dieter, den beiden Kindern Jens und Simone, ihrer Schwiegermutter und anderen DDR-Bürgern Zuflucht in der diplomatischen Vertretung. Auch sie wollten die Ausreise erzwingen. Der interessierten Presse in der Bundesrepublik bereitete der »Fall Berg« hohen Genuß. Der geneigte Leser wurde Tag für Tag mit Details aus Vergangenheit und Privatleben Willi Stophs verwöhnt. Mit jedem Wort, das in der Sache Berg veröffentlicht wurde, sank die Bereitschaft der DDR, den Fall durch eine großzügige Geste zu lösen. Der öffentliche Druck, den die bundesdeutschen Medien zugunsten der Familie Berg auf die DDR-Führung ausübte, hat den Betroffenen geschadet. Zwar war die DDR bereit, die fünf ausreisen zu lassen. Wolfgang Vogel, der wiederum bemüht wurde, mußte die Bergs jedoch in langen Gesprächen überreden, zunächst wieder in die DDR zurückzukommen. Exemplarisch sollte so den DDR-Bewohnern deutlich gemacht werden, daß keine direkte Fluchtroute über westliche Botschaften in die Bundesrepublik führte. Im übrigen hielt die DDR Wort: Wenige Tage nach ihrer Rückkehr aus der Tschechoslowakei durften die Bergs in die Bundesrepublik ausreisen.

Die Hoffnung, daß mit der Ausreise der Familie das Problem der Botschaftsflüchtlinge ein für allemal beseitigt war, trog. Es sollte noch weit schlimmer kommen – die Bergs leisteten dazu kräftige Unterstützung. In einer Zeitungsserie gaben sie hinlänglich Details ihrer »Flucht« bekannt. Bundesbürger informierten ihre Verwandten über den »todsicheren« Weg in den Westen. Tatsächlich ist es für DDR-Bewohner kein Problem, die Tschechoslowakei zu besuchen – sei es für einen Urlaub oder nur einen Wochenendtrip. Und wem Prag und das Palais Lobkowitz nicht gefielen, dem standen noch die bundesdeutschen Botschaften in Warschau, Budapest usw. zur Verfügung. Rosige Aussichten also für Ausreisewillige, und zudem war der Versuch völlig risikolos: denn die Erteilung der Ausreisegenehmigung ging einher mit der Amnestie – die war notwendig, hatten sich die Botschaftsbesetzer doch nach dem Strafrecht der DDR einer Republikflucht schuldig gemacht.

Für eine gewisse Zeit verschwanden die »Botschaftsfälle« aus den Schlagzeilen. Damit schien das Problem aus der Welt zu sein. Zwar meldeten die diplomatischen Vertretungen Bonns in Prag, Warschau und Budapest dem Auswärtigen Amt ständig das Eintreffen neuer Botschaftsflüchtlinge, doch konnten diese Fälle schnell, weil ohne Gesichtsverlust für die DDR, abgewickelt werden. Der Frieden währte jedoch nur wenige Monate. – Es war eine Zeit, in der häufig und laut über einen bevorstehenden Besuch Erich Honekkers in der Bundesrepublik spekuliert wurde. »Honecker kommt im September«, »Jenninger gegen Bedingungen für Honecker-Besuch«, »Kreml stimmte Honecker-Besuch zu«, »Carstens heißt Treffen mit Honecker gut« – das waren die Schlagzeilen von Mai/ Juni 1984. Die Bundesregierung gab sich sicher, daß die deutsch-deutschen Beziehungen unter der Stationierung von atomaren Mittelstreckenwaffen nicht gelitten hatten, und verlieh ihrer Freude darüber öffentlich Ausdruck. Die warnenden Stimmen wurden überhört. Wolfgang Vogel, der wie immer auch in diesen Fragen vorzüglich informiert war, gab mir in diesen Tagen ein Interview. Er sagte: »Ich kann nicht verstehen, wenn seit dem Beginn der Stationierung in der Bundesrepublik fast schadenfroh – muß ich sagen – immer wieder gefragt wird, wo denn eigentlich die für diesen Fall der Stationierung angekündigte Eiszeit bliebe. Ich habe nachgelesen und sage ihnen, kein Politiker aus dem Bereich des Warschauer Paktes hat sich auf den Beginn der Eiszeit festgelegt. Ich sehe sie längst nicht überwunden.« Wenig später sagte Erich Honecker seinen Besuch in der Bundesrepublik ab. Sicher hat auch der Rummel um die Botschaften eine Rolle gespielt.

Denn zwischenzeitlich war jene Frage wieder aktuell geworden, die Günter Gaus genau zehn Jahre vorher nicht beantworten wollte: Was tun, wenn Bewohner der DDR sich in das Gebäude der Ständigen Vertretung flüchten? Zunächst waren es nur achtzehn, die die Ständige Vertretung in der festen Absicht betraten, sie nur mit Ausreiseerlaubnis wieder zu verlassen. Doch jeden Tag meldeten die Zeitungen neue Zahlen: 20, 25, 29, 40, 50, 54 – Presse, Hörfunk und Fernsehen konterkarierten die Deutschlandpolitik der leisen Töne. Die Ständige Vertretung und die DDR-Führung waren außerstande, den Konflikt ohne Aufsehen zu lösen. Dabei war die Position der DDR noch unerfreulicher als die der Bundesrepublik, die sich – ginge es nur um die Vertretungsflüchtlinge – aufs Abwarten hätte verlegen können. Unter den Besetzern waren Soldaten der NVA, Geheimnisträger, einfache Kriminelle. Sie alle sollte die DDR ausreisen lassen für die unsichere Aussicht, daß sich Entsprechendes nicht wiederholte?

Stillschweigend kamen Bonn und Ost-Berlin überein: Die Angelegenheit mußte durchgestanden werden. »Ich plädiere sehr für eine einvernehmliche und gute Lösung, vor allem in Hinblick auf die Kinder und die Beziehungen zwischen den beiden deutschen Staaten«, sagte Wolfgang Vogel. »Aber einen Ausweg wie früher kann es nicht mehr geben. Eine Erpressung läuft nicht.« – Die DDR-Bürger trauten ihren Augen nicht. Die Ständige Vertretung in der Hannoverschen Straße, die in den vergangenen Monaten von DDR-Behörden belagerungsähnlich abgeschottet worden war, traf selbst Vorkehrungen, sich vor unerwünschten Besuchern zu schützen. Der Zutritt in das Innere des Gebäudes wurde für DDR-Bürger gesperrt, die innere Glastür verschlossen und hinter ihr in der Eingangshalle ein Wandschirm als Sichtblende aufgestellt. Nur noch in dem kleinen Vorraum der Ständigen Vertretung konnten DDR-Besucher ihre Anliegen vortragen. Am 26. Juni, kurz vor 22.00 Uhr, kapitulierte die Ständige Vertretung. Das Eisengitter am Haupteingang wurde heruntergelassen, ein Schild befestigt: »Die Ständige Vertretung kann vorübergehend leider keine Besucher empfangen. Sie können sich schriftlich oder telefonisch – Ruf-Nr. 2 82 52 61 – an uns wenden.«

Für Staatssekretär Hans-Otto Bräutigam, den Leiter der Ständigen Vertretung, waren diese Tage »Tiefpunkte meiner Tätigkeit«. 54 Menschen, die meisten jünger als 35 Jahre, acht Kinder, hielten sich zu diesem Zeitpunkt in der Vertretung auf. Sie lebten in Zimmern, die nicht zum Wohnen gedacht und zu Matratzenlagern umfunktioniert worden waren. Sie teilten sich zwei Toiletten und einen Aufenthaltsraum mit Fernsehgerät. Die 95 Mitarbeiter der Ständigen Vertretung taten ihr Bestes, um die Flüchtlinge bei Laune und Kräften zu halten. Tag für Tag brachten sie Styroporpackungen mit Fertiggerichten aus West-Berlin in den fünften Stock des Vertretungsgebäudes.

Die DDR hatte die Schließung der Ständigen Vertretung zur Vorbedingung für Verhandlungen über die Zukunft der Besetzer gemacht. Nicht gerade leichten Herzens hatte die Bundesregierung mitgezogen – ein Konsens, der sicher noch wenige Jahre vorher nicht möglich gewesen wäre. (Wolfgang Vogel nennt so etwas »Koalition der Vernunft«, eine geschickte Begriffsprägung: Tatsächlich ist Vernunft – ebenso wie Humanität – partei- und systemübergreifend, und niemand, ob Sozialist oder Kapitalist, muß sich schämen, sich zu solcher Koalition zu bekennen.) Für die beiden Unterhändler, Wolfgang Vogel und den beamteten Staatssekretär im Innerdeutschen Ministerium, Ludwig Rehlinger, bedeuteten die nun folgenden Verhandlungen Schwerstarbeit. Es galt, 54 Ausreisewilligen klarzumachen, daß es einen direkten Weg in den Westen nicht gab, daß sie alle zunächst nach Hause zurückzukehren und Ausreiseanträge zu stellen hätten. Rehlinger und Vogel brachten aber die Zusicherung mit, daß die Besetzer keine Bestrafung zu fürchten hätten und eine Ausreisegenehmigung erteilt würde.

Genau besehen gab es nichts mehr zu »verhandeln«. Die Aufgabe von Vogel und Rehlinger bestand lediglich darin, die Flüchtlinge davon zu überzeugen, daß die DDR ihre Zusagen einhalten würde. Das war leichter gesagt als getan: Nicht jeder der 54 Besetzer war ein Märtyrer der Freiheit, edel und gerecht. Hasenfüße, Deserteure, Kriminelle, Gewöhnliche und Ungewöhnliche waren dabei, Nervenstarke und Weinerliche. Als ich am 26. Juni, auf dem Höhepunkt der Krise, ein Interview mit Vogel führte, wurde er zwischendurch ans Telefon gerufen. Die Ständige Vertretung Bonns in Ost-Berlin erbat sein Kommen: Die Besetzer verlangten ihn zu sprechen, und vor dem Gebäude in der Hannoverschen Straße hatte sich ein Mann mit Benzin übergossen und konnte nur mit knapper Not vor dem Selbstmord gerettet werden.

Die Aufgabe von Ludwig Rehlinger war besonders delikat. Rehlinger achtete peinlich darauf, niemanden zu überreden, das Gebäude zu verlassen. Er teilte den Zufluchtsuchenden mit, sie stünden in der Vertretung unter dem Schutz der Rechtsordnung der Bundesrepublik. Auf der anderen Seite mußte er natürlich auch darauf hinweisen, daß sich die DDR aus Gründen der Staatsräson nicht länger erpressen lassen würde – mit anderen Worten: eine Ausreise direkt in die Bundesrepublik oder West-Berlin sei nicht durchsetzbar.

Den Unterhändlern zu Hilfe kam der Umstand, daß sich bei den Besetzern so etwas wie ein schlechtes Gewissen ausprägte. Als die Vorgänge in der Ständigen Vertretung publik wurden, hatte Ost-Berlin die Ausreisegenehmigungen abrupt gestoppt. Viele übersiedlungswillige DDR-Bürger – das wurde den Zufluchtsuchenden deutlich – hatten unter der Aktion zu leiden. Dies und die Appelle der Unterhändler blieben nicht ohne Wirkung. Zuerst waren es zwei, die die Ständige Vertretung verließen. Als die anderen erfuhren, daß den beiden draußen nichts Unangenehmes widerfuhr, folgten weitere 25. Die letzten sechs Personen, vier Erwachsene und zwei Kinder, verließen am 5. Juli das Gebäude.

Die DDR hielt sich im übrigen an ihre Zusage. Niemand wurde strafrechtlich verfolgt, die Ausreiseanträge der 54 zügig bearbeitet. Alle leben inzwischen in der Bundesrepublik und in West-Berlin. Hatten die Bewohner der DDR nun verstanden, daß kein direkter Weg über die Ständige Vertretung und Botschaften in den Westen führte? Im Gegenteil: Offenbar hatten einige den glimpflichen Ausgang der Affäre um die Ständige Vertretung noch als Ermunterung verstanden. Der Schauplatz des nächsten und (vorläufig) letzten Flüchtlingsdramas war Prag.

Für viele DDR-Bewohner war die Anschrift »Vlastkà 19, 11800 Praha 1, Malà Strama« seit März 1984 zum Geheimtip geworden. Sie wollten das Vorbild Ingrid Bergs, der Nichte des DDR-Ministerpräsidenten Willi Stoph, und ihrer Familie nachahmen, die über die bundesrepublikanische Botschaft in Prag ihren Weg in den Westen gesucht und gefunden hatten. Im Oktober 1984 erhielt das hochherrschaftliche Palais erneut nichtbestellten Besuch – nur daß es sich diesmal nicht um eine Familie mit Kindern, Schwiegermutter und Volvo handelte, sondern um eine Invasion von 150 Männern und Frauen, Kindern und Babys, Schwangeren und Schwerkranken. Wieder einmal hatten superschlaue Fernsehjournalisten den Startschuß zum Sturm auf die Botschaft gegeben. Am 2. Oktober 1984 berichteten »Tagesschau« und »Tagesthemen« über 43 DDR-Bewohner, die sich in der Prager Botschaft befanden. Nun sind 43 fürwahr keine Quantité négligeable und allemal von öffentlichem Interesse, aber hätte nicht ein informierter Kollege die Verantwortlichen darauf aufmerksam machen können, daß vorschnelle Berichterstattung erst vor wenigen Monaten zu einer handfesten Krise in den humanitären Beziehungen geführt hatte? Dieses diskreten Hinweises bedurfte es nicht, da die Täter in voller Absicht handelten: Der DDR standen Festlichkeiten zum 35jährigen Gründungsjubiläum ins Haus, außerdem die Leipziger Herbstmesse, und – so hofften die »Fernseh-Politiker« – die DDR würde die Flüchtlinge von Prag sicher entlassen, um nicht zur Unzeit am Pranger der Weltöffentlichkeit zu stehen. Eine gute Idee? Nein, denn sie hatte unmittelbar zur Folge, daß aus den 43 Flüchtlingen in weniger als zwei Wochen 140 wurden. Ähnlich dilettantisch war die Erwägung, durch Mediendruck die DDR zum Einlenken bewegen zu wollen. Wie immer trat das Gegenteil ein. Die DDR verweigerte die Aufnahme jeglicher Verhandlungen. Kurz: Es war ein hervorragendes Beispiel dafür, was Journalisten anrichten können, wenn sie versuchen, Politik zu betreiben.

Die Führung in Ost-Berlin hatte die Freipressungsversuche satt. Entweder die Besetzer nahmen das Angebot an: Straffreiheit bei Rückkehr in die DDR und Zusicherung, daß der Ausreiseantrag bearbeitet werde, oder es würde zu einer Neuauflage des Falles Mindszenty kommen. (Nach der Zerschlagung des ungarischen Volksaufstandes im November 1956 durch die UdSSR war Erzbischof Joseph Kardinal Mindszenty in die US-Botschaft in Budapest geflüchtet. Dort lebte er bis zum 28. September 1971, also fast fünfzehn Jahre lang, bevor er nach Rom ausreisen durfte.) Die DDR wählte einen ungewöhnlichen Weg, ihre Entschlossenheit kundzutun. Wolfgang Vogel gab der »Bild-Zeitung« ein wörtlich abgedrucktes Interview, in dem er von seinen Befürchtungen sprach, daß sich der Fall Mindszenty wiederholen könnte. (Wolfgang Vogel hat nicht etwa eine besondere Vorliebe für die »Bild-Zeitung«. Er machte sich schlicht den Umstand zunutze, daß es sich dabei um die meistgelesene Zeitung in der Bundesrepublik handelt.)

Da half es nichts, daß der auf Ausgleich bedachte innerdeutsche Minister Heinrich Windelen zurückhaltend andeutete, daß die Bundesregierung humanitäre Härtefälle nicht an der Bereitschaft zu materiellen Gegenleistungen scheitern lassen werde. Verhandelt wurde nicht.

Die Botschaft stellte auf Notbetrieb um; sie wurde geschlossen. Die tschechische Polizei, die sich bemerkenswert zurückhielt, schloß einen dichten Ring um die Botschaft. Personen, die sich der Botschaft näherten, wurden kontrolliert, doch kein Wort des Protestes kam aus Bonn. »Wir müssen gemeinsam da durch« – das war einhellige Ansicht in Bonn, Ost-Berlin und Prag. Tatsächlich gelang es, eine diplomatische Krise zu vermeiden. Nach innen war dies für die Verantwortlichen der christliberalen Koalition nicht ganz einfach durchzusetzen. Insbesondere manchen konservativen Politikern war die Bonner Haltung zu lasch. Sie sahen in der Botschaftsaffäre einen willkommenen Anlaß, das Regime, das seinen Gegnern im Land die freie Ausreise verweigerte, öffentlich anzuprangern. Doch wäre mit solchem Auftreten den mittlerweile 160 Eingeschlossenen sicher nicht gedient gewesen und hätte sich – wie oft vorgeführt – der lautstarke Protest als untaugliches Mittel zur Änderung der politischen Verhältnisse im anderen Deutschland erwiesen. Also entschloß man sich einmal mehr zur »Koalition der Vernunft«.

Auch wenn es nichts zu verhandeln gab, trafen sich die bewährten Unterhändler Wolfgang Vogel und Ludwig Rehlinger im Palais Lobkowitz. Vielleicht ist ihnen das Groteske ihres Zusammenkommens damals gar nicht bewußt geworden: Ein Staatssekretär des Innerdeutschen Ministeriums bemühte sich gemeinschaftlich mit einem Ostberliner Rechtsanwalt ohne offizielle Funktion in einer dem Auswärtigen Amt in Bonn zugeordneten Botschaft im Ostblock darum, 160 Menschen klarzumachen, daß sich die DDR aus Gründen der Staatsräson nicht noch einmal würde erpressen lassen und daß es deswegen sinnvoll war, wenn sie zunächst in die DDR zurückkehrten.

Die Zustände im Palais Lobkowitz waren unbeschreiblich; Vogel und Rehlinger hatten etwas Vergleichbares noch nicht gesehen. Das »Hotel Leipziger Hof«, wie die Botschaft in Prag wegen ihrer Rolle als Fluchtburg für DDR-Bürger genannt wurde, platzte aus den Nähten. Einige Menschen konnten in kleineren Räumen untergebracht werden, der Großteil hatte jedoch Quartier aufgeschlagen im Freskensaal des Palais. Zwar hatte die Bundesregierung auf diskreten Wegen (über das Deutsche Rote Kreuz) einen Arzt und zwei Krankenschwestern in die Botschaft kommen lassen, doch was helfen drei Menschen gegen die Ängste, klaustrophobischen Beklemmungen, Launen und Depressionen von 160 Eingeschlossenen.

Kämpfernaturen waren darunter, ein »harter Kern, der sein Geschäft mit dem politischen Druck gelernt hat«, Menschen, die es verstanden, andere mitzureißen, andere zu unterdrücken. Es gab auch schlichte Kriminelle, »echt schräge Vögel«. Doch sollte und konnte man die Spreu (diejenigen, die man im Westen auch nicht mit Begeisterung sah) vom Weizen (den »guten« Republikflüchtlingen) trennen? War der, der über den Zaun in den Botschaftsgarten gesprungen war, um im Westen einen Schlußstrich unter sein bisheriges wenig erfolgreiches Leben zu ziehen, weniger schutzwürdig als der Arzt mit seiner Familie, der einen Weg aus der DDR suchte, weil ihm die Widersprüche des realexistierenden Sozialismus unerträglich geworden waren? Was war mit der Frau, der von ihrem Mann ein blaues Auge geschlagen worden war, weil sie im Botschaftsgetto mit einem anderen Mann intim geworden war? Durfte die Botschaft dem Mann, der bekannte, für die DDR-Staatssicherheit gearbeitet zu haben, die Fürsorge verweigern?

Ludwig Rehlinger erinnert sich an die Tage vor Weihnachten als die wohl strapaziöseste Zeit seines Lebens. Die 160 Menschen in der Prager Botschaft waren nicht seine einzigen Sorgenkinder. Auch in den diplomatischen Vertretungen Bonns in Warschau, Budapest und Bukarest hatten sich ausreisewillige DDR-Bewohner verschanzt. So jettete Rehlinger zwischen den Metropolen des Ostblocks hin und her. Er versuchte nicht, die Zufluchtsuchenden gewissermaßen aus den Botschaften »hinauszureden«. Er hielt ihnen aber klar vor Augen, daß es nur die Alternative gab, in den Botschaften vielleicht auf Jahre hinaus zu bleiben oder aber auf die Bedingungen der DDR (Straffreiheit und Möglichkeit, einen Ausreiseantrag zu stellen) einzugehen. Es war ein mühsames, zeitraubendes und frustrierendes Unterfangen.

Im Dezember 1984 kam es zu einem großen gemeinschaftlichen Auftritt von Vogel und Rehlinger vor den 160 Besetzern. Dabei war dies für Rehlinger und Vogel nicht ohne Risiko. Einige militante Besetzer hatten beschlossen, die Unterhändler als Geiseln zu nehmen. Die beiden Männer gingen trotzdem. Amüsiert erinnert sich Rehlinger heute, daß der zurückhaltende, eher introvertiert wirkende Vogel mit selbstverständlicher Sicherheit eine rhetorisch glänzende Ansprache hielt: »Da merkte man den alten Strafverteidiger.« Nicht lautstark-polternd, sondern leise, einfühlsam, mit zwingender Logik und Überzeugungskraft bemühte er sich um das Vertrauen der Menschen. Daß er Erfolg hatte, sollte sich erst im Verlauf der nächsten Wochen und Monate herausstellen. Die Position Ludwig Rehlingers war nicht einfacher. Er stand unter starkem innenpolitischem Druck: Hauruck-Politiker in der Bundesrepublik hatten zu einem härteren Kurs gegenüber der DDR und der (völlig unbeteiligten) Tschechoslowakei aufgefordert. Ernsthaft war der Vorschlag unterbreitet worden, die Besetzer mit Bussen durch die Tschechoslowakei in die Bundesrepublik zu bringen. (»Da hätten wir genausogut mit Panzern kommen können!«) Die Frankfurter »Internationale Gesellschaft für Menschenrechte« nutzte die Vorgänge im Palais Lobkowitz zu scharfen Angriffen gegen die DDR und fand in der Öffentlichkeit viel Zustimmung. Und da sollte er, Rehlinger, den Flüchtlingen empfehlen, ohne Ausreisezusage in die DDR zurückzukehren? Er tat es trotzdem. Ihnen werde bei der Rückkehr nichts geschehen, versicherte er den Zweifelnden, die DDR habe in der Vergangenheit ihre Zusagen immer eingehalten. Wenn sie noch Fragen hätten, stünde er jedem von ihnen für ein Einzelgespräch zur Verfügung. Auch Vogel machte dieses Angebot.

Wenn die beiden gewußt hätten, auf was sie sich da einließen, hätten sie es sich zweimal überlegt. Soweit sich Rehlinger erinnern kann, gab es keinen einzigen, der von dem Angebot nicht Gebrauch machte. Vor dem Zimmer des stellvertretenden Botschafters, das Rehlinger als Besprechungsraum angeboten worden war, standen die Menschen Schlange. Im sicheren Bewußtsein, abgehört zu werden, offenbarten die Flüchtlinge dennoch Rehlinger und Vogel ihre Nöte. Der bundesdeutsche Staatssekretär und der Ostberliner Rechtsanwalt, Partner in einer eigenartigen Interessengemeinschaft, wurden für die Besetzer zu Vertrauten, Anwälten, Seelenärzten und Beichtvätern. Was sie erfuhren, fällt unter das Beichtgeheimnis und wird nie bekannt werden.

Die Front der Besetzer begann zu bröckeln. Kurz vor Weihnachten waren es noch 70 Flüchtlinge, die sich weigerten, die Botschaft zu verlassen und in die DDR zurückzureisen. 40 hatten einen Hungerstreik begonnen, den sie nur abbrechen wollten, wenn ihnen die Botschaft Pässe ausstellte, mit denen sie in die Bundesrepublik reisen konnten. Rehlinger behalf sich mit einem praktischen Argument: Ohne Visum der Prager Regierung würde ohnehin niemand über die deutsch-tschechische Grenze kommen. Rehlinger und Vogel spielten auf Zeit. Bundesaußenminister Hans-Dietrich Genscher besuchten die Wartenden im Palais Lobkowitz und ermunterte sie zur vorübergehenden Rückkehr in die DDR. Die etwa 50 Flüchtlinge, die in der Botschaft verblieben waren, verbrachten die Weihnachtsfeiertage gemeinsam mit Botschafter Wolfgang Meyer und seiner Familie. Am Heiligen Abend gab es für alle ein kleines Festessen mit Kaffee und Kuchen. Auch eine Bescherung fand statt, wenn auch in bescheidenem Umfang: Wenigstens die Kinder der Flüchtlinge erhielten kleine Geschenke. Im Garten der Botschaft stellten die Flüchtlinge einen Lichterkranz aus Kerzen auf, um symbolisch ihrer Verwandten in beiden Teilen Deutschlands zu gedenken. Für alle Beteiligten war es ein unvergeßliches Weihnachtsfest – wie immer man es betrachtet.

Zu den positivsten Eigenschaften der Massenmedien gehört ihre Vergeßlichkeit. Sobald die Prager Botschaftsaffäre den Neuigkeitswert verloren hatte, sobald keine dramatischen Entwicklungen zu melden waren, erlosch das Interesse von Funk und Presse an den Standhaften, die sich weiter gegen eine Rückkehr in die DDR sperrten. Unter Ausschluß der Öffentlichkeit aber war das Problem leichter zu regeln. Einer nach dem anderen gewann die Einsicht, daß weitere Verweigerung sinnlos war – wenig später war das Problem unauffällig gelöst.

Die Besetzer mußten nicht bereuen, daß sie in die DDR zurückgekehrt waren. Tatsächlich wurde die versprochene Straffreiheit eingehalten. Nur einer, der nach den Vorgängen in Prag eine (kriminelle) Straftat beging, ist später gerichtlich belangt worden. Die Öffentlichkeit wird nie erfahren, was Rehlinger und Vogel damals alles verhandelt und besprochen haben. Aber heute befinden sich alle 160 Zufluchtsuchenden im Westen.

Der Fall Schtscharanskij

»Ich bin kein James Bond der DDR.«

Die Nachricht verhieß Abwechslung im glanzlosen Alltag eines Rundfunkredakteurs. Es war weniger die – im kalten Februar kaum verlockende – Aussicht auf eine Dienstreise nach Berlin, vielmehr die Hoffnung, bei dem bevorstehenden Ereignis etwas von dem rekapitulieren zu können, was vor 24 Jahren an derselben Stelle geschehen war: der Spionenaustausch von Abel und Powers an der Glienicker Brücke.

Bei den Redaktionskollegen stieß ich auf Skepsis. Wer garantierte, daß die Nachricht überhaupt stimmte? Schließlich stammte sie aus der für seriöse und umfassende Berichterstattung nicht bürgenden »Bild-Zeitung«. Ich selbst war weniger skeptisch. Die »Bild-Zeitung« verfügt – das hatte sich in der Vergangenheit öfters gezeigt – über vorzügliche Informationsquellen in Moskau und Ost-Berlin. Ich versuchte, über eigene Kontakte die Nachricht bestätigt zu erhalten, doch alle blockten ab: »Uns ist nichts bekannt.« Doch zwischen den Worten war herauszuhören, daß die Nachricht, um die es ging, im Kern richtig wiedergegeben worden war: Am 11. Februar 1986, fast auf den Tag genau 24 Jahre nach dem Spionenaustausch Powers/Abel, würde auf der Glienicker Brücke ein neuer Spionenaustausch stattfinden. Aber ich solle um Gottes willen nicht darüber reden. Das war Ehrensache. Dennoch war die Mahnung völlig überflüssig. Die ganze Welt redete schon von dem, was bevorstand.

Was war geschehen? Unter Berufung auf den Moskauer Journalisten Victor Louis berichtete »Bild«, daß die UdSSR bereit war, den 37jährigen Computer-Fachmann Anatolij Schtscharanskij zusammen mit einigen anderen »Spionen« gegen »Kundschafter« osteuro-

156

päischer Geheimdienste auszutauschen, die sich in westdeutschen und amerikanischen Gefängnissen befanden. Der Austausch sollte an der Glienicker Brücke stattfinden.

Schtscharanskij, in der Sowjetunion übrigens ein weitgehend unbekannter Mann, war im Westen zur Symbolfigur der jüdischen Auswanderungsbewegung in der UdSSR geworden. Am 14. Juli 1978 wurde er in Moskau wegen »antisowjetischer Agitation und Propaganda« sowie »Landesverrats in Form von Spionage« zu drei Jahren Haft und zehn Jahren Arbeitslager verurteilt. Nach seinen eigenen Angaben bestand sein einziges Vergehen darin, Kontakt zu amerikanischen Diplomaten und Journalisten gehalten zu haben, um die Probleme der jüdischen Auswanderung aus der Sowjetunion in die Weltöffentlichkeit zu tragen. Schtscharanskij war daher nach westlichem Verständnis kein Spion, sondern ein Regimekritiker, der mundtot gemacht worden war. Würde der Westen sich tatsächlich darauf einlassen, den Dissidenten in einen Agentenaustausch einzubeziehen und damit mittelbar einzuräumen, daß auch Schtscharanskij ein Spion war? Doch welche Wahl blieb dem Westen: Die Zahl namhafter Dissidenten, die *außerhalb* der sozialistischen Länder für ihre politische Überzeugung einsaßen, war nicht groß. Wollte der Westen Schtscharanskij helfen, so mußte er in einen Spionenhandel einbezogen werden.

Doch wer konnte die Vereinbarung ausgehandelt haben? Der Schluß war naheliegend, daß Wolfgang Vogel seine Hand im Spiel gehabt hatte. (Er hatte nie auch nur ein Sterbenswörtchen davon gesagt.) Tatsächlich entdeckte ich im Pressearchiv des Deutschlandfunks einen Artikel der »Kölnischen Rundschau« vom 18. Juli 1978, in dem bereits von einer Verbindung Vogel–Schtscharanskij die Rede war. Der amerikanische Rabbiner Ronald Greenwald berichtete, er habe Wolfgang Vogel mit der Aufnahme von Verhandlungen über die Freilassung Schtscharanskijs beauftragt. Selbst Kanzleramtsspion Günther Guilleaume (der später, am 1. 10. 1981, tatsächlich wieder in die DDR entlassen wurde) soll zeitweise als Tauschpartner Schtscharanskijs im Gespräch gewesen sein. In den folgenden sieben Jahren gab es jedoch keine Nachrichten über einen möglichen Austausch. – Das heißt nicht, daß Ronald Greenwald, Rabbiner aus Rockland County, New York, und Wolfgang Vogel in der Zwischenzeit untätig geblieben waren. Rund 25 Besuche hatte

Greenwald in Sachen Schtscharanskij dem Ostberliner Rechtsanwalt abgestattet, um sich nach dem Fortgang der Angelegenheit zu erkundigen und um neue Vorschläge für Schtscharanskijs Freikauf oder Austausch zu unterbreiten.

Ronald Greenwald ist ein diskreter Mann – und im Spionagegeschäft nicht unerfahren. Mit seiner Hilfe kam bereits ein Spionenringtausch zustande, der am 1. Mai 1978 am Kontrollpunkt Invalidenstraße stattfand. Zusammen mit dem republikanischen Kongreßabgeordneten Benjamin A. Gilman aus New York, dem Beamten des amerikanischen State Department Jeffrey Smith und Greenwald hatte Wolfgang Vogel damals einen Ringtausch arrangiert, an dem der in der DDR wegen Fluchthilfe inhaftierte Student Norman van Allen und der in den USA verurteilte KGB-Spion Robert Thompson beteiligt waren. Dritter im Bunde war der in Moçambique festgehaltene Israeli Miron Markus, der bereits zehn Tage vorher über Botswana in die Freiheit entlassen worden war. Die technische Abwicklung auf amerikanischer Seite hatte der Washingtoner Anwalt Ricey S. New. New hatte im Vorfeld des Austausches Robert Thompson in seinem Gefängnis im amerikanischen Louisburg besucht und war mit Vogel und Thompson zum Austausch nach West-Berlin geflogen.

Aufsehen hatte im Vorjahr ein weiterer Spionenaustausch erregt, der am 11. Juni 1985 an der Glienicker Brücke stattfand. 25 Agenten, die für die CIA gearbeitet hatten oder wenigstens dafür verurteilt worden waren, wurden vom Osten bereitgestellt; die vier Überstellten waren Mitarbeiter des KGB oder des Ministeriums für Staatssicherheit. Die Koordinierung dieses Austausches war außerordentlich kompliziert.

Vogel mußte zur Vornahme der Feinabstimmungen die Ostagenten in ihren US-Gefängnissen besuchen. Alfred Zehe, Professor für Physik in Dresden, saß in Lake Placid ein, Marian Zacharski aus Polen in Memphis/Tennessee. Den Bulgaren Penju Kostadinov und Alice Meckelson besuchte Vogel im Polizeigefängnis in New York. Die Vereinbarung über den Austausch der Inhaftierten sah einen genauen Zeitplan vor. Das Eintreffen der Personen auf dem Westberliner Flughafen Tempelhof sollte von Vogel überprüft werden. Ebenso sollten sie befragt werden, ob sie sich freiwillig in den Osten begaben. Auf westlicher Seite war der Ansprechpartner Vogels Richard Burt, der junge US-Botschafter in Bonn. Besondere Schwierigkeiten machte die praktische Durchführung des vermeintlich Nebensächlichen: die Prüfung der Identität, die Regelung des Nachzugs der Ehefrauen sowie der nicht volljährigen und volljährigen Kinder, die mit ihren Eltern zusammenlebten. Bei einer Beteiligung von 29 Leuten ist dies eine schon fast herkulische Leistung.

Um einen Austausch Anatolij Schtscharanskijs war es jedoch ruhig geworden. Wenn die Weltöffentlichkeit in den Jahren zwischen 1978 und 1986 etwas vom Schicksal Schtscharanskijs erfuhr, so lag dies an der Rührigkeit seiner Frau Avital, die bereits vor der Verhaftung ihres Mannes eine Ausreiseerlaubnis nach Israel erhalten hatte und sich regelmäßig mit Appellen an die Presse und die politischen Führer im Osten und Westen wandte. Die Welt hörte und las vom Leidensweg des schmächtigen Mannes in Haftanstalt und Arbeitslager, von der lebensgefährlichen Verschlechterung seines Gesundheitszustandes, von Hungerstreik und Zwangsernährung. Schtscharanskij wurde zur Symbolfigur für die Unterdrückung politischer Oppositon in der Sowjetunion – ebenso wie der lange Zeit in Gorki isolierte Atomphysiker Andrej Sacharow.

Dieser Anatolij Schtscharanskij sollte nun auf der Glienicker Brücke, der »Brücke der Einheit«, freigetauscht werden. Auf der Austauschliste des Ostens stand – dies war mir auf Umwegen bekannt geworden – ebenfalls ein Mann, von dessen Schicksal ich über andere ehemalige politische Häftlinge erfahren hatte und mit dessen Freunden und Verwandten im Westen ich in Kontakt stand.

Das mußte ich mir ansehen.

Berlin, 10. Februar 1986:
Wer bei seinen Berlin-Besuchen – wie ich – nur zwischen dem Flughafen Tegel, dem Funkhaus des SFB in der Masurenallee und dem Zentrum pendelt, gewinnt keinen rechten Eindruck von der Endlichkeit der Stadt. Der Besucher mag nicht glauben, daß diese lebhafte, bunte, vielseitige Stadt todgeweiht sein soll, überaltert, nur künstlich am Leben gehalten. Vergeblich sucht man Zeichen von Verlassenheit und Niedergeschlagenheit bei den Menschen, Reaktionen, die nach 40 Jahren geographischer und politischer Isolation erklärlich wären. Auch die Mauer verliert für den Fremden schnell,

vielleicht zu schnell, ihren Schrecken. Nach dem vierten, fünften Übergang am S-Bahn-Endpunkt Friedrichstraße sind Vorlegen des Passes, Blickkontakt mit dem Grenzbeamten, Bereitlegen der 5 DM Visagebühr, das Surren des elektrischen Türöffners, der Mindestumtausch von 25 DM in 25 Mark der DDR und die gelegentlichen Gepäckkontrollen nur mehr Routine. Jedesmal sind es Hunderte von Menschen, die – mehr oder weniger zügig abgefertigt – unbehelligt vom Westteil der Stadt in den Osten gelangen. Die Mauer ist – wenigstens in eine Richtung – durchlässig geworden.

Die Mauer zwischen dem West- und Ostteil der Stadt ist jedoch nur der kleinere Teil der Eingrenzung West-Berlins. Oranienburg, Nauen, Potsdam – das sind Städte in unmittelbarer Nachbarschaft, nah und doch nur schwer zu erreichen. Deutlicher als an der Mauer zum Ostteil der Stadt wird die Insellage Berlins an den Grenzen im Norden, Westen und Süden.

Die Glienicker Brücke steht im äußersten Südwesten der Stadt. Sie verbindet West-Berlin über die Havel mit Potsdam. Auf den meisten Berlin-Karten ist das Bauwerk nicht verzeichnet: Es liegt so exponiert, daß die Karten schon vorher enden. – Der Weg zur Glienicker Brücke führt vom Herzen der Stadt über die Avus nach Nikolassee und Wannsee – über viele Kilometer vorbei an der Winterlandschaft Grunewald. Die Autos fahren vorsichtig. Es ist unangenehmes Wetter – bedeckter Himmel, Schneeregen, sehr kalt, alles grau in grau. Kurz vor dem Kontrollpunkt Dreilinden verlasse ich die Stadtautobahn in Richtung Wannsee. Auffällig viele ausländische Fahrzeuge sind zu sehen: Italiener, Franzosen, Engländer, Japaner und zahlreiche Amerikaner.

Sie alle haben nur ein Ziel: die Glienicker Brücke. Ich befinde mich bereits auf der Königstraße, die zur Brücke führt. Sie ist Teil jener berühmten B 1, die Aachen mit Königsberg verband. Schnurgerade führt die Königstraße von Wannsee durch den Berliner Forst zur Brücke. Welch ein Verkehr muß früher auf dieser Straße geherrscht haben. Jetzt wirkt die Straße wie ausgestorben. Plötzlich eine Straßenkontrolle – gegen Vorlage des Presseausweises kann ich weiterfahren. Ich bekomme ein Flugblatt in die Hand gedrückt:

»Der US-Stadtkommandant im amerikanischen Sektor erläßt folgende Anordnung:

1. Es ist untersagt, das auf beiligender Skizze ausgewiesene Gebiet ohne Sondergenehmigung des US-Beraters für öffentliche Sicherheit oder die eines von ihm bestimmten Vertreters zu betreten.
2. Personen, die gegen diese Anordnung handeln, obwohl sie ihnen zur Kenntnis gebracht worden ist, unterliegen der Strafverfolgung.
3. Diese Anordnung tritt am 10. Februar 1986 um 12.00 Uhr mittags in Kraft und wird mit Wirkung vom 12. Februar 1986, 18.00 Uhr aufgehoben.

gez. James H. Mitchell
Major General, USA
U.S. Commander, Berlin«

Gesperrt sind der letzte Abschnitt der Königstraße vor der Glienicker Brücke, das Schloß Glienicke sowie ein Teil des Volksparks Klein-Glienicke bis zur Havel. Es wird also noch eine weitere Sperre kommen. Die ersten am Straßenrand parkenden Autos sind zu sehen. Sie sind der Beginn einer kilometerlangen Kolonne von Pkws, Wohnwagen und Wohnmobilen, die seit Tagen schon auf die Stunde X warten. Vor Wohnwagen und Wohnmobilen stehen Butangasflaschen; die Bundespost hat den wartenden Journalisten Telefonzeitanschlüsse in die Fahrzeuge gelegt. Einige vertreten sich im Wintermantel und mit Pelzmütze auf dem Kopf die Beine, andere spielen Karten oder halten gelangweilt ein Schwätzchen mit der Besatzung des Nachbarwagens. Ich habe in meinem Leben noch nie eine verrücktere Szenerie gesehen: mehrere Hundertschaften frierender Voyeure, und ich bin einer von ihnen.

Ich gehe zur »Großen Neugier«, einem Pavillon beim Glienicker Schloß. Von hier aus soll Sophie Charlotte nach Potsdam hinübergesehen haben, wo ihr Gatte, Friedrich der Große, die Geschicke Preußens lenkte. Die Glienicker Brücke ist gut zu sehen: eine massige Stahlkonstruktion, vor dem Ersten Weltkrieg erbaut, von deutschen Soldaten 1945 gesprengt und zerstört, von Sowjets und Ostdeutschen als »Brücke der Einheit« wieder aufgebaut.

Vor der Brücke mahnt ein Schild: »Die, die der Brücke den Namen ›Brücke der Einheit‹ gaben, bauten auch die Mauer, zogen Stacheldraht und legten Todesstreifen an und verhinderten so die Einheit.« Ein amerikanischer Journalist spricht mich an: Ob ich glaube, daß der Austausch tatsächlich an der Brücke stattfindet? Tatsächlich hat es in den Vortagen Gerüchte gegeben, daß nicht die Glienicker Brücke, sondern ein anderer Grenzübergang Ort des Geschehens sein soll. Ich halte das für ausgeschlossen. Eine Verlegung würde bei derart internationaler Beteiligung (tatsächlich waren in den Austausch die Sowjetunion, USA, Israel, Polen, die Tschechoslowakei, DDR und Bundesrepublik involviert) umfangreiche Neuabstimmungen erfordern, die in der verbleibenden Zeit unmöglich zu bewältigen sind.

Für 15.00 Uhr ist eine Pressekonferenz des Sprechers der US-Mission in West-Berlin, Edward Harper, angesetzt. Viele hundert Journalisten drängen sich in das kleine Schloß-Restaurant Glienikke, um der Stellungnahme Harpers zu lauschen. Wird der Austausch stattfinden? Wer sind die Agenten, um die es geht? Unzählige Namen sind in der Vergangenheit gehandelt worden: Scharfenorth, Lutze, Gerhard, Frohn, Schumann, Kaczmarek, Köcher, Hecht. Wann wird der Austausch stattfinden? (Das ist angesichts der Temperaturen die wohl zentrale Frage. Außer denen, die vor Ort ihr Quartier eingerichtet haben, will keiner auch nur eine Viertelstunde unnütz warten.) Harpers Antwort ist ein monotones: »I can't tell you.« Die Enttäuschung der Journalisten steigert sich zur Empörung, als Harper mitteilt, daß die butangasbeheizten Wohnwagen aus Sicherheitsgründen aus dem Sperrgebiet entfernt werden müssen. Immerhin gibt er indirekt zu verstehen, daß die Aktion steigen wird: Er verteilt die Standorte für die Kameras der amerikanischen und ausländischen Fernsehgesellschaften (wobei er seine Landsleute sicher nicht benachteiligt). Wir armen Hörfunkjournalisten haben keine Aussicht auf einen Logenplatz. Edward Harper bedankt sich für unsere Aufmerksamkeit und verschwindet.

Eine Vielhundertschaft von Journalisten aus aller Welt meint, der Öffentlichkeit ein historisches Ereignis übermitteln zu können, und agiert doch nur als Propagandist einer programmierten Show mit internationaler Beteiligung: Alle Welt soll sehen, daß Amerika den unerschrockenen Menschenrechtskämpfer Schtscharanskij aus dem sowjetischen Verlies befreit hat; Ost und

West soll vorgeführt werden, daß der neue Kreml-Chef Michail Gorbatschow einen liberalen Kurs zu steuern gewillt ist.

Dabei ist es nicht in erster Linie das Verdienst der Supermächte, daß es zu dem spektakulären Arrangement kommen wird. Deutsche in Ost und West haben ihre Hände im Spiel gehabt – voran Wolfgang Vogel, »The Fixer«, der Macher, wie er anerkennend in amerikanischen Zeitungen genannt wird.

Am 23. Januar 1986 treffen sich vier Männer im österreichischen Zillertal zu einer Schlußbesprechung. Tagungshotel ist der »Gaspinger Hof« in Gerlos. Teilnehmer dieses denkwürdigen Treffens sind der Botschafter der USA in der DDR, Francis Meehan, der Sekretär der amerikanischen Botschaft in Bonn, Grobel, Ludwig Rehlinger und Wolfgang Vogel. Zusammen wollen sie jenes Tauschpaket schnüren, das – neben anderen – auch Anatolij Schtscharanskij den Weg in den Westen bereiten soll.

Die Verhandlungen haben schon viele Monate vorher begonnen. Möglich ist die Aufnahme ernsthafter Gespräche erst mit der Wahl Michail Gorbatschows zum Generalsekretär der KPdSU geworden. Er, der die innenpolitische Neuerung vorantreiben will, benötigt außenpolitische Beweglichkeit. Problemfälle wie Sacharow, Schtscharanskij und die vielen unbekannten Dissidenten, die in Straflagern und Gefängnissen leben, verdunkeln das Bild der Sowjetunion in der Weltöffentlichkeit. Mit Sacharow hat Gorbatschow andere Pläne: Ihm wird wenig später die Reintegration in die sowjetische Gesellschaft angeboten. Schtscharanskij jedoch will mit aller Macht nach Israel auswandern. Nun kann die Sowjetunion den Computerfachmann nicht ohne weiteres gehen lassen, will sie sich nicht selbst unglaubwürdig machen. Schtscharanskij ist als Spion verurteilt worden, und so kommt nur eine Freilassung auf dem Weg eines Spionenaustausches in Frage. Die Verhandlungen sind fast zum Abschluß geraten, als das Genfer Gipfeltreffen zwischen Gorbatschow und Reagan im November 1985 dazwischenkommt. Die Aussicht, daß die führenden Männer der Supermächte aufeinander zugehen, ist der Freilassung Schtscharanskijs keinesfalls förderlich. Gorbatschow fürchtet, daß eine Entlassung des Dissidenten vor dem Gipfeltreffen ihm als Schwäche ausgelegt werden könnte. Nach dem günstig verlaufenen Gipfel jedoch steht dem Handel nichts mehr im Wege.

Ludwig Rehlinger und Wolfgang Vogel haben gemeinsam einen handschriftlichen Vertragsentwurf gefertigt. Von Namen, Nebenabreden und Abwicklungsmodalitäten ist die Rede. Doch hinter jedem Namen, der hier wie die Figur eines Schachspiels hin und her gerückt wird, verbirgt sich ein Schicksal. Die Aufnahme oder Streichung eines Namens in dem Verhandlungspaket bedeutet Begnadigung oder Verurteilung zu weiteren fünf, zehn oder mehr Jahren Freiheitsstrafe.

Es sind ungewöhnliche Schicksale darunter: Die Amerikaner entlassen den Agenten des ČSSR-Geheimdienstes Karel Köcher, der sich unter falschem Namen bei der CIA eingeschleust hatte. Er ist 1984 enttarnt worden und sitzt seitdem in Untersuchungshaft. Auch seine Ehefrau soll auf der Glienicker Brücke ausgetauscht werden. Hana Köcher befindet sich allerdings bereits in den USA auf freiem Fuß. Jüdische Glaubensgenossen haben eine Kaution von anderthalb Millionen Dollar für sie aufgebracht. Es hat im Fall Köcher zwei Probleme gegeben: Zunächst hat sich der Geheimdienst der ČSSR nicht zu den beiden bekannt. Als dieses Problem aus der Welt war, forderten die USA von den Eheleuten Köcher vor der Freilassung ein Schuldbekenntnis. Dies wiederum verweigerten Karel und Hana Köcher. Wolfgang Vogel mußte in die Vereinigten Staaten fliegen, um die beiden von der Sinnlosigkeit ihrer Weigerung zu überzeugen.

Der Pole Jerzy Kaczmarek arbeitete unter falscher Identität in der Bundesrepublik für den polnischen Geheimdienst.

Der 43jährige Ostberliner Diplom-Wirtschaftler Detlef Scharfenorth war wegen geheimdienstlicher Tätigkeit in einem besonders schweren Fall und Urkundenfälschung vom Oberlandesgericht Düsseldorf 1985 zu einer Freiheitsstrafe von vier Jahren verurteilt worden. Er hatte über eine studentische Arbeitsvermittlung der Universität Köln Mitarbeiter für »Marktforschungsaufträge« gesucht. Interessenten, die sich bei »Dr. Detlev Gensel« (so war sein Deckname) meldeten, wurden zu Kontakttreffen in ein Kölner Hotel eingeladen und dann mit zunächst banalen Aufträgen ausgestattet. Später traf er sich mit ihnen in Kölner Lokalen, zahlte großzügig die Zeche und unterhielt sich eingehend mit den jungen Leuten, um ihre Eignung für die vorgesehene Agententätigkeit festzustellen. Auch vor Gericht konnte jedoch nicht geklärt werden, ob er

Agenten anwerben konnte. Mit Sicherheit – das meinte der Senatsvorsitzende beim OLG Düsseldorf, Klaus Wagner, sagen zu können – war er »für seinen Geheimdienst ein wertvoller Mitarbeiter gewesen«. Scharfenorth soll zu dieser Bemerkung nur geschmunzelt haben.

Der Osten forderte auch die Freilassung des 39jährigen Mitarbeiters der sowjetischen Handelsmission in Köln, Jewgenij Michailowitsch Semljakow, der am 6. September 1985 ebenfalls vor dem Düsseldorfer Oberlandesgericht zu drei Jahren Haft verurteilt worden war. Er hatte versucht, elektronische Meßgeräte und Geräte der drahtlosen Nachrichtentechnik zu beschaffen, die zum Teil im militärischen Bereich eingesetzt werden und daher auf der sogenannten Cocom-Liste standen. (Dort sind jene Gegenstände aufgeführt, die aus Sicherheitsgründen nicht in Länder des Ostblocks exportiert werden dürfen.) Es konnte nie geklärt werden, ob Semljakow für den KGB oder den militärischen Nachrichtendienst (GRU) der Sowjetunion gearbeitet hatte. Schon am Tag nach seiner Verurteilung wurde jedoch bekannt, daß die UdSSR sich bemühen würde, Semljakow über einen internationalen Spionenaustausch zurückzuerhalten.

Der Westen verlangte neben Schtscharanskij die Freilassung des gebürtigen Tschechoslowaken Jaroslav Javorski, der zunächst in die Bundesrepublik übergesiedelt und später – mit deutschem Paß – bei einem Fluchthilfeversuch in der Tschechoslowakei verhaftet worden war.

Der 50jährige Kaufmann Dietrich Niestroy fuhr als Vertreter für medizinische Geräte durch die DDR. Dabei nahm er auch Kontakt zu DDR-Instituten für Strahlentechnik auf. 1978 wurde er vom Bundesnachrichtendienst geworben, um Nukleargeheimnisse auszuspähen. Im Oktober 1982 wurde er vom Ostberliner Militär-Obergericht zu lebenslänglicher Freiheitsstrafe verurteilt.

»LL«, lebenslänglich, so lautete auch das Urteil für den 40jährigen Ostdeutschen Wolf-Georg Frohn, der seit 1980 in der Strafvollzugsanstalt Bautzen II einsaß. Er arbeitete in der Forschungsabteilung der Carl-Zeiss-Werke in Jena. Sein Wissen gab er jedoch auch an einen Mitarbeiter der CIA in Hannover weiter, der ihm als Gegenleistung die Einschleusung in den Westen versprochen hatte. Der CIA-Agent, ein Verwandter von Frohn, ließ ihn jedoch im

Stich, und er flog auf. Schlimm für Frohn war, daß die CIA sich in der Folgezeit nicht zu ihrem in der DDR einsitzenden Mitarbeiter bekannte.

Als sich die Viererrunde im österreichischen Gerlos trifft, ist jedoch auch das Problem Frohn aus der Welt und der Vertrag unterzeichnungsreif. (Wolfgang Vogel und Ludwig Rehlinger hat das Filigranwerk offensichtlich ästhetisches Vergnügen bereitet.) Vogel, dem es gelungen ist, die Vollmachten aller östlichen Geheimdienste, die in dem Austausch einbezogen sind, auf sich zu vereinigen, gibt seine Zustimmung.

Auch die Amerikaner haben keine Bedenken. Botschaftssekretär Grobel (übrigens ein Schwager des langjährig für Deutschlandfragen zuständigen Ministerialdirektors im Kanzleramt, Hermann von Richthofen) ist von seinem Botschafter Richard Burt zur Beobachtung entsandt worden. Verhandlungsführer für die Amerikaner ist der zurückhaltende Francis Meehan, US-Botschafter in Ost-Berlin und seit mehr als 20 Jahren persönlicher Freund von Wolfgang Vogel. Auch er stimmt dem Arrangement zu.

Doch wo soll der Tausch stattfinden? Es gibt aus Sicherheitsgründen Bedenken gegen die Glienicker Brücke. Ob man die Aktion nicht lieber verlegen soll? Rehlinger, Meehan und Vogel wissen jedoch, daß Richard Burt, der US-Botschafter in der Bundesrepublik, einem spektakulären Auftritt gegenüber nicht abgeneigt ist. Er ist 38 Jahre alt, am Beginn einer womöglich glänzenden Karriere, und es wird ihm deutliches Vergnügen bereiten, zur Ehre Amerikas vor den Fernsehkameras an der Glienicker Brücke aufzutreten, dort, wo weiland Gary Powers gegen Rudolf Abel freigetauscht wurde. (Wolfgang Vogel betont jedoch, daß sich Burt sehr stark eingesetzt und auch menschlich eine wohltuende Rolle gespielt hat. Er habe Burt als verläßlichen und einfühlsamen Gesprächspartner kennengelernt.) Francis Meehan, ein ruhiger, nicht auf Effekte bedachter Mann, hält ebenso wie Rehlinger die Idee eines Massenspektakels an der Glienicker Brücke für »Quatsch«. Da teilt überraschend Wolfgang Vogel mit, daß seine Auftraggeber durchaus ein Interesse an großer Öffentlichkeit haben. Moskau hofft auf öffentliche Anerkennung der Entspannungsgeste; und die DDR ist nicht böse, demonstrieren zu können, welchen Anteil sie an dem Zustandekommen des Arrangements hat.

Der Vertragsentwurf steht. Die Unterhändler diktieren der Sekretärin Rehlingers den endgültigen Text in die Schreibmaschine, prüfen ihn, leisten ihre Unterschrift und prosten sich zu.

Wolf-Georg Frohn traut seinen Ohren nicht. Zwar hat es schon seit einiger Zeit Andeutungen gegeben, daß ihm Besonderes bevorsteht, aber für einen politischen Häftling, der seit über fünf Jahren in der Strafvollzugseinrichtung Bautzen II, Lessingstraße 7, einsitzt, kann dies sowohl Schlechtes als auch Gutes bedeuten. Die letzten Tage jedoch ist er isoliert worden. Für Insider ein sicheres Zeichen, daß die Entlassung in den Westen unmittelbar bevorsteht. Wahrscheinlich – so nimmt er an – wird er bald nach Karl-Marx-Stadt verlegt werden, wo regelmäßig Busse mit freigekauften Häftlingen über Herleshausen in die Bundesrepublik abgehen.

Doch die Fahrt geht Richtung Berlin. Das Wochenende vor dem 11. Februar 1986 verbringt Wolf-Georg Frohn im zentralen Untersuchungsgefängnis des Ministeriums für Staatssicherheit in Hohenschönhausen. Noch immer weiß er nicht, was mit ihm geschehen wird. In Hohenschönhausen begegnet er Dietrich Niestroy. Auch Jaroslav Javorski trifft in Ost-Berlin ein.

Zwischenzeitlich sind Jewgenij Semljakow, Detlef Scharfenorth, Jerzy Kaczmarek und die Eheleute Köcher (die vorher aus den USA eingeflogen worden waren) mit einer amerikanischen Militärmaschine aus dem Bundesgebiet nach Berlin gebracht worden.

Was aber geschieht mit der Hauptfigur der Tauschaktion, Anatolij Schtscharanskij? Auch er erfährt erst am Vortag in seinem russischen Gefängnis, was mit ihm geschehen soll. Er sitzt in seiner Zelle und liest in einem Band mit Werken von Schiller, als Uniformierte zu ihm kommen und ihm Zivilkleider bringen. Er wird zum Flughafen geführt. Als das Flugzeug startet, sagt ihm niemand, wohin der Flug geht. Erst nach zwei Stunden teilt der schweigsame KGB-Mann neben ihm lakonisch mit, das Flugzeug habe die UdSSR verlassen, und ihm sei die sowjetische Staatsbürgerschaft entzogen worden. Als das Flugzeug landet, bemerkt Schtscharanskij an den herumstehenden Interflug-Maschinen, daß er in Ost-Berlin sein muß. Für ihn eine außergewöhnliche Situation. Er, der viele Jahre seines Lebens für die Auswanderung nach Israel geopfert hat, ist noch nie im Ausland gewesen.

Ein Wagen bringt ihn zur Kanzlei Wolfgang Vogels in der Reiler Straße. Dort trifft er auch mit Francis Meehan zusammen. (Bei dieser Gelegenheit ist das Bild entstanden, das auf der Rückseite des Umschlags abgedruckt ist.) Vogel und Meehan reden Schtscharanskij zu, er möge sich bis zum nächsten Morgen ruhig verhalten. Nichts tut Schtscharanskij lieber.

11. Februar 1986, 6.00 Uhr morgens:
Die ersten Journalisten sammeln sich vor der rund 300 Meter von der Glienicker Brücke entfernten Polizeiabsperrung. Es sind 5 Grad minus.

8.30 Uhr:
Die beiden »Schleusen« links und rechts der Anfahrt zur Glienicker Brücke werden geöffnet. Wer schnell genug ist, kann bis zu fünfzig Metern an die Brücke herangehen. Es wird langsam hell, die Leute vom Fernsehen bauen ihre Kameras auf Podesten auf, die Fotografen montieren ihre Teleobjektive.

9.00 Uhr:
Die Schleusen füllen sich mit Hunderten von Journalisten. Einige haben Leitern mitgebracht. Immer mehr Polizisten nehmen ihren Posten ein. Die meisten sind eingeteilt, um die Fahrbahn der Königstraße für die erwarteten Wagenkolonnen freizuhalten. Journalisten, die über die Absperrungen zur anderen Straßenseite wollen, werden von den Polizeibeamten freundlich, aber bestimmt daran gehindert.

Durch das Fernglas ist zu erkennen, daß auf Potsdamer Seite noch alles ruhig ist.

10.10 Uhr:
Die rot-weißen Schranken am westlichen Brückenkopf gehen hoch. Auch auf der anderen Seite wird es unruhig. Polizisten und Militärs fahren mit ihren Dienstwagen auf. Trotz offiziellen Verbots haben auch verschiedene westliche Korrespondenten auf Potsdamer Seite Stellung bezogen. Durch die Ankündigungen im Westfernsehen neugierig geworden, haben sich einige Potsdamer bei der Brücke eingefunden.

Amerikanische Kleinbusse fahren auf westlicher Seite zum Brük-
kenkopf. Fotografen westlicher und östlicher Geheimdienste schie-
ßen gegenseitig Porträtfotos.

10.42 Uhr:
Mit hoher Geschwindigkeit fährt eine Wagenkolonne durch das
Spalier der aufgeregten Journalisten, angeführt von einem Funkwa-
gen mit Blaulicht, dieser gefolgt vom goldfarbenen Mercedes Wolf-
gang Vogels, dahinter der Wagen des US-Botschafters Richard
Burt. Den Abschluß der Kolonne bilden zwei dunkelblaue Klein-
busse der amerikanischen Luftwaffe. In ihnen sitzen Karel und
Hanna Köcher, Jerzy Kaczmarek, Jewgenij Semljakow und Detlef
Scharfenorth. Doch sie müssen noch warten.
Vor dem Grenzstreifen auf der Brückenmitte stellen sich die Mili-
tärbusse quer. Die Kameraleute und Fotografen fluchen: Trotz Tele-
objektiv ist kaum zu erkennen, was auf der Brückenmitte vorgeht.
Der Wagen mit Botschafter Burt und Ludwig Rehlinger wendet.
Kurz sind die drei zu sehen: Burt, Rehlinger und in ihrer Mitte der
schmächtige Schtscharanskij, gekleidet in einen dunklen Mantel
und mit einer übergroß wirkenden Pelzmütze. Burt und Schtscharanskij steigen in den Fond des Fahrzeuges, Rehlinger auf den
Beifahrersitz. Zügig fahren sie an den Journalisten vorbei. Einige
vergessen Mikrofon und Kameras und klatschen laut Beifall.
Schtscharanskij winkt und lacht.

10.50 Uhr:
Die Freilassung Schtscharanskijs ist abgeschlossen – der zweite Teil
des Austausches beginnt. Für die Kameras nicht sichtbar, hinter den
amerikanischen Militär-Kleinbussen, wird die Identität der ausgetauschten Agenten überprüft. Ein ungeheuer banales Problem sorgt
für Verzögerung: Die Agenten haben sehr viele Gepäckstücke mit,
die umgeladen werden müssen.

11.30 Uhr:
Der Austausch ist vorbei. In den dunkelblauen Kleinbussen der
amerikanischen Luftwaffe werden Frohn, Niestroy und Javorski
Richtung Militärflughafen Berlin-Tempelhof gefahren.

11.40 Uhr:

Edward Harper, Sprecher der US-Mission in West-Berlin, verteilt den Text einer gemeinsamen Erklärung von US-Präsident Ronald Reagan und Bundeskanzler Helmut Kohl:

»President Reagan and Chancellor Kohl welcome the fact that it has been possible to gain the release of Anatoly Shcharansky, a prisoner of conscience. This outcome is the product of close U.S.–German cooperation over an extended period of time. The President has expressed his warm appreciation to Chancellor Kohl for the substantial contribution of the government of the FRG to bringing about Shcharansky's release. The Federal Chancellor is pleased to contribute substantially to all efforts to improve East-West relations, particularly in the field of human rights.«

Harper wird von den Journalisten bestürmt. Ob er jetzt sagen kann, wer die Freigelassenen sind? – »I can't tell you.«

Die Westberliner Polizei beginnt mit dem Abbau der Sperren. Die Schlagbäume auf beiden Seiten der Glienicker Brücke werden wieder geschlossen. Zukünftig werden sie sich nur wieder für Angehörige der westalliierten Militärmissionen oder für die in der DDR akkreditierten Diplomaten öffnen. An der »Brücke der Einheit« ist wieder Alltag.

Ein Jahr später besuche ich Ludwig Rehlinger in seinem Staatssekretärsbüro. Ich möchte wissen, warum er mit Burt und Schtscharanskij zurückgefahren ist, bevor der Austausch abgeschlossen war. Rehlinger hat eine schlichte Erklärung: Wenn er nicht mitgefahren wäre, hätte es so ausgesehen, als sei die Freilassung Schtscharanskijs allein das Werk Richard Burts gewesen, und das hätte gewiß ein schiefes Bild gegeben. Aus diesem Grund habe er, der die Öffentlichkeit eigentlich nicht sucht, zugesehen, daß auch er auf die Pressefotos kommt. Recht hat er: Ehre, wem Ehre gebührt.

Der Mann aber, der das Mandat aller östlichen Geheimdienste hielt, war auf kaum einem Bild richtig auszumachen. Wolfgang Vogel war einmal mehr im Hintergrund geblieben.

III

Ein Rechtsanwalt in Ost-Berlin

Reiler Straße 4

»Dieses Haus ist als ein Prinzen-
schloß beschrieben worden. Sehen
Sie selbst: Es ist nur ein kleines, ganz
normales Einfamilienhaus, das ich
für 60 000 Mark/DDR erworben habe.«

Knapp eine Stunde dauert die S-Bahn-Fahrt vom Herzen West-
Berlins nach Friedrichsfelde Ost. Alle zehn Minuten fährt die
S-Bahn vom Bahnhof Zoo zur Übergangsstelle Friedrichstraße. Am
Zielpunkt beginnt ein Wettlauf der Fahrgäste um die ersten Plätze
an den Paßkontrollen: Wer zuletzt kommt, muß oft eine halbe
Stunde oder gar länger warten. Es genügt, daß einer in der Schlange
steht, dessen Papiere dem Kontrollbeamten verdächtig erscheinen,
und schon ist der Fluß der Abfertigung unterbrochen. Oft sind es
die besonders korrekt wirkenden Geschäftsleute, die besondere Beachtung finden.

Jenseits der hohen, kahlen, kalt und hell erleuchteten Kontroll-
halle (»Halle der Tränen«) betritt der Ostbesucher die Schalterhalle
der Berliner Verkehrsbetriebe (BVB) am Bahnhof Friedrichstraße.
Die S-Bahn-Fahrt kostet hier nur 20 Pfennig – während die Kollegen von der Westberliner BVG stattliche 2,20 DM für die gleiche
Leistung verlangen. Es gehört zu den Segnungen des Sozialismus,
daß der Grundbedarf (Lebensmittel, Mieten, öffentlicher Verkehr
usw.) stark subventioniert wird. Der Besucher Ost-Berlins tut also
gut daran, wenn er auf den Luxus einer Taxifahrt vom Bahnhof
Friedrichstraße aus verzichtet und mit der billigen und schnellen
S-Bahn fährt: Oft drängen sich dreißig oder gar fünfzig Wartende
am Taxistand; Stehzeiten bis zu einer Stunde sind nicht selten. Im
übrigen vermittelt die S-Bahn-Fahrt einen plastischen Eindruck
von der Großstadt Ost-Berlin. Über die Warschauer Straße geht es
zunächst zum Alexanderplatz.

Der Straßenplan des Ostberliner Zentrums liest sich zunächst wie ein Who-is-Who der kommunistischen Weltbewegung: Marx-Engels-Platz, Leninplatz, Karl-Liebknecht-, Rosa-Luxemburg-, Wilhelm-Pieck-, Hermann-Matern-, Otto-Grotewohl-Straße. Doch die Hommage an die Wegbereiter des Sozialismus hat vor den traditionsreichsten Benennungen haltgemacht: Unter den Linden z. B. und Alexanderplatz. Der »Alex«, einst das Zentrum Großberlins, ist auch heute städtischer Mittelpunkt jenes Teils, der als Hauptstadt der DDR ausgewiesen wird. Sein Wiederaufbau nach dem Zweiten Weltkrieg ist in ähnlicher Weise verunglückt wie der vieler Plätze in beiden Teilen der Nation: hier ein Kaufhaus, dort ein Hotel, dort eine Hochhausflucht, häßliche, zweckmäßige kubische Kästen. Die Menschen scheinen sich auf dem weiten, flachen Platz zu verlieren; wie ferngesteuert streben sie den S- und U-Bahn-Eingängen zu. Wenig ist hier, das zum Verweilen einlädt, Gemütlichkeit und Ruhe vermittelt, Pavillons etwa oder Cafés. Wie ein Fremdkörper im Betonpflaster steht die berühmte Weltzeituhr, von den Ostberlinern ohne weiteres Beachten passiert, nur von Touristen aus Ost- und Westeuropa, Amerika und Fernost näherer Beachtung gewürdigt. Der Wiederaufbau des Alexanderplatzes ist eine jener städtebaulichen Sünden aus der frühen Zeit nach dem Zweiten Weltkrieg, als die Beschränktheit der Mittel und Beschränkung des Denkens auf das Zweckmäßige das Handeln bestimmte. Zeugnisse dafür finden sich in Ost-Berlin und Dresden ebenso wie in Hamburg, Köln und Frankfurt – nur daß im Ostteil der Nation das Gebot zu eiserner Sparsamkeit unverändert gilt und die Fehler jener Zeit bis heute nicht behoben oder wenigstens kaschiert worden sind.

Und doch ist der Alexanderplatz noch heute das Herz ganz Berlins; er bildet – mittelbar oder unmittelbar – den Anfangspunkt zahlloser Ausfallstraßen, die in alle Himmelsrichtungen sternförmig ausgerichtet sind. Auch die Straße des 17. Juni, Kantstraße und Kurfürstendamm gehören dazu – wichtige Straßen in West-Berlin. Hier, am Alexanderplatz, wird eine Besonderheit des geteilten Berlin deutlich, die dem flüchtigen Besucher des anderen Teils womöglich entgeht: Was als Herz West-Berlins erscheint, ist in Wahrheit Teil einer Peripherie um ein Zentrum herum, das nah ist und fern – der Alexanderplatz.

Jenseits der S-Bahntrasse bietet sich dem Besucher Ost-Berlins ein gefälligeres Bild: Eine breite Fußgängerzone zwischen Karl-Liebknecht- und Rathausstraße lädt ein – zum Shopping (bei freilich sozialistisch-beschränktem Angebot), zum Flanieren und zum Besuch des Fernsehturms. Hinter der Fußgängerzone, auf der anderen Seite der Spree, ist die Rundkuppel des Doms sichtbar. Von hier aus – so weiß der Kunstfreund – sind es nur wenige Schritte zu Pergamon-Museum, Nationalgalerie und Bode-Museum. Hier ist Ost-Berlin Weltstadt.

Die Stadtlandschaft am Fuß der S-Bahntrasse ähnelt nun der anderer Großstädte in Ost und West: unverputzte Häuserrückwände (zu Zeiten sozialistischer Feierlichkeiten allerdings mit Transparenten geschmückt, auf denen mit kämpferischen Parolen für ein weiteres brüderliches Aufwärts und Vorwärts geworben wird), belebte Straßen. Zwischen Janowitzbrücke und Ostbahnhof führen die S-Bahn-Gleise nur wenige hundert Meter an der Mauer zum Westberliner Stadtteil Kreuzberg vorbei.

Der Bahnhof »Ostkreuz« ist der Knotenpunkt des öffentlichen Nahverkehrs. Hausfrauen, NVA-Soldaten in Uniform, Kinder mit Schultaschen wechseln zur anderen S-Bahn, die sie in die Stadtteile Baumschulenweg, Schöneweide, Prenzlauer Berg oder Pankow bringt. Andere steigen zu: ebenfalls Schulkinder, Rentner mit Einkaufstaschen, Mütter, die mit ihren Kleinen einen Ausflug zum Tierpark in Friedrichsfelde machen wollen. Die meisten Jungen und Mädchen tragen Jeans, made in DDR, und Windjacken – korrekte, nicht selten auch gutgeschnittene, jedoch etwas blaß und uniform wirkende Kleidung. Noch immer ist das Angebot in den Waren- und Modegeschäften nicht auf die menschliche Lust am Kleiden und Verkleiden abgestimmt, noch immer heißt das Gebot »Deckung des Grundbedarfs«, möglichst kostensparend. Mit mehr oder weniger auffälligem Stolz präsentieren einzelne jene Markenzeichen an ihrer Kleidung, die Westverwandtschaft oder Beziehung zu Westgeld verraten: Levis, Wrangler, Esprit, Boss. Der »Bundi« wird sofort erkannt; die Kleidung des Westdeutschen unterscheidet sich deutlich von der der anderen S-Bahn-Fahrgäste. Doch der Besucher muß nicht fürchten, angesprochen und wegen seines vermeintlichen, offenkundigen Wohlstandes zur Rede gestellt zu werden; die Ostberliner – nicht minder selbstbewußt als die Menschen im Westteil der Stadt – hegen keinen Groll gegen die Gäste: Was können die schon dafür, daß die Verhältnisse ihnen mehr Möglichkeiten bieten als den DDR-Bewohnern? So verliert sich die Verlegenheit schnell.

Lichtenberg, Friedrichsfelde Ost: Die Anzeichen von Peripherie mehren sich, die Besiedlung wird lockerer, jenseits der Gleisanlagen wird Begrünung sichtbar. Knapp 20 Minuten dauert die S-Bahn-Fahrt vom Bahnhof Friedrichstraße nach Friedrichsfelde Ost. Eine Stunde sind es vom Herzen West-Berlins bis zum Ostberliner Stadtrand, und doch kommt dies einer Reise in eine andere Welt gleich.

»Zu Professor Vogel wollen Sie?« fragt ein hilfsbereiter älterer Passant nach. »Wohnt der hier in der Nähe?« erkundigt er sich erstaunt bei seiner Frau. Sie weiß es auch nicht. »Wo soll der wohnen? Reiler Straße 4?« Der Mann schüttelt den Kopf und erklärt den Weg. An dem Omnibusplatz und der Post geht es vorbei, links unter der S-Bahn-Brücke hindurch, an einer Kleingartensiedlung vorbei und dann nach rechts. Wolfgang Vogel lebt unauffällig.

Knatternd ziehen Trabants und Wartburgs mit ihren Zweitaktmotoren am Omnibusplatz vorbei. Jenseits der S-Bahn-Unterführung werden entfernt bereits die Hochhäuser des Neubaugebietes Marzahn sichtbar. Die Fußgängerwege längs der Marzahner Chaussee sind nicht gepflastert. Die Fußgänger gehen im Slalom um die Pfützen herum. Tatsächlich ist das Umfeld, in dem Wolfgang Vogel seine Kanzlei unterhält, eher einfach. Zur linken Hand der Marzahner Chaussee ist militärisch bewachtes Gelände, rechts die bereits erwähnte Kleingartensiedlung. Die Gärten zeugen von liebevoller Pflege. Dasselbe gilt für die Häuser: freundlich herausgeputzt, sorgfältig lackiert, Datschen des kleinen Mannes.

Die Reiler Straße selbst gleicht mehr einem Dorfweg als einer ersten Adresse für eine Anwaltskanzlei: Auch hier sind die Fußwege ungepflastert, Siedlungshäuser mit kleinen Vorgärten säumen die Straße. Eines von ihnen, in dezentem, freundlichem Grün gestrichen, ist seit rund zwanzig Jahren der Arbeitsplatz des berühmten Rechtsanwalts und Spionenhändlers Wolfgang Vogel.

Auch bei näherem Herantreten deutet nichts auf den professionell-kühlen, durchorganisierten Betrieb einer hervorragenden Anwaltskanzlei hin; das Haus ähnelt eher einer Landarztpraxis, die im Wohnhaus selbst ausgeübt wird. Lediglich ein Bronzeschild zeigt den Besitzer an. Groß ist es geraten, mußten doch alle Titel des bedeutenden Mannes Berücksichtigung finden: »Prof. Dr. jur. h. c. Wolfgang Vogel, Rechtsanwalt und Notar, Dieter Starkulla, Klaus Hartmann, Rechtsanwälte, Sprechstunden nach Vereinbarung«. Damit der Besucher die Klingel findet, ist auch sie gesondert beschriftet. Doch ist die Vorsorge überflüssig: Die Gartentür ist immer geöffnet. Der Garten ist mit Sorgfalt arrangiert und gepflegt, der Metallzaun eingefaßt in Bruchsteinpfeiler, ein pittoresk gewachsener Ahorn, Lebensbäume, Zwergrhododendren, Birken, kein Fitzelchen Unkraut – schon das Ambiente ein Zeugnis von Korrektheit, Maß, Sinn für Ästhetik, Beherrschung.

Die Haustür wird elektrisch geöffnet. Das Sekretariat ähnelt weniger dem einer modernen Anwaltskanzlei als einem konventionellen Behördenzimmer der fünziger oder sechziger Jahre: betagte Regalschränke aus naturlackiertem Holz voller Akten, zwei gegenübergestellte Schreibtische. Die meisten der Bürodamen arbeiten schon seit vielen Jahren bei Wolfgang Vogel. Sie sind freundlich und natürlich, nicht zu Repräsentationszwecken aufgeputzt. Im Flur hängt der freundlich-direkte Hinweis, daß in diesen Räumen nur unhöfliche Menschen rauchen, ebenso die in deutschen Bürostuben allgemein verbreitete Weisheit, daß gemäß § 1 der Chef immer recht hat und gemäß § 2 für den Fall, daß der Chef einmal nicht recht hat, § 1 automatisch in Kraft tritt – Hinweise auf ein durchschnittliches, pusselig-kleinbürgerliches Allerwelts-Anwaltsbüro. Im Wartezimmer liegen »Neues Deutschland« und »Berliner Zeitung«.

Der Chef läßt bitten. Wolfgang Vogel begrüßt freundlich, aber nicht überschwenglich, zurückhaltend, aber nicht berechnend, offen, aber nicht geschwätzig, drückt einem fest die Hand, sieht einem offen in die Augen – ein Mann, der Maß und Mitte gefunden hat, der nicht die künstliche Pose zur Selbstbestätigung benötigt. Dabei strahlt Vogel keine Indifferenz oder Langeweile aus, sondern Interesse am (neuen) Gesprächspartner. Sein Äußeres, sein Auftreten sind bei genauem Betrachten durchaus gefällig. Vogel ist kaum 1,70 Meter groß, kräftig-untersetzt, perfekt und nach westlichem Chic gekleidet, Schlips und Reverstuch aufeinander abgestimmt, mit fast übermäßig sonnengebräuntem Gesicht, modischer Hornbrille, glatt zurückgekämmtem Haar – Belege einer (harmlosen) Eitelkeit, eines Strebens nach auch äußerlicher Perfektion und Harmonie (Vogel selbst zu diesem Thema: »Zu meinem Äußeren lese ich immer wieder, ich sei westlich gekleidet. Es sei so – jedoch habe ich meinen Schneider, Bodo Jahn, in Berlin-Biesdorf, Oberfeldstraße.«) Sein Gesicht wirkt bei aller Freundlichkeit versteinert, selten nur ein Lachen, allerdings lächelt er mit den Augen. Wolfgang Vogel ist ein Mann, der gelernt hat, seine Gefühle zu verbergen. Seine Sprache ist einfach und holzschnittartig, seine Wortwahl ist knapp, er beschränkt sich auf das Wesentliche. Ein Formulierungskünstler ist er nicht, ein Schwätzer schon gar nicht. Verschwiegen zu sein gehört zu den Geboten jedes Anwalts, und was für alle Standeskollegen gilt, hat Vogel besonders zu achten: Ein unüberlegtes Wort von ihm, das an die Öffentlichkeit gerät, und viele Menschen könnten gefährdet werden. Am auffälligsten jedoch ist seine Stimme: leise, deutlich und doch auf eigenartige Weise brüchig, fast zaghaft. Sie zeugt von Unsicherheit bei der Selbstdarstellung (erstaunlich für einen Mann, der als Strafverteidiger freies Reden vor Publikum gewöhnt ist) und von der ungeheuren Anspannung, die sich hinter der perfekten Fassade verbirgt. Wolfgang Vogel ist hochsensibel. Die Arbeit und die Verantwortung wirken in ihm nach, lassen ihn kaum einmal zur Ruhe und völligen Entspannung kommen – Schicksal übrigens der meisten Rechtsanwälte, die ihre Aufgabe ernst nehmen. Auch eine Spur Larmoyanz schwingt in seinem Tonfall mit; sie signalisiert Verletzlichkeit, dünne Haut.

Aber das sind Nuancen, die sich erst nach längerer persönlicher Bekanntschaft erschließen: Der erste Eindruck ist der einer gewinnenden, entwaffnenden Freundlichkeit und Offenheit, die jeden Zweifel, jede Kritik an der Person Vogels und ihren Motiven als absurd erscheinen läßt. Ich bin noch keinem Menschen begegnet, der eine derart natürliche Gabe besitzt, für sich einzunehmen, wie Wolfgang Vogel. Sicher beweist sich hier das taktische Geschick eines Mannes, der im Laufe jahrzehntelanger Anwaltstätigkeit den Wert des »Making friends« schätzengelernt hat, ebenso sicher aber ist diese großartige Fähigkeit, andere in Sekundenschnelle für sich einzunehmen, auch Ausdruck seiner Liebe zum anderen Menschen und des Glaubens an das Gute in ihm. Daß dieser Mann im Interesse der Sache seines Mandanten oder seines Staates zu kühler Taktik und Härte fähig ist, ist ihm kaum anzusehen. Der Menschenfreund Vogel trägt schwer an der Bürde, Überbringer guter und schlechter Nachrichten sein zu müssen, und wer ihn kennt, sieht es ihm an.

Sein Büro gleicht weniger dem offiziellen Besprechungszimmer eines Rechtsanwalts als vielmehr einem Wohnzimmer mit Schreibtisch: schwere, dunkelbraune Holzmöbel, Schreibtisch, Stuhl, Schrank, Standuhr, Brokatgardinen, deren Muster auf die Stoffbezüge der Möbel abgestimmt ist, zur Fensterfront hin eine Couchgarnitur, gleichfalls mit Blumenmuster. Das Zimmer ist überladen und wirkt doch gemütlich. Hier lebt ein Mann, der Erinnerungen pflegt, der sich schwertut, etwas für unwichtig zu halten und es wegzuwerfen. Die Wände sind mit Bildern behängt: Wolfgang Vogel und seine Frau Helga zusammen mit dem Leiter der Ständigen Vertretung, Klaus Bölling, auf einem Empfang, daneben – eingerahmt! – jener berühmte Artikel aus der »Berliner Morgenpost« vom Oktober 1964 (»Es gibt Nachrichten, die töten können«), eine signierte Fotografie von Fred Sinowatz, Bilder seiner Kinder Lilo und Manfred aus erster Ehe, Gemälde. Den stets spiegelblanken und aufgeräumten Schreibtisch ziert eine chinesische Lampe mit Drachenmotiv. Der Beistelltisch ist zugestellt mit Weltempfänger, Diktiergerät und jenen zwei orangefarbenen und grünen Telefonen westlicher Bauart, über die jene Spionenaustauschaktionen und Freikäufe besprochen, ausgehandelt und bestätigt werden, die in unregelmäßigen Abständen die Medien in Aufruhr versetzen. Auch die Fensterbank blieb vor dem Horror vacui des illustren Bewohners nicht verschont: ein Grundig-Farbfernseher, SECAM- und PAL-tauglich, Pflanzen, barocke Tischuhren. Vogel ist ein Uhrennarr.

Wäre es nicht das Büro Wolfgang Vogels, wäre die Häufung altdeutscher Möbel auf engstem Raum, das Sammelsurium von Nützlichkeiten und Erinnerungsstücken nur schwer erträglich. Doch der Raum lädt ein zum Verweilen, sich dem beruhigenden Takt der Standuhr anzupassen, die Geschäftigkeit abzulegen, zu erzählen. Dieses Zimmer hat nichts gemein mit der Kühle moderner Anwaltsbüros, in denen Mandanten geschäftsmäßig und zeitsparend abgefertigt werden.

Der Verteidiger

»In meinem Elternhaus bin ich sehr
beharrlich zur Hilfe für den anderen
erzogen worden. Da ist vielleicht etwas hängengeblieben. Auch haben
mich seit meiner Kindheit unglückliche Menschen immer innerlich
gepackt und aufgewühlt.«

Wolfgang Vogel wurde am 30. Oktober 1925 in der schlesischen Ortschaft Wilhelmsthal geboren. Wilhelmsthal liegt im Glatzer Bergland südlich von Breslau, das – eingerahmt von Eulen-, Adlergebirge und Großem Schneeberg – eine Art Enklave im tschechoslowakischen Teil der Sudeten bildet. Wolfgang Vogel war drittes von vier Kindern einer geachteten, aber bescheidenen Dorfschullehrerfamilie. Die Erziehung war streng katholisch, und sie beschränkte sich nicht auf die Erfüllung der formalen Pflichten eines Gläubigen. »Mein Vater hat sich sehr viel um arme, kranke und notleidende Menschen gekümmert, und da hat er mich immer mit an der Hand geführt.«

Die ersten Schuljahre verbrachte Vogel an der Mehrklassenschule seines Vaters in Wilhelmsthal. Später wechselte er auf das katholische Internat in der benachbarten Kreisstadt Glatz. Es folgten Arbeitsdienst und Ausbildung als Flugschüler. Nach dem Krieg – Vogel war zu diesem Zeitpunkt 19 Jahre alt – nahm er das Jurastudium auf. »Das war eine Zeit mit vielen Erschwernissen. Es begann an der Universität in Jena, die als erste nach dem Krieg wieder den Studienbetrieb aufgenommen hatte, im Oktober 1945. Wir lebten und arbeiteten zwischen Trümmern, ohne Bücher zunächst, denn die, die es gab, waren nicht mehr zu verwenden. Es mußten erst die geeigneten Dozenten gefunden werden. Einer der ersten war Professor Richard Lange, bei dem ich Strafrecht gehört habe – mit so viel Begeisterung, daß ich mich schon damals entschlossen habe, mich einmal im Strafrecht ein wenig umzutun.« Später wechselte Wolfgang Vogel an die Universität Leipzig.

Schon damals bewies Vogel Engagement und Ideenreichtum. Da das Geld der Eltern für den Lebensunterhalt nicht ausreichte, verdingte er sich als Geschäftsführer einer Fensterputzfirma und schuf sich so früh Unabhängigkeit. Ein Studienkollege aus Leipziger Tagen berichtet, daß Vogel sich engagiert für die Freilassung seines Bruders aus sowjetischer Kriegsgefangenschaft einsetzte. Der Bruder, Leutnant bei der Flak, hatte ihm eine Postkarte aus einem Kriegsgefangenenlager in der Sowjetunion zugeschickt. Doch niemand konnte Wolfgang Vogel helfen, auch nicht der Landgerichtspräsident, den er um Rat und Vermittlung fragte. Erst 1950 kam der Bruder Wolfgang Vogels frei.

Das erste Staatsexamen bestand Vogel 1949 in Leipzig, 1952 das zweite. Sein Ausbilder während der Referendarzeit, ein Richter am Amtsgericht Waldheim, nahm ihn als Assistenten mit nach Berlin, nachdem er zum Abteilungsleiter in das DDR-Justizministerium berufen worden war. Bereits mit 27 Jahren war Wolfgang Vogel Hauptreferent der Strafrechtsabteilung im Justizministerium.

Die Beamtenkarriere Vogels stoppte jedoch abrupt, als die nachrichtendienstlichen Verstrickungen seines Mentors offenbar wurden. Obwohl Vogel persönlich nichts vorzuwerfen war, erklärte die Ministerin, Frau Hilde Benjamin, daß auch er nach dem Vorgefallenen nicht länger haltbar sei. Ihm wurde freundlich nahegelegt, als Richter nach Suhl zu gehen. Für den ehrgeizigen Vogel hätte der Wechsel in das wenig belebte Thüringen eine Beerdigung zu Lebzeiten bedeutet. Er, der ängstlichen Respekt vor Obrigkeiten nie kannte, wandte sich darauf unmittelbar an das Zentralkomitee der Partei. Dort geriet er an den Sektorenleiter der Abteilung Staats- und Rechtsfragen, einen gewissen Josef Streit, ehrgeizig und kompetent wie Vogel. Der Eingabe Vogels wurde stattgegeben. Er erhielt die Erlaubnis, sich als Rechtsanwalt des Kollegiums von Groß-Berlin, Zweigstelle Lichtenberg, niederzulassen.

Das Treffen mit Josef Streit war der Beginn einer jahrzehntelangen Freundschaft, die bis zum Tode Streits im Juli 1987 andauerte. Auch seinen Vorgesetzten, der ihn zum Justizministerium nach Berlin gebracht hatte und später seinen nachrichtendienstlichen Verstrickungen zum Opfer fiel, vergaß Vogel nicht: Er gehörte zu den politischen Gefangenen, die im Zuge der ersten Häftlingsaktion 1964 in den Westen gelangten.

Von 1954 an war Wolfgang Vogel Mitglied eines »Kollegiums der Rechtsanwälte«, eines »freiwilligen« Zusammenschlusses zur gemeinschaftlichen Berufsausübung. Aufgabe der Kollegien ist es, zu gewährleisten, daß ihre Mitglieder »verantwortungsbewußt für die Einhaltung und Durchsetzung des sozialistischen Rechts eintreten«. Tatsächlich ist der Weg über die Anwaltskollegien für die zirka 600 Standeskollegen in der DDR der einzige Weg zum Erwerb der beruflichen Zulassung. Jene etwa 40 Einzelanwälte, die es in der DDR gibt, haben ihre Zulassung unmittelbar vom Justizminister erhalten. Das Privileg der (weitgehenden) Unabhängigkeit wird jedoch nur jenen Kollegen eingeräumt, die sich über Jahre oder Jahrzehnte durch verläßliche Arbeit in den Kollegien ausgewiesen haben.

Neun Jahre seiner Anwaltstätigkeit, die Jahre 1954 bis 1963, verbrachte Wolfgang Vogel in jenem wirklich unbeschreiblichen Gebäude, das bereits der von Manhattaner Verhältnissen verwöhnte Anwalt James D. Donovan mit Schaudern beschrieben hatte: Altfriedrichsfelde 113. Es handelte sich dabei um ein altes Fabrikgebäude, im funktionalen, reizlosen Stil der Jahrhundertwende erbaut, in bedenklichem Erhaltungs- und Pflegezustand, mit nackten Fenstern und verwildertem Garten. Der trostlose Anblick des Hauses (das zwischenzeitlich abgerissen worden ist) läßt verstehen, daß Vogel sein Gartenhaus Reiler Straße mit solch sichtbarem Besitzerstolz pflegt und ausschmückt.

Vogel erinnert sich noch an das zweite Mandat, das ihm angetragen wurde, die Verteidigung einer Prostituierten. Ihre Mutter war sehr arm, und sie fragte Vogel, ob sie die Verteidigergebühren in Raten bezahlen dürfte. Vogel stimmte zu. Wenig später jedoch kam die Mutter mit der ganzen Summe in bar. Als Vogel sie fragte, wie sie zu dem Geld gekommen sei, erzählte sie: »Ich habe gehört, daß Anwälte nur mit ganzem Herzen arbeiten, wenn sie ihr Geld schon im voraus erhalten. Also habe ich alle unsere Hennen geschlachtet.« Vogel hat das nie vergessen.

Die ersten Jahre seiner Tätigkeit unterschied das Mitglied des Kollegiums der Rechtsanwälte Wolfgang Vogel nichts von seinen Standeskollegen. Zusammen mit seinen Kollegen Dr. Carlota Schindowski und Dr. Götz Berger hielt er regelmäßige Sprechstunden montags, dienstags und donnerstags von 16.00 bis 18.00 Uhr ab.

Die Zweigstelle Lichtenberg des Kollegiums von Groß-Berlin war nicht die größte und meistfrequentierte, aber sie ernährte ihre Betreiber. Zwar hielt Vogel seit 1957 eine Zulassung als Rechtsanwalt in West-Berlin, doch das hatte er zu jener Zeit mit vielen Kollegen gemeinsam. Spektakuläre Auftritte vor westlichen Gerichten waren ohnehin dem berühmten Ostberliner Anwalt Professor Kaul vorbehalten.

Humanitäres Engagement bewies Vogel jedoch schon früh. Heinz Dietrich Thiel, seit dem Tode seines Vorgängers Johannes Zinke vor 19 Jahren Leiter der Hauptvertretung Berlin des Caritasverbandes, erinnert sich an eine erste Begegnung mit Vogel im Jahre 1959. Ein Apotheker in der Ostberliner Oranienstraße war mit der Rechtsordnung der DDR in Konflikt gekommen. Vogel hatte ihn verteidigt, jedoch eine Verurteilung zu einer Freiheitsstrafe nicht verhindern können. Auf Bitten des Schwiegersohnes, eines (zwischenzeitlich renommierten) Westberliner Rechtsanwaltes, fuhr Wolfgang Vogel nach Bonn und suchte nach Ansprechpartnern, die sich für die Freilassung seines Mandanten einsetzen konnten. Zu jener Zeit hatte die Vertretung der Fuldaer Bischofskonferenz in Bonn noch starken Einfluß auf die offizielle Politik. Konrad Adenauer, der Bundeskanzler, war Katholik, auch sein Beraterstab setzte sich aus Katholiken zusammen. Über die Repräsentanz der Katholiken in Bonn, bei der Thiel zu jener Zeit arbeitete, gelangte Vogel tatsächlich bis zum Kanzleramt. Mit finanzieller Unterstützung der Bundesregierung, vermittelt über die katholische Kirche, konnte dem Apotheker zur Freiheit verholfen werden. Dies war Wolfgang Vogels Feuertaufe in deutsch-deutscher Geheimdiplomatie. Mehr noch: Bereits der »Apothekerfall« offenbart Vogels Verständnis von Verteidigung. Sie erschöpft sich nicht in der gebührenträchtigen Vertretung bis zur rechtskräftigen Verurteilung: Für Vogel ist Verteidigung ein Prozeß umfassender persönlicher Betreuung – auch und gerade in der Zeit der Haft. Vogel hat einmal das Verhältnis zwischen dem Verteidiger und dem Mandanten (sowie seiner Familie) mit dem des Pfarrers zum Beichtenden verglichen. Verteidigung ist für Vogel mehr als nur die Mitwirkung am staatlichen Prozeß der Rechtsfindung, sie bedeutet Beeinflussung des Täters zum Guten hin, Suche nach Alternativen, Hinführen zu neuer Lebensführung, Hilfestellung in allgemeinsten Fragen. Zu solchem

Engagement gehört Respekt vor dem anderen, Demut, aber auch Sendungsbewußtsein und unerschütterliches Vertrauen in die Richtigkeit der eigenen Überzeugung – eine sympathische Anmaßung also. Wolfgang Vogel zieht aus der Lösung menschlicher Konflikte womöglich größere Befriedigung als seine Mandanten, meint Klaus Bölling, und er hat sicher recht. Vogel sagt selbst: »Ich sehe täglich Tränen des Leides und der Freude, und ich versuche eben, mich nicht am Leid, sondern an der Freude aufzurichten.«

Seinen Glauben an das Gute im Menschen bewahrte sich Vogel auch, als er in einem spektakulären Prozeß im Jahre 1966 den Arzt Dr. Horst Fischer vertrat, der im Konzentrationslager Auschwitz an der Vergasung von mehr als 50000 Menschen beteiligt gewesen war. Fischer war geständig. Wie konnte ein Menschenfreund wie Vogel einem kalten Menschenverächter, der sich erinnerte, das Leben eines jüdischen Bürgers nur »sehr gering geschätzt« zu haben, auch nur eine Spur von Verständnis entgegenbringen? Vogel verteidigte seinen Mandanten, indem er das System anklagte:

»Hinter dem Angeklagten stand ein System, das den Mord zum festen Bestandteil seiner Politik erhoben hatte. Fischer war sein Produkt und sein Werkzeug. Wir meinen, daß es für die strafrechtliche Bewertung ein Unterschied ist, ob es um die Initiatoren und Hauptakteure der systematischen Menschenvernichtungen oder um ihre Erfüllungsgehilfen geht, um diejenigen also, die ausführten, was andere am Schreibtisch ausgeklügelt, in Amtsstuben beraten und durch Befehle angeordnet haben, immer im engen Zusammenwirken mit der Industrie. Der Unterschied der Verantwortung in diesem teuflischen Zusammenspiel ist ein gradueller. Die Erfüllungsgehilfen sind namentlich wegzudenken, nicht jedoch die Hauptakteure. Fischer hätte all die furchtbaren Handlungen, die Gegenstand der Anklage sind, nicht begehen können, wenn nicht andere die Voraussetzungen geschaffen hätten. Das großbetriebliche systematische Morden erklärt sich nicht an dem einzelnen Beteiligten – es heißt nicht Fischer, sondern Faschismus.«

Vogel sah dennoch für eine Verteidigung Fischers nur einen Spielraum zwischen lebenslanger Freiheitsstrafe und Todesstrafe, also auf dem Gebiet der Strafzumessung. Er hält es für verkehrt, bei einem klaren Ergebnis der Beweisaufnahme über unklare Wege zu einem Plädoyer auf Freispruch zu kommen – so wie es bei den Frankfurter Auschwitz-Prozessen geschehen ist. In seinem Plädoyer sagte er:

»Das Recht, sich mit Hilfe eines Anwalts zu verteidigen, ist jedem Angeklagten, auch diesem, garantiert. Allerdings sind wir der Meinung, daß es nicht zur hohen Schule der Verteidigung gehört, abweichend von einem eindeutigen Beweisergebnis das Schwarze ins Weiße zu verkehren und ungerechtfertigte Anträge zu stellen, die nur scheinbar entlasten können, so man Ohren hat zu hören und Verstand, normal zu denken. Dieses Verteidigen um jeden Preis überzeugt nicht, und es ist u. E. mit der anwaltlichen Berufspflicht unvereinbar, zumal man nur allzu schnell in Konflikt gerät mit den vertretbaren Interessen des eigenen Mandanten, der sich für schuldig bekennt.«

Zu den anwaltlichen Aufgaben im Strafprozeß gehört nicht das Verteidigen um jeden Preis, das Leugnen von Offenkundigem bis zur Absurdität: »Das Plädoyer des Strafverteidigers muß nicht mit einem Antrag auf Freispruch enden. Ich plädiere ja nicht zum angeklagten Mandanten, und schon lange nicht zum Publikum. Die Kunst des Verteidigens, die hohe Schule des Verteidigens besteht darin, die Richter, die Fachkenner zu überzeugen. Das kann nicht gelingen, wenn mein Antrag vom Ergebnis der Beweisaufnahme nicht getragen ist. Ich entscheide mich im Interesse des Mandanten besser für Strafmilderung als für einen Freispruch, der bei einer erwiesenen Tatbeteiligung an mehr als 50000 Vergasungen in einem Konzentrationslager an den Haaren herbeigezogen wäre und von vornherein die Richter nicht überzeugen kann.« Wenn doch nur alle Anwälte so dächten – es wäre dem Ruf des Berufsstandes sicher förderlich.

Das Plädoyer der Anklage hielt übrigens Generalstaatsanwalt Dr. Josef Streit, der Freund und Mentor Vogels über mehr als drei Jahrzehnte. Doch es war kein Schaukampf, bei dem Sieger und Besiegte von vornherein feststanden. Daß der Angeklagte am 25. März 1966 zum Tode verurteilt und das Urteil vollstreckt wurde, belegt nicht die Unmenschlichkeit der DDR-Justiz, sondern lediglich die Fragwürdigkeit der Todesstrafe als Konsequenz der Rechtsfindung.

Wolfgang Vogel war in der Zwischenzeit zu einem renommierten Strafverteidiger avanciert. Die Powers/Abel-Affäre, KZ-, Flucht-helfer- und Spionageprozesse hatten ihn bekannt gemacht. In seiner Kanzlei häuften sich mittlerweile Akten voll deutsch-deutscher Problemfälle. Für Behörden wie Privatpersonen in Ost und West war der auf beiden Seiten wohlgelittene Anwalt zur Anlaufstelle geworden. Die Häftlingsaktion war gesamtdeutscher Alltag gewor-den, ebenso die Aktion »Familienzusammenführung«. Wolfgang Vogel hatte sich neben seiner normalen anwaltlichen Betätigung ein neues, arbeits- und zeitaufwendiges Aufgabengebiet erschlossen.

Zwischenzeitlich hatte er auch seine Kanzlei verlegt. Das depri-mierende Gebäude Altfriedrichsfelde Nr. 113 war abgerissen wor-den und Vogel mit seinem Kollegium in das Nachbarhaus Nr. 115 gezogen. Dies befriedigte wenigstens bescheidene Erwartungen in ein erträgliches Ambiente: ein dreistöckiger, etwa vierzig Jahre alter Mietsbau mit schön gewachsenen Bäumen im Vorgarten, korrekt beschnittener Buchsbaumhecke, bepflanztem Balkon und – ein Fortschritt – Gardinen vor allen Fenstern des Hauses.

1968 erhielt Wolfgang Vogel seine Zulassung als Einzelanwalt. Er erwarb für 60 000 Mark ein kleines Einfamilienhaus in der Reiler Straße von einer Handwerkerswitwe, und dort praktiziert er noch heute. Sein früherer Bürovorsteher, Klaus Hartmann, ist heute sein Sozius, und als dritter Mann ist Rechtsanwalt Dieter Starkulla hin-zugekommen.

Auch später ist Wolfgang Vogel als Anwalt bescheiden geblieben, getreu dem Grundsatz: »Schuster bleib bei deinem Leisten«, den er gerne zitiert, wenn er nach seinen Sonderaufgaben gefragt wird. Die Fähigkeit zum Rückzug ins Alltägliche hilft ihm, den Boden unter den Füßen zu behalten. Auch als Anwalt mit diplomatischem Man-dat ist Wolfgang Vogel kein anderer geworden.

Auf schmalem Grat

>»Wenn es um meine anwaltliche Ehre
>geht, weiß ich mich zu wehren, egal
>vor welchem Gericht und gegen
>wen, und das werde ich auch weiter
>so halten.«

Rund fünfzig Zuhörer sind anwesend, darunter der ehemalige DDR-Häftling Nico Hübner, als Wolfgang Vogel am 8. Juli 1980 in eigener Sache vor dem Westberliner Landgericht am Tegeler Weg auftritt. »Seit 1954 hatte ich es mit etwa 100000 Mandanten zu tun. Von diesen 100000 Fällen werden mir zwei angelastet. Das sind genau zwei Fälle zuviel.« Gegner Wolfgang Vogels ist die Gesellschaft für Menschenrechte in Frankfurt. Sie hat in einer Dokumentation »Menschenrechte als Opfer innerdeutscher Beziehungen« behauptet, Wolfgang Vogel sei hoher Offizier des DDR-Staatssicherheitsdienstes und habe zwei Mandanten, die ihn in seiner Praxis in Ost-Berlin aufgesucht hatten, verraten. Vogel ist empört und verlangt Gegendarstellung, Unterlassung und Vernichtung der bereits gedruckten Dokumentationsexemplare. Vogel hat Westberliner Kollegen mit seiner Vertretung beauftragt: Dr. Friederike Schulenburg, Expertin für Presserecht, ruft temperamentvoll: »Ich würde mich dagegen verwahren, mit einem Offizier des Staatssicherheitsdienstes in der gleichen Anwaltskammer zu sein!« (Wolfgang Vogel ist – da auch in West-Berlin zugelassen – auch Mitglied in der Anwaltskammer.) Der ruhige Reymar von Wedel, der knapp zwei Jahrzehnte vorher das Konzept der Häftlingsaktion zusammen mit Bischof Scharf entwickelt hat, pflichtet ihr bei: »Wenn einer behauptet, der Anwalt sei Agent der Verfolgungsbehörde, dann ist das nicht mehr steigerungsfähig, und die Ehre muß vollständig wiederhergestellt werden.«

Die GfM räumt ein, daß für die Behauptungen über die angebliche Rolle Vogels keine Beweise von drüben herbeigeschafft werden konnten. Auf die besondere Situation bestimmter Zeugen müsse Rücksicht genommen werden, auch wolle man keinen »Prozeß auf Hauen und Stechen führen, bei dem Herrn Vogel womöglich mehr Schaden entsteht als durch eine Veröffentlichung«. Vogel, den seine Freunde noch nie so ärgerlich erlebt haben wie an diesem Tag, fordert die GfM ironisch auf: »Nehmen Sie keine Rücksicht auf mich. Immer raus damit. Wir sind zu jeder Offenlegung bereit.«

Am Ende dieser »juristischen Vivisektion« der Gesellschaft für Menschenrechte – so der Kommentar eines Zuschauers – macht der Vorsitzende Richter klar, daß den Anträgen Wolfgang Vogels in vollem Umfang zu folgen sein wird und die GfM die Verfahrenskosten zu tragen hat. Doch Wolfgang Vogel will keinen spektakulären Erfolg und vor allem keine mögliche Berufungsinstanz: »Ich will die Sache hier aus der Welt schaffen. Ich will kein Dauerbrenner sein. Schließlich habe ich keine Lust, die Regale mit meinen eigenen Verfahren zu füllen. Ich habe genug andere.« Er erklärt sich mit einem Vergleich des Inhalts einverstanden, daß die Gesellschaft für Menschenrechte ihre Behauptungen nicht mehr aufrechterhält und die Verfahrenskosten trägt. Vogel verzichtet im Gegenzug auf den Abdruck von Gegendarstellungen und eine Vernichtung der gedruckten Exemplare der umstrittenen Broschüre. (Dieser Verzicht ist für ihn risikolos, denn nach dem Berliner Verfahren würde die GfM bei einer Weiterverbreitung der noch vorhandenen Exemplare einen neuen und für sie hoffnungslosen Prozeß riskieren.)

»Die Anwaltsehre ist das tragende Element für das Vertrauensverhältnis zwischen Mandant und Anwalt«, sagt Vogel. »Wenn dieses Vertrauensverhältnis gestört ist, kann es keine anwaltliche Arbeit geben, man kann das Mandat nicht bewältigen. Mit den Vorwürfen versucht man, dieses Vertrauensverhältnis zu zerstören, und dagegen wehre ich mich. Es kommt vielleicht noch hinzu, daß ich für die Journalisten aus der Ferne in der DDR kein Freiwild bin.«

Wenn auch Wolfgang Vogel durch den Verfahrensausgang voll rehabilitiert ist, läßt die später in »Internationale Gesellschaft für Menschenrechte« umbenannte Organisation nicht davon ab, Vogel zu attackieren. Am 13. November 1984 erscheint im »Wall Street Journal« ein Beitrag des IGfM-Vorsitzenden Reinhard Gnauck mit dem Titel: »Germany's unconscionable slave trade« (»der gewissenlose Menschenhandel in Deutschland«). Dort heißt es u. a.: »Even some former political prisoners express their gratitude to Mr. Vogel – what a painful reminder of those concentration camp prisoners who kissed the boots of their SS-guards for a piece of bread.« (»Sogar einige frühere politische Häftlinge drücken Herrn Vogel ihre Dankbarkeit aus – was schmerzhafte Erinnerung an jene KZ-Gefangenen weckt, die die Stiefel ihrer SS-Wächter für ein Stück Brot küßten.«)

Vogel hat auf diese Infamie nicht mit juristischen Schritten reagiert – in der wohl berechtigten Befürchtung, daß ein Verfahren und die damit verbundene Publizität seinen Gegnern eher gelegen gekommen wäre.

Die Attacke der Gesellschaft für Menschenrechte gegen den vermeintlichen »Offizier der Staatssicherheit« Vogel war nicht der erste und einzige Angriff, dem sich der sensible Anwalt in 25 Jahren seines öffentlichen Wirkens ausgesetzt sah. Erst im Sommer 1985 erstattete ein ausgereistes Ehepaar Strafanzeige gegen Vogel wegen Nötigung und Beihilfe zur Kindesentziehung. Sie hatten sich dafür der Unterstützung der IGfM versichert. Vogel wurde vorgeworfen, sie unter Zwang von ihrer noch in der DDR lebenden siebenjährigen Tochter getrennt zu haben.

Dieser Vorwurf war aus mehreren Gründen absurd. Zwar hat Wolfgang Vogel den Eheleuten, die in einem DDR-Gefängnis einsaßen, tatsächlich empfohlen, einer Übertragung des Sorgerechtes für das gemeinsame Kind auf die Großmutter zuzustimmen, denn die Klärung der Sorgerechtsfrage für die Kinder der Inhaftierten ist regelmäßig Voraussetzung für erfolgversprechende Bemühungen um Entlassung in den Westen. Jedoch kam ein Verbleib des Erziehungsrechts bei den Eltern nicht in Betracht. Die Eltern hatten nachweislich in zerrütteten sozialen Verhältnissen gelebt und waren wegen verschiedener krimineller (nicht politischer) Delikte vorbestraft gewesen. Unter diesen Umständen kam nur die Übertragung des Sorgerechts auf eine dritte Person in Betracht. Darauf hatte Vogel die Eltern schriftlich im Juli 1984 aufmerksam gemacht. Bei einem Haftbesuch zwei Monate später wiederholte er seinen Hinweis. Die Eheleute erklärten sich mit dem Vorschlag einer Vormundschaftsübertragung auf die Großmutter einverstanden. Tatsächlich war die Großmutter jedoch bereits am 20. 8. 1984 durch das Referat Jugendhilfe in Halle zum Vormund bestellt worden – und dies auf Antrag der Großmutter vom 13. 8. 1983 und auf Antrag der Mutter vom 12. 9. 1983. Die Mutter hatte also den Vorschlag, den sie Wolfgang Vogel nun als »Nötigung« und »Beihilfe zum Kindesentzug« vorhielt, bereits ein Jahr vorher selbst unterbreitet. Weiterhin war Wolfgang Vogel in dem Aberkennungsverfahren anwaltlich überhaupt nicht beteiligt. – Doch auch dies verschwiegen die Anzeigeerstatter und ihr Rechtsanwalt.

Zu den »Störenfrieden« in den Medien (wenn auch mit besten Absichten!) gehörte das »ZDF-Magazin« des Gerhard Löwenthal. Löwenthal hatte es sich zur Aufgabe gemacht, Menschenrechtsverletzungen in der DDR anzuprangern. Dies ist ein durchaus achtenswertes und honoriges Anliegen. Doch er und seine Mitarbeiter verfehlten nicht selten ihr Ziel. Indem sie tragische Einzelfälle an den Pranger stellten, machten sie es Vogel und den westdeutschen Unterhändlern unmöglich, die Probleme still aus der Welt zu schaffen. Die DDR sah sich aufgefordert, zu beweisen, daß sie nicht erpreßbar war, und blockierte alle Bemühungen.

Mit besonderer Begeisterung hatten sich die populären Zeitungen des Axel-Springer-Verlages auf Wolfgang Vogel eingeschossen. Dies war um so verwunderlicher, als den Verleger mit dem Ostberliner Rechtsanwalt ein freundlicher persönlicher Kontakt verband. Doch eine so schillernde Persönlichkeit wie Vogel reizt nun einmal zu publizistischer »Verarbeitung«, und so ließ mancher Springer-Autor, der um den wechselseitigen Respekt der beiden Männer nicht wußte, publizistische Breitseiten gegen Vogel auffahren. Als der enttäuschte Vogel den Verleger persönlich anschrieb, weil er einmal mehr verdächtigt worden war, Ausreisewillige an die Staatssicherheit verraten zu haben (»Berliner Morgenpost« vom 25. 1. 1984), antwortete Springer: »Haben Sie Dank für Ihren Brief. Er gibt mir Veranlassung, Ihnen für so manches zu danken, was vor zwei Jahrzehnten seinen Anfang nahm. Ich habe dies alles nie vergessen. Um so mehr bedauere ich die mir zur Kenntnis gebrachte Kontroverse zwischen Ihnen und der Berliner Morgenpost.« Die »Morgenpost« stellte den Sachverhalt richtig.

Zu neuer Verwirrung um Wolfgang Vogel führte ein Bericht des Springer-Blattes »Die Welt« vom 31. 1. 1985. Es war nämlich – so grotesk dies erscheinen mag – das Grab von Wolfgang Vogel entdeckt worden, und zwar auf dem Soldatenfriedhof am Futa-Paß in Norditalien – dabei war dem Autor nicht einmal Phantasterei vorzuwerfen. Tatsächlich war bei der Umbettung eines gefallenen Wehrmachtssoldaten von einem italienischen Gemeindefriedhof auf den Soldatenfriedhof eine Erkennungsmarke gefunden worden, als deren Empfänger in den Wehrmachtslisten Wolfgang Vogel, geboren am 30. Oktober 1925 in Wilhelmsthal, angegeben war. Nun hätte der Autor einfach persönlich bei dem »Verschollenen« rückfragen können. Thema und Person Wolfgang Vogel waren ihm seit zwei Jahrzehnten bekannt: Bereits am 29. 1. 1967 hatte derselbe Journalist in »Bild am Sonntag« über die Auflösung des Falles Martina W.* (siehe S. 101 ff.) berichtet und auch Vogel dabei erwähnt. Bei einer Rückfrage hätte ihm Vogel seine Erkennungsmarke mit der Nummer »283« gezeigt, die er heute noch in Besitz hat – seine Neigung, Erinnerungen zu konservieren, hat so wunderbare Rechtfertigung gefunden. In den Wehrmachtslisten war fälschlicherweise vermerkt worden, daß ihm die Nummer »281« ausgehändigt worden war. Diese Verwechslung wurde tatsächlich zwei Tage nach der Veröffentlichung vom Leiter der »Deutschen Dienststelle für die Benachrichtigung der nächsten Angehörigen von Gefallenen der ehemaligen deutschen Wehrmacht« in Berlin, Günter Wogdanski, bestätigt. Aber damit wäre die schöne Story natürlich keine mehr gewesen. Und was ist schon das Persönlichkeitsrecht eines DDR-Anwalts gegen die Aussicht auf einen publikumswirksamen Beitrag?

Vogel weiß, daß die öffentlich geäußerten Vorwürfe und Kränkungen der IGfM nicht mehr sind als Kundgaben einer verbreiteten Meinung – und umgekehrt. Bei den Vorarbeiten zu diesem Buch sprach ich mit einem hohen Ministerialbeamten. Seine erste Reaktion auf das Stichwort Wolfgang Vogel war: »Ein interessanter Mann. Ist er nicht Offizier des Staatssicherheitsdienstes?« Das Fatale an Ehrverletzungen ist, daß sie nicht durch einen kalkulierbaren Gegenakt rückgängig gemacht werden können. Der Ehrschaden ist das Ergebnis eines nicht steuerbaren Kommunikationsprozesses. »Die Verleumdung ist ein Lüftchen«, und sie hinterläßt ihre Spuren an oft unerwarteter Stelle.

Wolfgang Vogel wird weiter mit diesen Verdächtigungen leben müssen. Sein Dilemma ist, sich in einem unauflöslichen Interessenkonflikt zu befinden. Er vertritt – und bekennt dies auch offen – die politischen und wirtschaftlichen Interessen seines Staates, der DDR, in humanitären Angelegenheiten und ebenso die Interessen der Ausreisewilligen und Inhaftierten, die mit dem Staat in Konflikt stehen. Seine Aufgabe gleicht der Quadratur des Kreises, und das große Geschick Vogels besteht darin, für seinen Staat das Bestmögliche bei humanitären Unterhandlungen zu erreichen und doch die Einzelschicksale der »Handelsware Mensch« im Auge zu behalten. Im Grunde müßte er wegen Interessenkollision entweder das Mandat seiner Regierung niederlegen oder das seiner Mandanten. Jeder »vernünftige« Anwalt täte es, wollte er sich nicht des Parteienverrats verdächtigen lassen. Vogel nimmt dieses Risiko auf sich – nicht aus Geldgier, wie Neider meinen. Für seine humanitäre Tätigkeit im Dienste des Staates nimmt er – wie schon beschrieben – kein Geld. Dies hat er nie öffentlich erwähnt, weil er es nicht für erwähnenswert hält. (Seine Frau Helga plädiert für mehr Offenheit – um den Mißgünstigen und Neidern den Wind aus den Segeln zu nehmen.)

Zu seinem Geschäft gehört Diskretion, das weiß er und predigt es den Unbelehrbaren: den Trommlern der IGfM und anderer Menschenrechtsorganisationen, dem Heidelberger Medizinprofessor Dr. Wolf-Dieter Thomitzek, der mit konstanter Uneinsichtigkeit gemeint hat, über Mediendruck die Freilassung seiner Schwester Christa-Karin Schumann erwirken zu können. Zu gut weiß Vogel, daß sein Staat auf Erpressungsversuche mit noch konsequenterer Verweigerung reagiert. (Dies bedeutet im übrigen kein Werturteil über die Arbeit von Menschenrechtsorganisationen und Verwandten, die sich für die Freilassung und Ausreise politischer Häftlinge aus der DDR einsetzen. Es wäre schizophren, die Lage politischer Häftlinge in fernen Ländern zu beklagen, die Vorgänge im anderen Teil Deutschlands jedoch zu ignorieren. Auch kann eine verantwortungsbewußte Information der Öffentlichkeit über Vorgefallenes durchaus nützlich sein. Doch das »Feindbild« muß stimmen – und die Wahl des richtigen Mittels.)

Wolfgang Vogel sucht nach Spielräumen für Verbesserungen im humanitären Bereich: »Da hätte ich schon eine ganze Wunschliste, und zweierlei möchte ich herausgreifen auf Ihrer Seite: weniger Kampagne, weniger Blasmusik um den jeweiligen Konflikt. Still und besonnen operiert es sich eben erfolgreicher. Beweis: Es gibt mehr öffentlich unbekannte als bekanntgewordene gute Lösungen. Und zweitens: weniger Überforderung, maßvoller in der Erwartung und ein bißchen mehr Zufriedenheit mit dem Machbaren, als Unzufriedenheit mit dem nicht oder noch nicht Machbaren.« Auch an seine Seite richtet Vogel Wünsche: »Ich würde sagen, daß doch mit dem Zuge der Zeit das anwaltliche Mandat Erweiterung erfahren möge. Das wird von dem Stand der Beziehungen zwischen beiden deutschen Staaten abhängen. Ich meine den Umfang: Ich bin eingegrenzt in Möglichkeiten, die mir auf meiner Seite eröffnet werden. Das betrifft z. B. Familienzusammenführung, Freilassung von Häftlingen, und da sehe ich doch Möglichkeiten, ein Stück weiter zu öffnen, daß der Personenkreis noch umfänglicher wird. Und zweitens: mehr Gelassenheit, wenn auf Ihrer Seite versucht wird, mies zu machen und unsachlich zu zerreden, und das geschieht leider sehr häufig.«

Alles hat seine Vor- und Nachteile – so auch die Anfeindungen und Verdächtigungen, denen Wolfgang Vogel nach über 20jährigem Wirken noch immer im Westen ausgesetzt ist: schützen sie ihn doch vor den Kritikern im eigenen Lager. Auch in der DDR ist Vogel nicht unumstritten. Zwar ist er als Devisenbringer hoch geschätzt, auch erfreut er sich des schützenden Vertrauens Erich Honeckers, doch stoßen weltmännischer Auftritt und Lebensstil Vogels bei vielen alten Klassenkämpfern auf Unverständnis und (leisen) Protest. Zudem – und vielleicht gerade aus letztgenanntem Grund – sieht sich Vogel im Osten vergleichbarem Mißtrauen ausgesetzt wie im Westen: Gilt er manchen hier als »Menschenhändler«, der sich an dem Schicksal politischer Häftlinge bereichert, oder als »Offizier des Staatssicherheitsdienstes«, steht er bei Mißgünstigen dort im Verdacht, mit dem Westen gemeinsame Sache zu machen.

Vogel bewegt sich auf schmalem Grat. Bei aller Wertschätzung, die er mittlerweile auch im Westen genießt, ist er doch auf Gedeih und Verderb auf die schützende Rückendeckung der Staats- und Parteiführung der DDR angewiesen. Was wird sein, wenn Erich Honecker die Verantwortung abgibt? Wird eine Politikergeneration, die von den schwierigen Anfängen der humanitären Beziehungen nur aus Erzählungen weiß, noch den Wert des stillen Mittlers zwischen Ost und West zu würdigen wissen?

IV

Privat

Freunde

»Meine Freunde und persönlichen
Vorbilder sind Menschen, die den
Interessenausgleich praktizieren.«

Wolfgang Vogel ist harmoniebedürftig. Streit ist ihm, der täglich mit der Lösung von Streitfällen beschäftigt ist, zuwider. Kraft und Ruhe schöpft er aus der Beziehung zu seiner Frau Helga, aber auch aus der Pflege langjähriger Freundschaften.

Bedeutende Männer zählen zu seinen Freunden – doch nicht nur sie. Viele einfache oder wenig bekannte Menschen, zu denen er Kontakte hatte oder denen er helfen konnte, sprechen heute noch mit Hochachtung von ihm. Er freut sich über die Treuebeweise, die sie ihm – oft noch nach Jahrzehnten – erbringen, über ihre Briefe, Weihnachtsgrüße, Geschenke und gelegentlichen Besuche. Das handgeschriebene Dankeschön eines Freigelassenen achtet er ebenso hoch wie offizielle Belobigungen. »Wenn ich der liebe Gott wäre, und es gäbe Sie noch nicht, dann würde ich Sie sofort erschaffen, und zwar so, wie Sie sind!« schrieb ihm ein westfälischer Pfarrer, dem er zur Freilassung aus DDR-Haft verholfen hatte. Der Pfarrer schenkte ihm eine große Kerze, die noch heute das private Arbeitszimmer im Haus am Teupitzsee ziert. Sie trägt die Inschrift. »Licht in der Finsternis. 25. 3.–24. 6. 1977«. (Das war die Haftzeit des Pfarrers.) Auf wenige Komplimente ist Vogel so stolz wie auf dieses.

Zu seinen Freunden und Vorbildern gehörte der frühere DDR-Generalstaatsanwalt Josef Streit. Der im Juli 1987 verstorbene Streit, als Arbeitersohn in Nordböhmen geboren, war in seiner Jugend der kommunistischen Partei der Tschechoslowakei beigetreten und hatte – nach dem »Anschluß« des Sudetenlandes – sieben Jahre in den Konzentrationslagern Dachau und Mauthausen verbracht. 1946 trat er der SED bei und besuchte einen Volksrichterlehrgang, eine Art Kurzausbildung zum Richterberuf (um später eine jener Stellen zu besetzen, die durch die Säuberung der Justiz von NS-Akademikern frei geworden war). Nach kurzer Tätigkeit als Amtsrichter und Hauptreferent im Justizministerium gelangte er als Abteilungsleiter zum Stab des Generalstaatsanwalts. 1953 wurde er als Sektorenleiter in die Abteilung Staats- und Rechtsfragen beim ZK der SED berufen. Seit 1962 war Streit Generalstaatsanwalt der DDR, seit 1963 Mitglied des Zentralkomitees und des Ministerrats, ein wichtiger und einflußreicher Mann. Ein hochgeehrter zudem: Zu seinem siebzigsten Geburtstag am 9. Juni 1981 verlieh ihm Erich Honecker die Ehrenspange zum Vaterländischen Verdienstorden in Gold. Im Glückwunschtelegramm hieß es: »Hervorzuheben ist auch Deine Tätigkeit als leidenschaftlicher Propagandist und Agitator zur Festigung des sozialistischen Staats- und Rechtsbewußtseins der Bürger und damit zur Entwicklung gesellschaftlicher Aktivitäten bei der Gewährleistung von Ordnung und Sicherheit.« Im Westen galt Streit als Organisator der Verfolgung politisch Andersdenkender, als Perfektionist einer Unrechtsjustiz. Sicher begeht man keinen Fehler, wenn man Josef Streit als Gegner der bundesrepublikanischen Gesellschaftsordnung bezeichnet. Sehr wahrscheinlich war er auch nie ein Befürworter bedenkenloser deutsch-deutscher Annäherung. Für ihn als obersten Strafverfolger der DDR wäre eine solche Haltung auch schlicht falsch gewesen: Die Aufweichung der Grenzen hätte verstärkte Beeinflussung durch westliche Ideen und damit gesellschaftliche Unruhe ins Land gebracht. So war für ihn Abschottung vom Westen notwendige Prävention.

Unberührt jedenfalls von der politischen und beruflichen Beurteilung Streits bleibt seine Einschätzung als Mensch. Streit war – nicht nur für Wolfgang Vogel, aber für ihn besonders – ein verläßlicher Gesprächspartner, Mentor und Freund.

Er wußte um den Wert der Treue, hat sie Vogel bewiesen und von ihm zurückerhalten. Zusammen mit Erich Honecker und Außenminister Oskar Fischer war Josef Streit der einzige DDR-Politiker, der sich öffentlich zu Wolfgang Vogel und seiner Tätigkeit bekannt hat.

Als Wolfgang Vogel am 30. 10. 1985 zur Feier seines sechzigsten Geburtstages Freunde, Bekannte und Verhandlungspartner in die Kanzlei geladen hatte, konnte Josef Streit aus gesundheitlichen Gründen nicht erscheinen. Streits Frau überbrachte Vogel jedoch einen Brief, den der Jubilar zu den schönsten Geschenken überhaupt zählt. Dabei versicherte Streit Wolfgang Vogel nur, daß er in den vielen Jahren gemeinsamer Tätigkeit trotz wiederholter sachlicher Gegensätze das in ihn gesetzte Vertrauen niemals enttäuscht habe. Für Vogel jedoch ist Bestätigung der Verläßlichkeit das größte Kompliment. – Als Streit aus dem politischen Leben ausgeschieden war, revanchierte sich Vogel mit Treue. Sooft es ihm möglich war, besuchte er den erkrankten Streit und seine Frau. Wolfgang Vogel vergißt seine Freunde nicht, das ist eine seiner herausragendsten Eigenschaften. Auch Herbert Wehner weiß davon.

Vogels Geburtstagsfeier am 30. 10. 1985 war ein gesellschaftliches Ereignis besonderer Art. Sicher hat die Reiler Straße niemals zuvor einen solchen Zulauf von Prominenz erlebt wie an jenem Tag. Rechtzeitig war das neue Kanzleischild fertig geworden, das den Rechtsanwalt als Professor auswies. Das ZK-Mitglied Außenminister Oskar Fischer war anwesend, ebenso das Mitglied des Zentralkomitees Staatssekretär Alexander Schalck-Golodkowski. Die Kirche in der DDR war durch Bischof Dr. Gottfried Forck und den Präsidenten des Konsistoriums der Evangelischen Kirche Berlin-Brandenburg, Manfred Stolpe, vertreten. Bischof D. Hermann Kunst und seine langjährige Mitarbeiterin Else Gräfin Rittberg erwiesen ihre Reverenz. Auch jene Beamten des Innerdeutschen Ministeriums, mit denen Vogel seit Jahren und Jahrzehnten Verhandlungen führt, waren gekommen: Staatssekretär Ludwig Rehlinger, Ministerialrat Klaus Plewa, der seit einigen Jahren die Häftlingslisten unmittelbar an Vogel übergibt, und der Leiter der für humanitäre Fragen zuständigen Abteilung Z des Ministeriums, Dr. Walter Priesnitz. Hans-Otto Bräutigam, Leiter der Ständigen Vertretung Bonns in Ost-Berlin, war erschienen, ebenso seine Vorgänger Klaus Bölling und Günter Gaus und deren Journalistenkollege Lothar Loewe, der damalige SFB-Intendant, sowie Vertreter aller Botschaften westlicher Staaten in der DDR.

Die meisten Gäste verband eine persönliche Erinnerung mit Vogel, so auch Dr. Jürgen Schmude, den früheren Bundesjustizminister und Präses der EKD-Synode. Jürgen Schmude hatte seine Frau bei einem Treffen evangelischer Gemeinden der DDR kennengelernt. Durch Hilfe Wolfgang Vogels, den Schmude um Unterstützung gebeten hatte, ohne sich jedoch zu erkennen zu geben, war die Verlobte 1967 in den Westen gelangt. Erst dann lüftete Schmude sein Inkognito: Er hatte verhindern wollen, als Anwaltskollege (Schmude war damals als Rechtsanwalt in der Essener Kanzlei Gustav Heinemanns tätig) bevorzugt behandelt zu werden. Voller Respekt bezeichnet Wolfgang Vogel den elf Jahre jüngeren Schmude als persönliches Vorbild.

Wenigstens vier Männer, die eine wichtige Rolle in Vogels Leben gespielt haben, fehlten jedoch: Erich Honecker, Herbert Wehner, Francis Meehan und der bereits erwähnte Josef Streit.

Den »GS«, wie der Generalsekretär des Zentralkomitees der SED und Staatsratsvorsitzende Erich Honecker in der verkürzenden Sprache der Eingeweihten genannt wird, bezeichnet Wolfgang Vogel ganz offen als ein Vorbild: »Ich verehre ihn und erkenne seine Leistungen und die Verbesserungen an, die ihm zu verdanken sind. Ich bewundere an Erich Honecker seine dauerhafte Fähigkeit, den Interessenausgleich in der Weltpolitik ebenso wie im Verhältnis der beiden deutschen Staaten zu praktizieren. Ihm ist es zu verdanken, daß ich den kleineren Konflikt, der Ursache für größere Konflikte sein könnte, entschärfen oder sogar verhindern kann.« Der mit öffentlichen Gefühlsäußerungen sehr zurückhaltende Honecker hat ein entsprechendes Kompliment noch nicht zurückgegeben; es ist jedoch bekannt, daß Honecker die Leistungen Vogels zu schätzen weiß. Wiederholt hat Honecker Vogel als Emissär nach Bonn ausgesandt oder über ihn Informationen an die westliche Öffentlichkeit lanciert, so z. B. im Sommer 1986, als Vogel den »Stuttgarter Nachrichten« mitteilte, daß eine Senkung der Altersgrenze für Westreisen von DDR-Bewohnern derzeit nicht in Betracht käme. Erich Honecker pflegt den Rechtsanwalt auch in deutschlandpolitischen Fragen von grundsätzlicher Bedeutung zu konsultieren. Auch hat Vogel bevorzugten Zugang zum »GS«. Mehr als ein Ratgeber und Vertrauter ist Vogel jedoch nicht: Honecker bestimmt die Deutschlandpolitik allein und entscheidet sogar über Detailfragen. Wolfgang Vogel respektiert die Autorität und Kompetenz Honeckers uneingeschränkt, auch wenn der Generalsekretär gelegentlich von den weitergehenden Vorschlägen Vogels abweicht. Tatsächlich hat es Honecker über anderthalb Jahrzehnte geschickt verstanden, vorsichtige Liberalisierung zu betreiben, ohne die DDR so zum Westen zu öffnen, daß dies einer Selbstaufgabe gleichkam. Dem zyklisch auftretenden innenpolitischen Druck verschaffte er durch gezielte Dosierung von Ausreiseerleichterungen das notwendige Ventil. Man mag es mißbilligen, Menschenschicksale als politische Manövriermasse zu verstehen; unter machtpolitischem Gesichtspunkt sind Honecker jedoch nur wenige Fehler vorzuwerfen. Dabei ist zusätzlich zu berücksichtigen, daß die DDR bei ihren Entscheidungen in weit stärkerem Maße Rücksicht auf die Führungsmacht Sowjetunion zu nehmen hat als die Bundesrepublik auf ihre westlichen Verbündeten.

Zweifellos fasziniert Wolfgang Vogel die Nähe zur Macht, denn nur mit ihrer Hilfe kann er wichtige Entscheidungen erwirken. Auch schützt ihn Honeckers Unterstützung vor den Kritikern im eigenen Lager. Vogels Beziehung zu Honecker ist jedoch nicht von Zweckdenken diktiert. Honecker gehört zu den Menschen, die den Interessenausgleich praktizieren, die sich auf die hohe Kunst des Machbaren verstehen und sich vor Überforderungen hüten. Honecker, ein Mann, der sein Wesen hinter Funktionen, Titeln und Kürzeln verbirgt, gehört nach Vogels Einschätzung zu jener Kategorie von Menschen, denen er Hochachtung erweist: Realisten mit honorigen Absichten. Honecker umgekehrt versagt seinen Respekt nicht dem Menschen Vogel, der beharrlich seinem Ziel, dem Dienst am Menschen, treu bleibt, jedoch aus Klugheit und Einsicht bereit ist, Kompromißwege zu gehen.

»Liebevolle Verehrung« hegt Wolfgang Vogel für Herbert Wehner. Die beiden Männer haben sich nach der Regierungsübernahme durch die große Koalition kennengelernt. Wehner war Gesamtdeutscher Minister geworden und führte fortan die Verhandlungen über die Freikauflisten unmittelbar mit Vogel. Das erste Treffen der beiden Männer – Ende 1966 im Büro des Beauftragten der Schwedischen Kirche für humanitäre Fragen in West-Berlin, Swingel – wurde der Beginn einer jahrzehntelangen Freundschaft, die bis heute andauert. »Wir haben tage- und nächtelang über Listen verbracht mit Namen von Menschen, die in Konflikte geraten waren und die der Hilfe bedurften – still und ruhig, und darum hat sich Herr Wehner bemüht. Er hat nicht nur Hunderten, er hat Tausenden geholfen, bis in die jüngste Zeit hinein.« Wehner und Vogel verstanden sich sofort. Sie waren von demselben humanitären Engagement, ja Fanatismus erfüllt, zwei Männer, die die Regeln des politischen Geschäfts kannten und mit ihnen umzugehen verstanden. Wehner begriff schnell, daß Vogel ein intelligenter, ideenreicher Unterhändler und in der Lage war, seine Auftraggeber in Ost-Berlin von der Machbarkeit seiner Vorstellungen und von der Notwendigkeit manches Kompromisses zu überzeugen.

»Er läßt wenig Menschen an sich heran, und die ihn aus der Nähe kennen, die wissen, daß es eigentlich zwei Herbert Wehner gibt. Er hat eine rauhe Schale und einen ganz weichen Kern.« Wie viele Menschen, die sich im Grunde schwertun, sich anderen zu zeigen, öffnet sich der schwierige Wehner dem rückhaltslos, dem er vertraut. Der polterige Politiker und der elegante Rechtsanwalt sprachen über ihre persönlichen Sorgen, ihre politischen Befürchtungen, wenn sie sich zu den Verhandlungen über die Listen der Häftlingsaktion trafen – und nie ist ein Wort davon nach außen gedrungen. Dennoch war die enge Verbindung zwischen Vogel und Wehner, die auch nach dem Wechsel Wehners in den Fraktionsvorsitz der SPD nicht abbrach, nützlich für die Regierenden in Bonn und Ost-Berlin, erfuhren sie doch über vorsichtige Andeutungen der beiden Männer von drohenden Veränderungen der politischen Großwetterlage oder des deutsch-deutschen Klimas und konnten sich darauf einstellen. Günstig traf es sich auch, daß der erste Mann der DDR, Erich Honecker, und Herbert Wehner sich bereits von gemeinsamer Widerstandstätigkeit im Dritten Reich her kannten und schätzten.

Diese Bekanntschaft nutzte Wehner, als es 1973 darum ging, das Erreichte in den humanitären Beziehungen zu bewahren, als die DDR für ein halbes Jahr sämtliche Ausreisen gestoppt hatte (siehe S. 138 f.). Wehner sagte damals: »Es gibt Zeiten, in denen entscheidend ist zu verteidigen, was bisher erreicht worden ist, damit es nicht weggerissen, weggespült wird und damit man weiterbauen kann, wenn das Unwetter vorübergegangen ist.«

Zwischen Wehner und Vogel ging es bei aller Sympathie oft hart zu. Wehner hatte sich einmal für einen Chirurgen aus Halle eingesetzt, der nach seinen Informationen in einen schweren politischen Konflikt geraten war. Vogel fand jedoch heraus, daß es sich in Wahrheit um Rauschgiftdelikte handelte, und er teilte dies Wehner mit. »Und daraufhin bekam ich von Herrn Wehner die Antwort: ›Na und? Ist er jetzt für Sie kein Mensch mehr?‹ Und das habe ich mir hinter die Ohren geschrieben.« Wehner ist für den Anwalt Vorbild und Freund zugleich: »Was ich von ihm gelernt habe, das hilft mir für meine Arbeit, und ich denke, davon noch eine ganze Zeit zu zehren.« Herbert Wehner hat – so Wolfgang Vogel – nie die Summe geglückter Lösungen im Blick gehabt, sondern immer das Einzelschicksal. Und doch hat er, der Schweigsame, der über seine eigenen Verdienste nicht reden mag, womöglich mehr Deutschen geholfen, die Hilfe nötig hatten, als jeder andere bundesdeutsche Politiker. »Was er selbst geleistet und bewirkt hat, ist längst nicht alles heraus. Wenn er selbst nicht offen sagt, was da so gelaufen ist, wird es die Geschichte tun. Ich bewundere und verehre ihn, sein Vorbild hat vieles in mir geprägt, auch politisch. Ohne seine Pionierarbeit hätten wir auf deutschem Boden drüben wie hüben viel, viel mehr unglückliche Menschen. Man muß ihm danken, immer wieder danken und darf ihn nicht vergessen.«

Wolfgang Vogel hat Herbert Wehner, anders als vielen seiner Partei-»Freunde«, die Treue gehalten. Er zählt zu den wenigen, die Herbert Wehner auf die schwedische Insel Öland, sein Altersdomizil, einlädt. Die Eheleute Vogel haben Herbert Wehner und seine Frau Greta bei einem Besuch nach Dresden begleitet, jene Stadt, in der er am 11. Juli 1906 als Sohn eines Schuhmachers geboren wurde und die er 1935 verlassen mußte, als er – zu jener Zeit Mitglied des Zentralkomitees der KPD – ins Exil gehen mußte.

Ein weiterer Freund, der auf Vogels Geburtstagsempfang fehlt, weil er sich gerade in den USA aufhält, ist Francis Meehan. Meehan war jener junge Sekretär der US-Gesandtschaft in West-Berlin, an den sich das Ehepaar Pryor aus Michigan hilfesuchend im Herbst 1961 gewandt hatte, nachdem ihr Sohn Frederic in Ostberlin unter Spionageverdacht verhaftet worden war (siehe S. 62). Zusammen mit Wolfgang Vogel hatte Meehan nach Möglichkeiten für die Freilassung des amerikanischen Studenten gesucht, der schließlich in den Agententausch Abel/Powers einbezogen wurde.

Meehan und Vogel kamen sich im Laufe der Jahre näher. Als 1964 die Firmung seiner Tochter Lilo anstand, bat Vogel den jungen amerikanischen Beamten, Firmpate zu werden. Die Zeremonie wurde vom Ostberliner Kardinal Alfred Bengsch vorgenommen, zu dem Vogel bis zu Bengschs Tod 1979 ein gutes persönliches Verhältnis unterhielt. Bengsch nutzte die Firmung, um einen entschiedenen Appell an die Regierung zu richten, den Katholiken das Recht zur ungehinderten Glaubensausübung einzuräumen. Meehan und Vogel erschraken – die Philippika des Kardinals konnte das Ende der Karriere von Wolfgang Vogel bedeuten. Doch er blieb schließlich unbehelligt.

Vogel und Meehan hielten auch Kontakt, als der Diplomat andere Aufgaben zugewiesen bekam. Meehan, ein ausgezeichneter Kenner des Ostblocks, unternahm eine berufliche »Rundreise« durch die diplomatischen Vertretungen Amerikas jenseits des Eisernen Vorhangs, zuletzt als Botschafter in Warschau. Für einige Jahre lehrte er dann an der Washingtoner Georgetown-Universität, bis er einen überraschenden Ruf erhielt: Er sollte Nachfolger von Rozanne L. Ridgway als US-Botschafter in Ost-Berlin werden.

Seine erste große Aufgabe im neuen Amt, das er im Herbst 1985 antrat, war heikel: Er sollte als amerikanischer Verhandlungsführer die Freilassung Anatolij Schtscharanskijs betreiben. Es war schon ungewöhnlich: Vor 24 Jahren hatte sich Meehan zusammen mit Vogel um die Freilassung des jungen Frederic Leroy Pryor bemüht. Inzwischen war Meehan in der ganzen Welt herumgekommen und kehrte nun zum Ausgangspunkt seiner diplomatischen Karriere zurück, um – als wäre die Zeit stehengeblieben – erneut einen Spionenaustausch vorzubereiten.

Vogel hatte sich über die Rückkehr seines Freundes sehr gefreut. Sicher hat das gute Einvernehmen zwischen Vogel und Meehan die Lösung der Detailfragen bedeutend erleichtert. Meehan ist ein anderer Typ Diplomat als der eher laut agierende US-Gesandte in West-Berlin, John C. Kornblum, oder der Karrieretyp Richard Burt: Er ist ruhig, bedächtig-abwägend, eher ein Wissenschaftler als ein Politiker.

Zu Vogels Freunden zählt auch der Schriftsteller Hermann Kant, der Präsident des DDR-Schriftstellerverbandes. Kant widmete seinem Freund Wolfgang Vogel eine köstliche Kurzgeschichte in dem

Band »Bronzezeit«: »Die Sache Osbar«. Die DDR – so schreibt Kant dort – »wird nicht die ideale Gegend für einen Juristen seines Kalibers sein. Es fehlt zwar nicht an Delikten, aber denen fehlt es an Format.«

Es ist eine wundervolle Spöttelei – aber wie recht er doch hat.

Zuhause

»Als Mitglied der SED muß man nicht
arm sein. Das steht nicht in den Statu-
ten. Ich bin kein Samariter und will
nicht heiliggesprochen werden. Nach
30 Jahren Anwaltsberuf steht es mir
vielleicht zu, daß es mir wirtschaftlich
sehr gut geht. Das gilt aber auch für
andere Anwälte in der DDR, die auch
ein Landhaus haben, die auch einen
Mercedes fahren. Aber genannt in Ihren Medien wird immer nur der Vogel
in diesem Zusammenhang.«

Jeden Arbeitstag fährt Wolfgang Vogel gemeinsam mit seiner
Frau Helga den Weg von seinem Landhaus am Teupitzsee zur
Kanzlei in der Reiler Straße und zurück. Verlorene Zeit ist die rund
einstündige Fahrt für ihn nicht: Seine Frau Helga, die zusammen
mit ihm im Büro arbeitet, chauffiert ihn, und Vogel nutzt die Zeit
zum Aktenstudium. Rund fünfzig Kilometer sind es zwischen
Berlin-Friedrichsfelde und dem Örtchen Schwerin, einem Insel-
dorf, das nur über eine kleine Brücke mit dem Festland verbunden
ist.

Der Teupitzsee gehört zur mecklenburgischen Seenkette. Wer
viel Zeit hat, kann von Schwerin aus Berlin auf dem Wasserwege
erreichen. Die Seegrundstücke hier sind außerordentlich begehrt
und rar. Das beschränkte Angebot ist das Problem, nicht der
Preis: Um einer Bodenspekulation vorzubeugen, haben die DDR-
Behörden den Quadratmeterpreis auf höchstens 20 Mark festgesetzt (wobei sicher im einen oder anderen Fall beim Verkauf mehr
Geld fließt, ohne daß dies im notariellen Vertrag festgehalten
wird).

Wolfgang Vogel hat sein Seegrundstück am Teupitzsee bereits
1966 erworben. Es unterscheidet sich wenig von den Nachbar-
grundstücken: schmal und tief ist es, der Vorgarten mit Liebe und
Sorgfalt angelegt und gepflegt, wie der in der Reiler Straße. Die
Auffahrt ist mit gehauenem Naturstein gepflastert. Sie mündet in
eine große Garage, deren Inhalt – zumeist Fahrzeuge aus Unter-
türkheim – den neugierigen Blicken der Passanten verborgen bleibt.

Kein Namensschild am Einfahrttor deutet auf den prominenten Bewohner hin.

Im Haus empfängt den Besucher die gleiche plüschige Gemütlichkeit wie in der Kanzlei. Das Wohnzimmer vermittelt Weite und Freundlichkeit: eine Sitzgruppe, bezogen mit schwarz-golden gestreiftem Brokatstoff, Intarsienschränkchen und -tischchen, Chinateppiche, schwere Stofftapeten, die Wände voller Porträtgemälde und Ikonen.

Unauffälliger Mittelpunkt in diesem Zimmer ist das Telefon. Auch von hier aus wickelt Vogel (wenn es sein muß sogar am Wochenende) seine diskreten Geschäfte ab, und nur ausnahmsweise muß er seine Akten zu Rate ziehen: Vogel verfügt über ein phantastisches Gedächtnis für Namen und Zusammenhänge. Ob das Telefon Geschenk eines wissenden, humorvollen Freundes war oder ob Vogel es sich selbst dediziert hat – jedenfalls ist es von geradezu begeisternder Häßlichkeit: eine vergoldete Replik eines historischen Gabeltelefons.

Wie sein Arbeitszimmer in der Reiler Straße wirkt auch das Wohnzimmer in Schwerin weniger durch stilistische Geschlossenheit als vielmehr durch eine Aura von Wärme. Es ist ein Zuhause im besten Sinn. Gut vorstellbar, daß man stundenlang auf der Couch sitzt, dem beruhigenden Ticken der Standuhr zuhört und auf den Garten zum Teupitzsee schaut, der von einer pittoresk gewachsenen Erle beherrscht wird.

Helga Vogel erzählt, daß ihr Mann begeisterter Wasserskifahrer war. Als vor einigen Jahren der Motorbootbetrieb auf dem Teupitzsee untersagt und damit dem Wasserskifahren ein Ende bereitet werden sollte, protestierte Wolfgang Vogel gegen dieses Vorhaben. Doch was dem Diplomaten oft wie selbstverständlich gelingt, mißlang dem Bürger Wolfgang Vogel: Seine Eingabe blieb erfolglos.

Helga Vogel ist eine attraktive, freundliche Frau mit ruhigen Augen. Sie versteht es, präsent und doch unauffällig zu sein, repräsentiert, ohne sich darstellen zu wollen. Die Herzlichkeit zwischen den Eheleuten ist spürbar, ohne daß sie sich in großen Gesten oder Worten manifestiert. Frau Vogel, die aus Essen stammt, hat ihren Mann als Mandantin kennengelernt. Sie hatte sich an ihn gewandt, da ihr damaliger Freund, ein Schwimmtrainer aus der Bundesrepublik, in der DDR in Schwierigkeiten geraten war. Die junge Frau und ihr

Anwalt kamen sich näher – nach dem Mandat, wie Vogel betont. Sie gab Familie und Freunde im Westen auf, ließ sich in der DDR einbürgern und heiratete Wolfgang Vogel.

Für Wolfgang Vogel ist es die zweite Ehe. Nach der Trennung ging seine erste Frau in den Westen. Sein Sohn Manfred ist heute Rechtsanwalt in West-Berlin, seine Tochter Lilo lebt ebenfalls verheiratet im Westen. Vogel hat vier Enkelkinder.

Der erste Stock des Hauses ist der private Bereich des Wolfgang Vogel: Hier befinden sich seine Aktenschränke, seine Wand-, Stand- und Tischuhren, alles auf engstem Raum zusammengedrängt. (Was würde ich darum geben, einmal in jenen Akten blättern zu dürfen, die gehäuft auf dem Boden des großväterlichen Kleiderschrankes liegen, der am Ende der Treppe als Endablage für die spektakulären Fälle des Spionenaustausches dient! Ich bin sicher, daß Vogel den einen oder anderen Vorgang gerne öffentlich darstellen würde – nicht nur aus Gründen harmloser Eitelkeit, sondern auch, um verdreht Dargestelltes richtigzustellen, um Verdächtigungen gegen seine Person entkräften zu können. Aber die Hände sind ihm gebunden. Ein Rechtsanwalt unterliegt der Schweigepflicht, er darf Vorgänge, die in Zusammenhang mit seinem Mandat stehen, nicht weitergeben, solange ihn der Mandant nicht von dieser Pflicht entbindet.)

Von seinem Schreibtisch aus hat Vogel einen Blick über den Teupitzsee, ebenso schön im Sommer wie im Winter. »Hier fällt einem zu allem etwas ein – oder zu nichts«, sagt Vogel.

Bis in den letzten Winkel sind die Wände des Büros mit gerahmten Fotografien zugehängt: Porträts der Kinder Manfred und Lilo, des Prälaten Johannes Zinke, ein Treffen mit seinen Geschwistern, ein Foto seines Bruders in Uniform; schemenhaft, kaum zu erkennen: Wolfgang Vogel, Ludwig Rehlinger und Heinz Felfe beim Austausch am 14. Februar 1969 in Herleshausen (das gleiche Bild hängt auch bei Staatssekretär Rehlinger in dessen Ministeriumsbüro); Vogel, der amerikanische Botschafter Francis Meehan und Anatolij Schtscharanskij am 10. Februar 1986 im Keller der Kanzlei, Vogel und seine Frau in Südafrika (wo der Anwalt wegen eines Austausches Andrej Sacharows gegen Nelson Mandela verhandelte).

Mit dem ihm eigenen zurückhaltenden Stolz zeigt Vogel die Orden und Ehrungen, die er erhalten hat: den Vaterländischen Verdienstorden in Gold, den Großen Stern der Völkerfreundschaft, die Ernennung zum Offizier des Königlichen Nordstern-Ordens durch König Karl XVI. Gustav von Schweden, das Große Ehrenzeichen für Verdienste um die Republik Österreich: viel Anerkennung für einen Mann, der einen großen und sehr wichtigen Teil seiner Arbeit ehrenamtlich durchführt. Auch seine langjährige Tätigkeit als Vertrauensanwalt der schwedischen und österreichischen Botschaft in Ost-Berlin hat er als Ehrenamt übernommen und kein Honorar dafür erhalten.

Bilder und Auszeichnungen sind Zeugnisse eines bewegten und erfolgreichen Lebens. Wolfgang Vogel kann, obwohl mit 62 Jahren noch voll im Beruf stehend, zufriedene Bilanz ziehen. Er trägt sich mit Gedanken ans Aufhören. Noch kann er die gelegentlichen Anflüge von »Amtsverdrossenheit«, wie er seinen zeitweisen Zustand beschreibt, unterdrücken. Doch die jahrzehntelange Anspannung hat ihre Spuren hinterlassen. »Man soll Platz machen, wenn man noch gebraucht wird. Zur anwaltlichen Tätigkeit gehört der Erfolg; und nichts ist so alt wie der Erfolg von gestern. So betrachtet, muß ich mich schon fragen, wie lange ich aus biologischen und auch anderen Gründen in der Lage sein werde, Erfolg zu bringen.« Wolfgang Vogel hat keine Angst vor dem Ruhestand. Er freut sich darauf, mehr Zeit für Spaziergänge mit seiner Frau zu haben, sich mit seiner Uhrensammlung beschäftigen zu können. Endlich – so hofft er – wird er die Muße finden, sich der Lektüre der antiken Philosophen widmen zu können. »Zu meinen Vorbildern gehören seit meiner Gymnasialzeit Marc Aurel und Seneca. In Mußestunden sind die meine liebste Lektüre. Als Stoiker waren sie auf der Suche nach dem vernünftigen Interessenausgleich, auf Einsicht in die Notwendigkeit und Selbstbeherrschung bedacht. Sie sind für mich lebendige Antike.«

Zur Zeit jedoch gibt es keinen Ersatz für Wolfgang Vogel. Die humanitären Beziehungen zwischen der Bundesrepublik und der DDR lassen sich nicht so einfach institutionalisieren, von den Persönlichkeiten, die sie betreiben, unabhängig machen, wie zum Beispiel kulturelle und wirtschaftliche Kontakte. Zur Zeit noch wenigstens sind sie abhängig vom guten persönlichen Einvernehmen der Politiker in Bonn und Ost-Berlin, von ihrer Fähigkeit, miteinander umzugehen und Kompromisse zu schließen; und dafür bedarf es heute wie vor 20 Jahren eines Mannes, der über Kenntnisse, persönliche Kontakte und Erfahrungen verfügt, der den Ausgleich sucht und findet. Es ist auch niemand in Sicht, der an die Stelle Vogels treten kann, der ihm in juristischer und menschlicher Kompetenz nahekommt.

Wie sollte Wolfgang Vogel auch – da soviel Bewegung in die deutsch-deutschen Beziehungen gekommen ist – ans Aufhören denken? Die Zahl der Besuchsreisen von DDR-Bürgern ist sprunghaft gestiegen, Ausreisegenehmigungen werden jedoch nur noch zurückhaltend erteilt. Was wird »Glasnost« bringen, der umfassende Reformversuch des sowjetischen Parteichefs Michail Gorbatschow?

»Für meinen Bereich habe ich durchaus Hoffnungen«, sagt Vogel. Solange es Hoffnung gibt, wird Wolfgang Vogel sich nicht zur Ruhe setzen.

Anhang

Bibliographische Notiz
und Danksagung

Es ist nicht alles eigenes Werk. Leider ist die Zahl seriöser Veröffentlichungen, auf die ich bei meinen Recherchen zurückgreifen konnte, sehr gering. Die Memoiren beteiligter Politiker aus jener Zeit sind wenig ergiebig; ebensowenig ist es das spekulative Buch »Freikauf« des Franzosen Michel Meyer (Paul Zsolnay, 1978). Verläßlich sind lediglich die ausgezeichneten Dokumentationen von Karl Wilhelm Fricke »Die DDR-Staatssicherheit« (1984, 2. Auflage, Verlag Wissenschaft und Politik) und »Zur Menschen- und Grundrechtssituation politischer Gefangener in der DDR« (1986, Verlag Wissenschaft und Politik). Die Recherchen Frickes fanden insbesondere in den Kapiteln »Diskrete Geschäfte« und »Im Dienste des Gegners« Berücksichtigung. Einige der Daten des Kapitels »Der Fall Martina W.« sind dem Buch »In Robe und Krawatte« von Friedrich Karl Kaul (1972 in Ost-Berlin erschienen) entnommen.

Im übrigen blieb ich verwiesen auf zahllose Zeitungsbeiträge aus der Bundesrepublik, der DDR, der Schweiz, aus Österreich, Frankreich, Japan (!), Großbritannien und den USA. Uta Pieck, Brigitte Siegmund und Melanie Rahn vom Deutschlandfunk-Pressearchiv, die mir jederzeit geholfen haben, danke ich herzlich.

Mein Dank gilt auch Klaus Bölling, Philipp Jenninger, Hermann Kunst, Francis Meehan, Ludwig Rehlinger, Hermann von Richthofen, Kurt Scharf, Hansjürgen Schierbaum, Jürgen Schmude, Dietrich Spangenberg, Jürgen Stange, Reymar von Wedel, Herbert Wehner und vielen anderen, die sich in den vergangenen drei Jahren die Zeit nahmen, sich mit mir zu unterhalten – natürlich auch Wolfgang Vogel und seiner Frau Helga.

Den Damen meines Büros ist zu danken, die zum Teil ihre Freizeit opferten, um an der Niederschrift des Manuskripts mitzuwirken, und die mir manchen nützlichen Hinweis gaben: Renate Wiesemann, Christiane Henkel, Birgit Duesberg und Edeltrud Spanier. Nebenbei haben sie den hektischen Kanzleibetrieb nicht selten vor dem Kollaps bewahrt. Bei der Reinschrift unterstützten mich die Deutschlandfunk-Sekretärinnen Brunhilde Horn und Helga Güsgen, auch ihnen herzlichen Dank.

Besonderer Dank gilt Edith und Marcus, die ein Vierteljahr auf mich verzichtet haben.

Zeittafel

30. 10. 1925:
Wolfgang Vogel wird in Wilhelmsthal bei
Glatz (Oberschlesien) als drittes von vier
Kindern einer Dorfschullehrerfamilie gebo-
ren. Erste Schuljahre in Wilhelmsthal, dann
katholisches Internat in Glatz. Nach dem
Schulabschluß Ausbildung als Flugschüler,
Einsatz in der Wehrmacht.

8. 5. 1945: Ende des 2. Weltkriegs

Herbst 1945–1949: Jurastudium in Jena und
Leipzig, 1. Examen

24. 6. 1948–12. 5. 1949: Berlin-
Blockade, »Luftbrücke«
8. 5./7. 10. 1949: Die Bundesrepublik Deutschland und die
Deutsche Demokratische Republik werden gegründet.

1949–1952: Referendariat in Leipzig,
2. Examen
1952–1953: Tätigkeit als Hauptreferent der
Strafrechtsabteilung im DDR-Justizministerium
1954: Zulassung als Rechtsanwalt, Aufnahme im Kollegium der Rechtsanwälte in Ost-
Berlin
1957: Zulassung als Rechtsanwalt in West-
Berlin, Aufnahme als Mitglied der Rechtsan-
waltskammer
1959: Wolfgang Vogel nimmt erstmals über
die Kirchenvertretungen in humanitären An-

gelegenheiten Kontakt mit der Bundesregierung in Bonn auf (Apotheker-Fall).

1960: Vogel und US-Gesandtschaftssekretär Francis Meehan erörtern Möglichkeiten, den 1957 in den USA verurteilten KGB-Spion Rudolf Abel gegen den über der Sowjetunion abgeschossenen U 2-Piloten Gary Powers auszutauschen.

13. August 1961: Bau der Berliner Mauer

August 1961–10. Februar 1962:
Nach der Verhaftung des amerikanischen Studenten Frederic L. Pryor erhält Wolfgang Vogel das Mandat von Pryors Eltern. Er nimmt Kontakt mit dem Anwalt von Rudolf Abel in New York, James D. Donovan, auf. Donovan erhält das Mandat seiner Regierung, über die Freilassung von Powers und Pryor zu verhandeln. Am 10. 2. 1962 werden Powers und Abel an der Glienicker Brücke ausgetauscht, Pryor wechselt am »Checkpoint Charlie« in den Westen.

21. 6. 1962: Bischof Kurt Scharf nimmt über seinen persönlichen Referenten, Rechtsanwalt von Wedel, Kontakt mit Wolfgang Vogel auf (erstes »Freikauf«-Angebot der evangelischen Kirche).

Sommer 1962–1982:
Rechtsanwalt Jürgen Stange verhandelt im Auftrag des Westberliner Senats über die Lösung humanitärer Fälle.

Dezember 1962: Nach Verhandlungen zwischen Vogel und Stange werden über 20 Menschen aus der DDR gegen Geld nach West-Berlin entlassen.

14. 12. 1962: Konrad Adenauer bildet sein Kabinett um. Rainer Barzel wird Minister für gesamtdeutsche Fragen.

Dezember 1962–Sommer 1963:
Über den Verleger Axel Springer erfährt Rainer Barzel von der Bereitschaft der DDR, politische Häftlinge gegen Geldzahlungen in den Westen zu entlassen. Nach einem Treffen zwischen Barzel, Ministerialrat Ludwig Rehlinger und Jürgen Stange in einem Münchner Hotel (Karwoche 1963) erhält Jürgen Stange das Mandat, mit Wolfgang Vogel über die Konditionen des ersten »Freikaufs« zu verhandeln. Acht Gefangene, deren Gegenwert einzeln ausgehandelt wird,

17. 10. 1963: Ludwig Ehrhard wird Bundeskanzler einer CDU/CSU/FDP-Koalition. Erich Mende wird neuer Gesamtdeutscher Minister.

17. Dezember 1963: Das erste Passierscheinabkommen zwischen dem West-Berliner Senat und der DDR wird abgeschlossen.

werden Zug um Zug gegen ca. 360000 DM freigelassen.

Ab Sommer 1963:
Vertreter beider Kirchen, die Rechtsanwälte Jürgen Stange, Reymar von Wedel und Wolfgang Vogel führen Gespräche mit Vertretern der Bundesregierung. Die Bundesregierung zeigt grundsätzliches Interesse, den Freikauf zu einer ständigen Einrichtung werden zu lassen. Über die Modalitäten kann jedoch noch keine Einigkeit erzielt werden.

12. Juni 1964: Erich Mende trifft mit Wolfgang Vogel in seinem Westberliner Ministerbüro zusammen. Die Konditionen des Freikaufs, der fortan als »Häftlingsaktion« bezeichnet wird, werden wenig später festgesetzt: keine individuellen »Kopf«-Preise für Akademiker oder Arbeiter, keine Barzahlung, sondern Verrechnung mit Warenlieferungen über Konten und Handelsfirmen der evangelischen Kirche. Unmittelbarer Verhandlungspartner der DDR ist die evangelische Kirche.

14. August 1964:
Der erste Häftlingstransport (zwölf Männer) von Karl-Marx-Stadt über die Kontrollstelle Wartha-Herleshausen ins Notaufnahmelager Gießen wird durchgeführt. Seither wird die »Häftlingsaktion« mit kurzen Unterbrechungen bis heute weitergeführt. Weit über 20000 politische Häftlinge aus DDR-Gefängnissen sind so in den Westen gelangt.

1965: Ludwig Rehlinger und Wolfgang Vogel beginnen Verhandlungen über »Familienzusammenführung«. Die Bundesregierung zahlt seither gewisse Pauschalbeträge für die Bereitschaft der DDR, Verwandten von Bundesbürgern die Ausreise zu gestatten. Hunderttausende sind seither auf diese Weise in die Bundesrepublik und West-Berlin übergesiedelt. Das offizielle Verhandlungsmandat des Westens erhält Rechtsanwalt

1. 12. 1966: Bildung einer großen Koalition CDU/CSU/SPD unter Bundeskanzler Kurt Georg Kiesinger und Außenminister Willy Brandt. Herbert Wehner wird Gesamtdeutscher Minister.

Jürgen Stange. (Gegenwärtig – 1987 – werden für eine Ausreiseerlaubnis im Wege der Familienzusammenführung mehr als 3000 DM gezahlt.)

November 1966–Februar 1967: Vogel und Stange (für den Westberliner Senat) verhandeln über eine Lösung des Falles Martina W.*, deren Mutter die Auslieferung des Kindes in die DDR verlangt.

Dezember 1966: Erstes Treffen zwischen Herbert Wehner und Wolfgang Vogel beim Beauftragten der Schwedischen Kirche für humanitäre Fragen in West-Berlin, Carl Gustav Swingel.

Dezember 1966: Vogel und Stange (für die Bundesregierung) verhandeln den Austausch des ČSSR-Spions Alfred Frenzel gegen drei Westagenten und die in Moskau inhaftierte bundesdeutsche Journalistin Sabine F.*. Der Austausch erfolgt am 23. Dezember 1966.

1968: Wolfgang Vogel erhält eine Zulassung als Einzelanwalt in Ost-Berlin.

Herbst 1968–14. Februar 1969: Verhandlungen um die Freilassung Heinz Felfes zwischen Vogel, Stange und Vertretern der Bundesregierung. Die DDR macht die Fortsetzung der Häftlingsaktion abhängig von der Entlassung Felfes in den Osten. Es findet ein größerer Austausch statt. Es werden zusätzliche humanitäre Vereinbarungen getroffen.

22. 10. 1969: Bildung einer sozial-liberalen Koalition (SPD/FDP) unter Bundeskanzler Willy Brandt und Außenminister Walter Scheel. Dem Innerdeutschen Ministerium steht jetzt Egon Franke (SPD) vor. Die neue Bundesregierung betreibt eine aktive Verhandlungspolitik mit den Ländern des Ostblocks und der DDR.

1969: Verleihung der Ehrendoktorwürde der Akademie der Wissenschaften in Babelsberg

*Name geändert

Ende 1969–September 1982:
Die Listen zu »Häftlingsaktionen« und »Familienzusammenführung« werden unmittelbar zwischen Ministerialrat Edgar Hirt vom Innerdeutschen Ministerium und Wolfgang Vogel verhandelt. Offiziell – nicht zuletzt aus Gründen politischer Verträglichkeit – bleibt Rechtsanwalt Jürgen Stange im Mandat der Bundesregierung.

3. Mai 1971: Erich Honecker löst Walter Ulbricht als 1. Sekretär des Zentralkomitees der SED ab.

3. 6. 1972: Unterzeichnung des Vier-Mächte-Abkommens über Berlin.

21. 12. 1972: Die Staatssekretäre Egon Bahr (Bundesrepublik) und Michael Kohl (DDR) unterzeichnen in Ost-Berlin den Grundlagenvertrag zwischen der Bundesrepublik und der DDR.

Herbst 1972: Der Häftlingsfreikauf gerät ins Stocken, u. a. weil die Bundesregierung im Zusammenhang mit den Verhandlungen über den Grundlagenvertrag ihre Bereitschaft zurückzieht, für das humanitäre Entgegenkommen der DDR Gegenleistungen zu erbringen. Über ein halbes Jahr lang sitzen DDR-Bürger, für die Wolfgang Vogel die Ausreise ausgehandelt hatte, auf ihren Koffern.

31. Mai 1973: Auf Vermittlung Wolfgang Vogels treffen sich im Privathaus des Generalsekretärs der SED in Wandlitz Erich Honecker, Herbert Wehner und Wolfgang Mischnick. Es wird vereinbart, daß Häftlingsaktion und Familienzusammenführung zu den alten Bedingungen weitergeführt werden.

14. 3. 1974: Das Protokoll zur Einrichtung von Ständigen Vertretungen (anstelle von Botschaften) wird in Bonn und Ost-Berlin unterzeichnet.

7. 5. 1974: Willy Brandt tritt wegen der Guilleaume-Affäre als Bundeskanzler zurück. Sein Nachfolger wird Helmut Schmidt.

1. 8. 1975: Unterzeichnung der KSZE-Schlußakte in Helsinki. Erstes Zusammentreffen von Helmut Schmidt und Erich Honecker.

1974–1982: Wolfgang Vogel dient als Mittelsmann zwischen Erich Honecker, zu dem er in engem Kontakt steht, und Helmut Schmidt. Schmidt und Vogel verstehen es, Zeitpunkt und Zweck ihrer Treffen weitgehend geheimzuhalten.

1. Mai 1978:
Spionenaustausch von Allan–Thompson am Kontrollpunkt Invalidenstraße

9. 10. 1980: Die DDR hebt den Zwangsumtausch für Besucher aus dem Westen auf 25 DM pro Person und Tag an.

13. 10. 1980: »Geraer Forderungen« Erich Honeckers

Oktober 1980–Dezember 1981:
Die Bemühungen um einen Besuch von Bundeskanzler Helmut Schmidt in der DDR erleiden durch die »Geraer Forderungen« Erich Honeckers, u. a. nach Anerkennung einer eigenen DDR-Staatsbürgerschaft, einen schweren Rückschlag. Die Verhandlungen drohen auch an der Frage einer Einbeziehung Ost-Berlins zu scheitern. Auf Wunsch Helmut Schmidts beauftragt Erich Honecker Wolfgang Vogel, unmittelbar mit dem Kanzler das Besuchsprogramm zu verhandeln.

11.–13. Dezember 1981: Helmut Schmidt besucht die DDR.

1. 10. 1982: Helmut Kohl löst Helmut Schmidt als Bundeskanzler ab. Innerdeutscher Minister der CDU/CSU/FDP-Koalition wird Heinrich Windelen.

1982: Wolfgang Vogel führt die Verhandlungen über »Häftlingsaktion« und »Familienzusammenführung« unmittelbar mit dem neuen beamteten Staatssekretär, Ludwig Rehlinger. Auch weiterhin bleiben Rechtsanwälte offiziell zwischengeschaltet. Jürgen Stange, der nach Bekanntwerden der Hirt/Franke-Affäre ausgeschieden war, wurde durch die Rechtsanwälte Wolf-Eckhard Jäger und Barbara von der Schulenburg ersetzt. Nach dem Tode Jägers wird der Bereich »Familienzusammenführung« offiziell von Frau von der Schulenburg weitergeführt. Die Häftlingslisten tauscht Wolfgang Vogel seither unmittelbar mit dem Ministerialrat im Innerdeutschen Ministerium Klaus Plewa aus.

Januar 1984–Januar 1985: In den Hauptstädten des Ostblocks kommt es wiederholt zu Besetzungen von diplomatischen Vertretungen der Bundesrepublik durch DDR-Bürger, die auf diese Weise ihre Ausreise in die Bundesrepublik oder nach West-Berlin erzwingen wollen.

Januar 1984–Januar 1985:
Wolfgang Vogel verhandelt mit den Besetzern. Dabei erteilt die DDR zunächst – in der Hoffnung, die Vorfälle still beilegen zu können – ohne weiteres Ausreiseerlaubnis. Später ändert sie die Taktik: Die Rückkehr der Besetzer in die DDR wird verlangt, spätere Ausreise jedoch zugesagt. Endlich werden lediglich Straffreiheit bei der Rückkehr in die DDR zugesagt und die Betroffenen aufgefordert, nochmals Ausreiseanträge zu stellen.

19.–21. November 1985: Gipfeltreffen Reagan–Gorbatschow in
Genf. Dabei werden die Weichen
für die Freilassung des jüdischen
Dissidenten Anatolij Schtscharanskij gestellt.

11. Juni 1985: Der größte Spionenaustausch
der Geschichte findet vor zahlreichen Fernsehkameras auf der Glienicker Brücke statt
(vier Ostagenten gegen 25 Mitarbeiter westlicher Geheimdienste). Vermittelt hatte diese
Aktion Wolfgang Vogel.

September 1985: Wolfgang Vogel erhält eine
Professur für Strafprozeßrecht an der Akademie der Wissenschaften in Babelsberg.

23. Januar 1986: Bei einem Treffen im österreichischen Gerlos zwischen Wolfgang Vogel, Ludwig Rehlinger, Francis Meehan und
einem Mitarbeiter der US-Botschaft in Bonn
werden die Einzelheiten des Schtscharanskij-
Austausches festgelegt.

10. Februar 1986: Anatolij Schtscharanskij
wird auf der Glienicker Brücke im Zusammenhang mit einem Spionenaustausch in den
Westen entlassen.

9.–21. Juli 1986:
Der Ostberliner Wirtschaftswissenschaftler
Prof. Herbert Meißner setzt sich, des La-
dendiebstahls überführt, zunächst in den
Westen ab, will später jedoch in die DDR
zurück und »flieht« in die Ständige Vertre-
tung der DDR in Bonn. Gegen den unter
Spionageverdacht stehenden Meißner ergeht
Haftbefehl. Wolfgang Vogel und Ludwig
Rehlinger finden ein Arrangement, das Prof.
Meißner die Rückkehr in die DDR unter
Aufhebung des Haftbefehls ermöglicht.

7.–11. 9. 1987: Arbeitsbesuch
Erich Honeckers in der Bundesrepublik

Der Häftlingsfreikauf
in Zahlen

1963	8
1964	880
1965	1160
1966	400
1967	550
1968	700
1969	850
1970	900
1971	1400
1972	730
1973	630
1974	1100
1975	1150
1976	1490
1977	1470
1978	1480
1979	900
1980	1010
1981	1584
1982	1491
1983	1105
1984	2236
1985	2669
1986	1450

(Die Angaben für die Jahre 1964 bis 1980 sind abgerundet, die Werte für die Jahre 1963 sowie 1981 bis 1986 sind exakt.)

Zwei Plädoyers

Plädoyer
im Prozeß gegen den KZ-Arzt Dr. Horst Fischer
vom 22. März 1966

Die Konzeption der Verteidigung war zu Beginn des Prozesses, sagen wir, schwierig. Nach dem Ergebnis der Beweisaufnahme, vor allem unter dem Eindruck der erschütternden Zeugenaussagen, ist unsere Aufgabe nicht einfacher geworden. Was wir hörten, sahen und empfanden ist so überwältigend, daß sich eigentlich für jedermann die Frage nach dem Raum der Verteidigung in dieser Sache anbietet.

Das Recht, sich mit Hilfe eines Anwalts zu verteidigen, ist jedem Angeklagten, auch diesem, garantiert. Allerdings sind wir der Meinung, daß es nicht zur hohen Schule der Verteidigung gehört, abweichend von einem eindeutigen Beweisergebnis das Schwarze ins Weiße zu verkehren und ungerechtfertigte Anträge zu stellen, die nur scheinbar entlasten können, so man Ohren hat zu hören und Verstand, normal zu denken. Dieses Verteidigen um jeden Preis überzeugt nicht und ist unseres Erachtens mit der anwaltlichen Berufspflicht unvereinbar, zumal man nur allzu schnell in Konflikt gerät mit den vertretbaren Interessen des eigenen Mandanten, der sich für schuldig bekennt.

Es gibt weltweite Stimmen zur Art und Weise der Verteidigung im Frankfurter Auschwitz-Prozeß, weltweite Stimmen, die sich mit dieser Auffassung decken. Juristen aus aller Welt wenden sich kopfschüttelnd ab. Eine solche makabre Rolle der Verteidigung wollen wir Recht und Gerechtigkeit, den Prozeßbeteiligten, den lebenden und toten Opfern, dem Ansehen der Verteidigung an sich und nicht zuletzt auch dem Angeklagten ersparen. Angesichts der in den wesentlichsten Punkten zweifelsfreien Übereinstimmung des Beweisergebnisses mit den in der Anklage und dem Eröffnungsbeschluß bezeichneten gesetzlichen Bestimmungen (darauf komme ich noch zurück) und der Rechtsprechung des Obersten Gerichts in ähnlich gelagerten Fällen, sagen wir unumwunden, daß der Raum der Verteidigung nur im Gebiet der Strafzumessung und dort nur zwischen lebenslanger Bestrafung und Todesstrafe liegen kann. Wir haben mithin die Frage zu untersuchen, ob es wirklich die vom Herrn Generalstaatsanwalt in seinem Schlußplädoyer geforderte Todesstrafe sein muß oder ob es aus der Sicht der Verteidigung nicht doch Umstände gibt, die es rechtfertigen könnten, von dieser schwersten Bestrafung abzusehen.

Der erste Anschein spricht dagegen. Wir haben jedoch folgende Überlegungen:

1. Hinter dem Angeklagten stand ein System, das den Mord zum festen Bestandteil seiner Politik erhoben hatte. Fischer war sein Produkt und auch sein Werkzeug. Mit dieser Gegenüberstellung will die Verteidigung auf eine Differenzierung zugunsten des Angeklagten hinaus. Wir meinen, daß es für die strafrechtliche Bewertung ein Unterschied ist, ob es um die Initiatoren und Hauptakteure der systematischen Menschenvernichtungen oder um ihre Erfüllungshilfen geht, um diejenigen also, die ausführten, was andere am Schreibtisch ausgeklügelt, in Amtsstuben beraten und durch Befehle angeordnet haben, immer im engen Zusammenwirken mit der Industrie. Wir wissen aus der Geschichte und erhalten durch die Zeugenaussagen und Sachverständigengutachten in diesem Prozeß bestätigt, daß die Massenvernichtungen, also auch die in diesem Verfahren strafrechtlich zu wertenden Handlungen, in ihrem historischen Hintergrund gesehen und beurteilt werden müssen.

Der Ursprung findet sich in der faschistischen Rassenideologie und im politischen System an sich. Es gehörten dazu: die Gesetzgebungen, die Ministerialbürokratie, die SS in schwarzer Uniform und auch im weißen Kittel und sehr maßgeblich die an billigen Arbeitskräften interessierte Industrie. Der Unterschied der Verantwortung in diesem teuflichen Zusammenspiel ist ein gradueller. Die Erfüllungsgehilfen sind namentlich wegzudenken, nicht jedoch die Hauptakteure. Fischer hätte all die furchtbaren Handlungen, die Gegenstand der Anklage sind, nicht begehen können, wenn nicht andere die Voraussetzungen geschaffen hätten. Das großbetriebliche systematische Morden erklärt sich nicht an dem einzelnen Beteiligten; es heißt nicht Fischer, sondern Faschismus. Von der Notwendigkeit einer solchen differenzierenden Betrachtung im formierten Gefüge des Ganzen zugunsten der angeklagten Erfüllungsgehilfen hat sich auch der Internationale Gerichtshof in Nürnberg leiten lassen. Und der erste Strafsenat des Obersten Gerichts der Deutschen Demokratischen Republik hat sich im Urteil gegen Theodor Oberländer vom 29.4.1960 ausdrücklich dazu bekannt. In diesem Urteil heißt es auf Seite 19: »Das Oberste Gericht muß vielmehr zu der Feststellung kommen, daß der Schwere des Verbrechens des Angeklagten Oberländer die Todesstrafe entsprechen würde. Es ist jedoch der Ansicht, daß die Erwägungen, von denen der Internationale

Militärgerichtshof in Nürnberg bei der Bestrafung der durch ihn abgeurteilten Kriegsverbrecher ausgegangen ist, auch vom Obersten Gericht der DDR in diesem Falle berücksichtigt werden sollten. Unter Berücksichtigung dieser Umstände hat das Gericht von der Verhängung der Todesstrafe abgesehen und den Angeklagten zu lebenslangem Zuchthaus verurteilt.« Und ähnlich im Urteil des Obersten Gerichts vom 23.7.1963 gegen Dr. Hans Globke. Dort heißt es: »Das Grundprinzip des sozialistischen Rechts ist die Gerechtigkeit. Sie erfordert, auch wenn eine derart schwere Schuld wie im Falle des Angeklagten erwiesen ist, eine sorgfältige Differenzierung aller für die Strafzumessung bedeutsamen Umstände. Im vorliegenden Fall konnte trotz der außergewöhnlichen Schwere der zur Aburteilung stehenden Verbrechen nicht gänzlich unberücksichtigt bleiben, daß die Ursachen der verbrecherischen Betätigung des Angeklagten der deutsche Imperialismus in seiner extremsten Gestalt, dem Faschismus, gesetzt hat. Dieses verbrecherische System diktatorischer Partei- und Staatsführung war die Basis der den europäischen Völkern und insbesondere dem Judentum zugefügten Verbrechen, und von ihr gingen auch die grundlegenden Initiativen für die verbrecherischen Teilhandlungen des Heeres der Ausführenden aus.« Angesichts dessen hat der Senat dem Antrag des Generalstaatsanwalts der Deutschen Demokratischen Republik entsprechend auf lebenslanges Zuchthaus erkannt.

Es ist auch in der Phase dieses Prozesses deutlich geworden, daß Fischer nicht isoliert auf der Anklagebank sitzt. Greifen wir nur heraus, was Sie, Herr Präsident, zur arbeitsteiligen Mitwirkung der Industrie im Verlaufe der Verhandlung sagten. Das Oberste Gericht der Deutschen Demokratischen Republik ist der Ansicht, daß es sehr wohl zum Gegenstand dieses Prozesses gehört, für wen die Häftlinge im Konzentrationslager Auschwitz gearbeitet haben und gestorben sind.

2. Die Zustände im Stammlager Auschwitz und in den Nachbarlagern waren keine Erfindungen von Fischer. Sie waren Bestandteil und Höhepunkt der organisierten Massenvernichtung. Die Verschleppungen in die Vernichtungslager waren lediglich der Abschluß eines seit langem Schritt für Schritt geplanten organisierten und schließlich durchgeführten Prozesses. Alles war darauf abgestimmt, wehrlose Opfer in den Tod zu jagen und die spätestens mit dem Erlaß der Nürnberger Gesetze eingeleitete und auf der berüchtigten Wannseekonferenz vom 20.1.1942 beschlossene Endlösung der Judenfrage herbeizuführen.

Auf Seite 119 des erhalten gebliebenen Protokolls über die Wannseekonferenz heißt es: »Unter entsprechender Leitung sollen im Zuge der Endlösung die Juden in geeigneter Weise im Osten zum Arbeitseinsatz kommen. In großen Arbeitskolonnen unter Trennung der Geschlechter werden die arbeitsfähigen Juden straßenbauend in diese Gebiete geführt, wobei zweifellos ein Großteil durch natürliche Verminderung ausfallen wird. Der allfällig endlich verbleibende Restbestand wird – da es sich bei diesem zweifellos um den widerstandsfähigen Teil handelt – entsprechend behandelt werden müssen, da dieser – eine natürliche Auslese darstellend – bei Freilassung als Keimzelle eines neuen jüdischen Aufbaues anzusprechen ist.« Was man mit »natürlicher Verminderung« und »entsprechender Behandlung des Restbestandes« meinte, das haben wir in den Tagen dieses Prozesses vom Angeklagten, den Zeugen und Sachverständigen gehört. Man kann daran die Frage knüpfen: Was eigentlich war in Auschwitz nicht der Massenvernichtung untergeordnet? Das ganze sogenannte Lagerleben war ein Kreislauf des Todes. Da sind die von der IG gebauten menschenunwürdigen Baracken mit den luftarmen Räumen und den bis zu viert belegten Liegestellen, die jeder Beschreibung spottenden sanitären, medizinischen und medikamentösen Verhältnisse. Da ist die Verpflegung, die Bunasuppe, die Kleidung, das Schuhwerk, da sind die katastrophalen Arbeitsbedingungen, und da sind am Ende die Krematorien.

Der Angeklagte hat eingewendet, zu Anfang seiner Zeit habe er hier und da erleichtern wollen. In diesem Zusammenhang hat die Verteidigung aus dem Buch »Die Stärkeren«, Seite 167, zitiert: »›Haben Sie Zeit, Langbein?‹ Dr. Fischer, der Stellvertreter von Würtz, steht in der Tür. ›Jawohl. Halben oder ganzen Bogen, Herr Doktor?‹ ›Einen ganzen mit Durchschlag – oder warten Sie: Kommen Sie lieber. Ich diktiere Ihnen im Zimmer vom Chef.‹ Fischer will offensichtlich nicht vor E.* und M.* sprechen. Es muß etwas Besonderes sein. Er setzt sich hinter den Schreibtisch von Würtz. ›Schreiben Sie: An den Standortarzt! Machen Sie aber gleich mehrere Durchschläge, ich habe mit dem Chef schon gesprochen. Er will diese Meldung mit einem Begleitschreiben nach Berlin schicken. Betreff: Sanitäre Zustände im Arbeitslager Jawischowitz.‹ Dr. Fischer ist als Lagerarzt eingeteilt. Ich habe ihn erst neulich darauf aufmerksam gemacht, daß die Totenzahl in Jawischowitz in letzter Zeit stark gestiegen ist, während sie in den meisten anderen Lagern im Frühling sinkt. Jetzt hat er scheinbar die Gründe dafür gesucht. Der Brief ist eine Beschwerde über den Direktor der Grube, Herrn Heine. Die Grube gehört zu den Hermann-Göring-Werken. Heine verlangt Verlängerung der Arbeitszeit, fordert, daß die Häftlinge zu Mittag kein Essen bekommen, weil das Essenausteilen untertags viel Zeit wegnimmt, verlangt schließlich, daß die nicht voll arbeitsfähigen Häftlinge laufend aus dem Lager entfernt, d. h. vergast und durch Neuzugänge ersetzt werden sollen. Beim Diktat hat sich Fischer in Wut geredet. ›Da sagt man immer, daß wir von der SS so schlecht sind. Aber diese Herren sieht man nicht. Die drängen ja ständig. Und das ist nicht das erste Mal.‹«

Vielleicht war dieser angesichts des maschinellen großbetrieblichen Mordes untaugliche Versuch in der Tat ein letzter Rest ärztlichen Bewußtseins.

* Namen geändert

Er mußte ja mehr und mehr erkannt haben, daß man ihn nach Auschwitz nicht als Arzt, sondern als Henker im weißen Kittel beordert hatte. Die einzige Hilfe und Linderung konnte daher nur von der Solidarität der Häftlinge, von den Widerstandsgruppen kommen. Wir haben zahlreiche Beispiele solchen Heldentums in der Beweisaufnahme gehört. Denken wir nur an die ins Lager geschmuggelten Medikamente, an das Verstecken bei Selektionen – Solidarität, die bei Entdeckung den eigenen Tod bedeutete.

Der Angeklagte hatte unseres Erachtens nur die Wahl, gar nicht erst zu beginnen, umzukehren um jeden Preis, oder es blieb ihm nur der Weg, der ihn auf die Anklagebank gebracht hat. Wie er sich entschieden hat, ist nur aus seinem Lebenslauf zu verstehen. Nationalistisch erzogen, 1933 SS, 1937 NSDAP, mit Kriegsausbruch SS-Arzt, Verdienstmedaille, KZ-Lager, Innere Front (»notwendig für den Endsieg«), seit seinem 20. Lebensjahr nur die von ihm so mannhaft empfundene schwarze Uniform an sich und um sich. Fischer selbst hat sich in seiner Vernehmung zu Beginn des Prozesses zu dem Ergebnis dieser typisch faschistischen Entwicklung wie folgt bekannt: »Aufgrund meiner Erziehung und meines Umgangs in der SS hatte ich das Leben eines jüdischen Bürgers sehr gering eingeschätzt.« Mit solchen Voraussetzungen kam er nach Auschwitz. Trotzdem wäre es – so glauben wir – falsch, etwa zu dem Schluß zu gelangen, ohne Fischer hätte es im Lager Monowitz wesentlich anders ausgesehen. Das enthebt ihn nicht, verschiebt aber den Akzent der Verantwortung. Wer hat denn, um mit einem Zeugen zu sprechen, den »Wartesaal des Todes‹ erbaut? Wer hat verlangt, daß selektiert wird? Wer hat verdient? Wer hatte an der Arbeitskraft der Häftlinge Interesse?

Die Antwort auf diese Fragen haben uns die vernommenen Zeugen gegeben. Wir greifen nur heraus: Zeuge P.*: »Das ganze KZ war ein Menschenreservoir für die dortigen Konzerne, an der Spitze die IG Farben.« Zeuge F.*: »Ich wurde im August 1944 bei einem Bombenangriff auf das IG-Werk schwer verletzt. Wir Häftlinge durften im Bunawerk nicht in die Luftschutzkeller.« Zeuge M.*: »Die Werksküche in Buna hat vier Essen hergestellt, die schlechteste Sorte erhielten wir Häftlinge und die Kriegsgefangenen. Es handelte sich hierbei um die sogenannte Bunasuppe. Sie bestand lediglich aus gefärbtem Wasser.« Zeuge R.*: »Die Zivilisten der IG Farben haben es abgelehnt, mit uns Häftlingen zusammen unter einem Dach zu arbeiten. Wir waren nicht mehr Sklaven der SS, sondern Sklaven der IG. Die Meister der IG Farben sagten oft zu unseren Kapos: ›Die und die Häftlinge möchte ich morgen nicht mehr sehen.‹ Die vom Meister bezeichneten Häftlinge erschienen am nächsten Tag nicht mehr zur Arbeit und wurden im Lager selektiert, d. h. nach Birkenau zur Vergasung geschickt. Verschiedene Meister und Ingenieure des Bunawerkes haben Häft-

* Namen geändert

linge oft geprügelt.« Zeuge D.*: »Alle zwei bis drei Monate fanden auf Druck der IG Farben größere Selektionen im Krankenbau statt. Monowitz war ein KZ der IG Farben, die die Hauptverantwortung trug.« Zeuge B.*: »Wir mußten unter Aufsicht der IG-Angestellten Zementsäcke im Laufschritt tragen.« Zeuge G.*: »Ich habe eine Selektion beim Ausmarsch des Lagerkommandos beobachtet. Hierbei war der Ingenieur K.* anwesend und hat selbst Hinweise für die Aussonderung der Häftlinge gegeben.« Zeuge U.*: »Mir ist bekannt, daß der Anstoß für die Selektionen von der IG Farben kam, wenn sie die Arbeitsleistungen der Häftlinge beanstandeten. Fischer sagte einmal in meiner Gegenwart zu dem Lagerältesten, daß die IG Farben eine längere Behandlung der Arbeitsunfähigen als 14 Tage ablehnen würde.« Soweit aus der Beweisaufnahme.

Schon im Urteil des IG-Farben-Prozesses vor dem sechsten Militärgericht der Vereinigten Staaten in Nürnberg – wenn auch mit einer völlig unzulänglichen Konsequenz – ist festgestellt worden: Die erste Baubesprechung über das Auschwitzer Projekt fand am 24.3.1941 in Ludwigshafen statt. Neun Personen waren anwesend. Es waren Beamte und Ingenieure der IG. Am 7.4.1941 fand eine Zusammenkunft in Kattowitz statt, bei der die Gründung des Auschwitzer Betriebes gefeiert wurde. Auschwitz war Eigentum der IG und wurde von dieser Gesellschaft finanziert. Im Jahre 1942 wurde auf die Veranlassung der IG neben und gegenüber der Baustelle ein besonderes Arbeitslager namens Monowitz errichtet. Die Arbeitsunfähigen oder diejenigen, die sich der Disziplin nicht unterwarfen, wurden in das KZ Auschwitz zurückgeschickt oder – was weit öfter der Fall war – nach Birkenau, um in den dortigen Gaskammern liquidiert zu werden. Fälle von menschenunwürdiger Behandlung kamen auch auf der Baustelle vor. Hin und wieder wurden die Arbeiter vom Werkschutz und den Vorarbeitern geschlagen, die die Gefangenen während der Arbeitszeit zu beaufsichtigen hatten. – Zitate aus dem Originalaufzeichnungen über den IG-Farben-Prozeß. Es ist daher wichtig und dient der Wahrheitsfindung, so meinen wir, wenn in der Schuldskala weit vor dem Angeklagten Fischer die Herren der beteiligten Industrieunternehmen genannt werden, und wir meinen, daß dieser Umstand hauptsächlich bei der Strafbemessung nicht unberücksichtigt sein sollte.

3. Auch die Selektionen waren Bestandteil der organisierten Massenvernichtung. Sie waren befohlen. Fischer war einer der ausführenden Befehlsempfänger. Es ist uns klar, daß die direkte Beteiligung an Selektionen – und das ist ja der Hauptvorwurf der Anklage – unter Artikel 6, Buchstabe c des Statuts für den Internationalen Militärgerichtshof, »Verbrechen gegen die Menschlichkeit«, fällt. Gegen diese und überhaupt gegen die rechtliche

* Namen geändert

Würdigung des Herrn Generalstaatsanwalts kann die Verteidigung nichts einwenden. Sie trifft zu und stimmt überein mit einschlägigen Urteilen des Obersten Gerichts.

Sicher war es auch richtig, das Verfahren nicht nach § 211 des Strafgesetzbuches wegen individuellen Mordes zu eröffnen. Was ist das für ein Mord, den nicht nur Tausende erleiden, sondern auch Tausende begehen? Begriffe aus dem herkömmlichen Individualstrafrecht sind nicht angemessen.

Auch gegen die errechneten Zahlen der Vernichtungen läßt sich nichts sagen. Sie ergeben sich aus der Einlassung des Angeklagten und der Zeugen. Und wir haben es in Anbetracht des erdrückenden Beweismaterials von vornherein nicht als unsere Aufgabe angesehen, etwa um Zahlen zu feilschen, zumal schon ein einziger Fall für den gesetzlichen Tatbestand ausreichen würde. Hier liegt nicht der Schwerpunkt der Verteidigung.

Die Beweisaufnahme hat aber auch ergeben, daß der Angeklagte für diese Lektionen Befehle hatte. Lassen sie mich wiederholen: Nicht er hat diese Lektionen erfunden und in das System der Massenvernichtung einbezogen. Zum Handeln auf Befehl ist in Artikel 8 des bereits zitierten Statuts des Internationalen Militärgerichtshof ausgeführt: »Die Tatsache, daß ein Angeklagter auf Befehl seiner Regierung oder eines Vorgesetzten gehandelt hat, gilt nicht als Strafausschließungsgrund, kann aber als Strafmilderungsgrund berücksichtigt werden, wenn das nach Ansicht des Gerichtshofes gerechtfertigt erscheint.« Wir wissen, diese Problematik ist außerordentlich diffizil. Im Urteil gegen den KZ-Aufseher Schäfer vom 20. 5. 1961 hat das Oberste Gericht unter anderem auf diesbezügliche Einwendungen der Verteidigungen ausgeführt, daß der Angeklagte bei der Ermordung Wehrloser eine beträchtliche eigene Initiative entwickelt hat, in vielen Fällen brutaler als befohlen aufgetreten ist und Vorteile niedrigster Art entgegengenommen hat. Eine ähnliche Begründung findet sich im Urteil gegen Oberländer – Begründungen, die dem Handeln auf Befehl entgegengesetzt worden sind.

Hier liegt nach Auffassung der Verteidigung der Fall möglicherweise etwas anders. Und wir sind auch nicht der Meinung des Herrn Generalstaatsanwalts, daß Fischer sich durch nichts von Mengele und anderen unterscheidet. Außer mit dem Elektroschockgerät ist nicht erwiesen, daß sich der Angeklagte an sogenannten »Versuchen« beteiligt hat – im Gegensatz zu anderen SS-Ärzten. Es ist unseres Erachtens auch nicht erwiesen, daß er Häftlingsärzte, das Pflegepersonal oder andere Häftlinge mißhandelt hat, wieder im Gegensatz zu anderen SS-Ärzten, die den Gummiknüppel bei sich trugen. Eine besondere – die Betonung liegt auf besondere – Aktivität über die Befehle hinausgehend bleibt unseres Erachtens doch zweifelhaft.

Die Trennung von Familien bei Selektionen – um auf das Plädoyer des Herrn Generalstaatsanwalts einzugehen – und die bedingungslose Aussonderung von Kindern für den Gastod war Teil des systematischen und befehlsmäßigen organisierten Vernichtungsprogramms. Fischer hat wenigstens versucht, das Essen zu beanstanden, und ausgesprochen, daß diese Herren von der Industrie ständig drängen und daß man diese Herren gar nicht sieht. Wir haben das vorhin aus dem Buch »Die Stärkeren« zitiert. Auch war Fischer nicht, wie Oberländer und Globke, an der ideologischen und propagandistischen Vorbereitung des Massenmordes beteiligt. Globke hat erst die Voraussetzungen für das Wirken von Fischer geschaffen.

Diese Einwendungen könnten vielleicht geeignet sein, neben den übrigen Bedenken der Verteidigung gegen die Todesstrafe zu sprechen.

4. Die Zeit seit 1945
Sie hat sich im Falle Oberländer und Globke straferschwerend ausgewirkt, weil keinerlei Abstand von der Vergangenheit festzustellen war. Fischer hat sich nicht in die Gesellschaft der früheren Kumpane begeben, immer wissend, daß er bei uns anders zur Rechenschaft gezogen wird als in der Bundesrepublik. Natürlich, er glaubte sich untergetaucht. Im übrigen bleibt aber unbestreitbar, daß er zu keiner Zeit und Stunde einen Weg gesucht hat, im Stil seiner Vergangenheit aufzutreten. Anderen ist das gelungen. Denken Sie nur an den so viel genannten Mengele. Dazu Fischer selbst in der Beweisaufnahme: »Ich bin hiergeblieben, weil ich hier den Nachforschungen entgangen war und nicht mehr mit den Leuten meiner Vergangenheit als SS-Arzt zusammenkommen wollte. Ich war froh, daß ich dies hinter mir hatte. Ich habe mich sofort 1945 in die Arbeit gestürzt und versucht, in meiner Arbeit zu vergessen.« Was wir jetzt sagen ist spekulativ, aber nicht ausgeschlossen: daß ihn der Zug der Zeit möglicherweise zur Besinnung gebracht hat, wenn auch zu spät. Darauf könnte auch seine bewiesene Bereitschaft zurückzuführen sein, an der Aufklärung der mehr als 20 Jahre zurückliegenden Ereignisse mitzuwirken. Das ist die Überlegung der Verteidigung unter Punkt 5.

5. Der Angeklagte war im Ermittlungsverfahren und im Prozeß hier im Obersten Gericht im großen und ganzen geständig. Denken Sie nur an die Zahl seiner Beteiligungen an Selektionen. Nicht für jedes Mal ist ein Zeuge vorhanden. Der ganze Umfang war nur mit Hilfe der Aussagen des Angeklagten zu klären. Im Plädoyer des Herrn Generalstaatsanwalts war immer wieder zu hören: »Fischer ist geständig.« »Fischer hat zugegeben.« »Auf der Grundlage der Einlassung des Angeklagten...« usw.

Auch in den Nachtragsanklagen vom 8. und 18.3. wird als Beweismittel die Einlassung des Angeklagten zugrunde gelegt. Und man vergleiche seine Bereitschaft zur Aufklärung im Gegensatz zu den Angeklagten im SS-Ärzteprozeß vor dem ersten amerikanischen Militärgerichtshof in Nürnberg und in Prozessen vor Gerichten in der Bundesrepublik. Es ist unsere Bitte, diese Bereitschaft zur Mithilfe bei der Aufklärung des Gesamtkomplexes dem Angeklagten zugute zu halten. Bezüglich der Nachtragsanklage hat der Angeklagte allerdings bestritten, am 23. 10. 1943 eine Funktion gehabt zu haben, als sich Häftlinge widersetzten, die im Gasraum des Krematoriums III in Birkenau vergast werden sollten.

Sicher hat dieser Vorfall im Hinblick auf den Gesamtkomplex des Ergebnisses der Beweisaufnahme für den Ausgang des Prozesses keine entscheidende Bedeutung. Wir halten es aber für unsere Pflicht, insoweit Zweifel anzumelden

a) im Interesse der Wahrheitsfindung und

b) zugunsten des Angeklagten, der Wert darauf legt, nach allem was geschehen ist, wenigstens heute nicht als Lügner vor Ihnen zu stehen.

Im Zweifel ist zugunsten des Angeklagten zu entscheiden, und Zweifel müssen wir äußern, weil nicht einzusehen ist, weshalb dem Angeklagten nur gefolgt werden soll, wenn er sich belastet. Und das macht den weitaus überwiegenden Teil seiner Einlassungen aus. Zeugen sind für diesen Vorfall nicht vorhanden. Was er dazu im Ermittlungsverfahren ausgesagt hat, ist nicht zum Zwecke des Beweises verlesen worden. In der Hauptverhandlung hat der Angeklagte jede Mitwirkung bestritten. Wir meinen daher, daß ihm seine mündliche Einlassung, und nur sie allein kann ausschlaggebend sein, nicht widerlegt worden ist.

6. Es muß abschließend auf Funktion und Zweck der Todesstrafe in der Deutschen Demokratischen Republik schlechthin hingewiesen werden. Sie ist die außerordentlichste Strafmaßnahme innerhalb unseres Strafsystems. Sie hat nicht die Aufgabe der Sühne oder gar Rache. Sie dient dem Schutz des Staates durch Unschädlichmachung des Täters einerseits und durch Generalprävention andererseits. Schutz- und Repressivfunktion vereinen sich. Durch ein Todesurteil gegen diesen Angeklagten innerstaatlich auf andere einzuwirken ist völlig entbehrlich, denn der Faschismus ist in der Deutschen Demokratischen Republik absolut liquidiert. Entgegenhalten könnte man uns die Wirkung nach außen auf noch gefährlichere Vertreter der braunen Jahre außerhalb unserer staatlichen Grenzen. Dem setzen wir entgegen die in aller Welt anerkannt gewachsene Kraft unseres Staates seit den Regierungsmaßnahmen vom 13. August 1961. Insofern ist das bereits zitierte Todesurteil gegen den KZ-Aufseher Schäfer unter anderen Voraussetzungen, es ist am 20. 5. 1961 ergangen. Oberländer ist durch das Oberste Gericht für schuldig befunden worden: schwerster, vorsätzlicher Verbrechen gegen das Leben einer Vielzahl von Menschen, des Mordes, des Mordkomplotts, der Aufforderung und Anstiftung zum Mord. Globke ist durch das Oberste Gericht für schuldig befunden worden: schwerer Verbrechen gegen die Menschlichkeit, Kriegsverbrechen und Verbrechen des Mordes – Tatzeit in beiden Fällen 1933 bis 1945, also während der ganzen faschistischen Epoche. Beide wurden nicht zum Tode verurteilt, sondern zu lebenslangem Zuchthaus. Wir bitten zu erwägen, ob all das, was damals gegen die Todesstrafe sprach – die übrigen Überlegungen der Verteidigung

hinzugenommen –, es rechtfertigt, in diesem Verfahren ebenfalls von der Todesstrafe abzusehen.

Dr. Horst Fischer wurde zum Tode verurteilt.
Das Urteil wurde trotz eines Gnadengesuchs Vogels vollstreckt.

Plädoyer
im Prozeß gegen Mitglieder der Fluchthilfeorganisation
Kay Mierendorff
vom 2. 11. 1973

Hoher Senat, meine Herren Staatsanwälte.

Bei allem Respekt vor Bedeutung und Aufgabe dieses nicht alltäglichen Verfahrens in diesem großen Saal: Ich habe zu verteidigen und mich nur aus dieser Sicht, demzufolge anders als der Herr Generalstaatsanwalt, mit den Hintergründen des Tatgeschehens und dem Mißbrauch auf den Transitstrecken auseinanderzusetzen. Das sei vorweg klargestellt. Ich komme noch darauf zurück.

Das Beweisergebnis, den Sachverhalt hat der Herr Generalstaatsanwalt korrekt wiedergegeben. Ich vermisse, daß kein einziges Wort zur Entlastung des Angeklagten gefallen ist. Wenn es darauf zurückzuführen ist, daß der Herr Generalstaatsanwalt diese Aufgabe mir überlassen hat, dann nehme ich diesen Satz zurück.

Ich kann den Sachverhalt in Skizze zusammenfassen:
- 4 sogenannte »Testfahrten«
- an der Ausschleusung von insgesamt 19 DDR-Bürgern beteiligt
- im Zusammenwirken mit einer Organisation im Sinne des § 105 Ziff. 2 des Strafgesetzbuches, der Organisation Mierendorff
- 5 Personen sind am 21.9. am Grenzübergang Marienborn im Kofferraum entdeckt worden, ein Ehepaar mit 3 Kindern. Tatzeit: 24.5.–21.9.1972.
- Mein Mandant ist geständig, er war es auch schon im Ermittlungsverfahren.

Mit diesem Ergebnis der Beweisaufnahme komme ich am gesetzlichen Tatbestand nicht vorbei. Der Streit zwischen dem Herrn Generalstaatsanwalt und der Verteidigung geht um die Strafbemessung, um die Höhe der geforderten Strafe von 13 Jahren innerhalb des gesetzlich zulässigen Rahmens, der von zwei bis zu 15 Jahren reicht.

Ich halte diese beantragte Strafe aus folgenden Überlegungen für wesentlich überhöht:

1. Es ist für alle Prozeßbeteiligten klar, daß der Angeklagte in die Organisation integriert war. Es ist jedoch mein Anliegen an Sie, ihn – wie mein Herr Vorredner schon sagte – von den leitenden Leuten, von den »Bossen«, zu unterscheiden, und ich möchte hinzufügen, spürbar abzuheben. Denn er war im Grunde ihr Werkzeug. Ohne sie gäbe es diese organisierten Mißbrauchsfälle auf den Transitstrecken nicht. Ohne den Angeklagten aber hätte sich an dem Gewerbe nichts, gar nichts geändert. Beweis: Es geht ja munter weiter, auch in dieser Organisation, wie wir wissen, seit mein Mandant inhaftiert ist. Und wir haben in der Beweisaufnahme gehört, wie schnell der Angeklagte E.* durch den Zeugen M.* ersetzt war. Nach dem Angeklagten W.* ist eben ein anderer gekommen. Ich frage Sie: Mit welchen Strafen eigentlich wollen Sie die ungleich mehr belasteten Organisatoren aus dem gesetzlichen Strafrahmen von zwei bis 15 Jahren belegen, wenn der Angeklagte W. bereits eine Strafe von 13 Jahren erhalten soll? Bei der Strafzumessung für den einzelnen muß eine vertretbare Relation zu den gesamten Geschehnissen, ein differenziertes, ausgewogenes Verhältnis innerhalb des gesetzlichen Strafrahmens gewahrt werden – und eine Strafe von 13 Jahren paßt nicht in diesen Rahmen von zwei bis zu 15 Jahren.

2. Die Fahrt über die Grenze ist das Ende einer Schleusung. Sie beginnt mit dem Kontakt zu den Betroffenen, die sich oftmals erst durch Vermitteln der Gelegenheit entschließen oder endgültig entscheiden. An diesem unabdingbaren ursächlichen und eigentlich wesentlichsten Stadium war der Angeklagte nicht beteiligt. Er hat die Betroffenen erstmalig bei der Übernahme ins Fahrzeug gesehen, manchmal überhaupt nicht. Zuweilen kannte er nicht einmal die Anzahl. Demgegenüber haben die »Chefs« aus durchschaubaren Gründen diese Phase der Aufbereitung des Unternehmens fest und allein in ihrer Hand. Aus der Aussage des Zeugen Mierendorff**: »Dabei geht die Initiative bei einem großen Teil der zur Schleusung bestimmten Personen von den Organisatoren aus. Diese Aufgaben innerhalb der Organisation werden von dem Leiter persönlich wahrgenommen.« Auch unter diesem Gesichtspunkt der Tatbeteiligung komme ich zu einer Unterscheidung der Hauptschuldigen von den weniger Schuldigen – und zu ihnen gehört der Angeklagte W.

3. Für die Strafhöhe sehe ich einen Bezugspunkt in dem effektiven, in der Beweisaufnahme festgestellten Tathergang des Angeklagten im Verhältnis zum Gesamtwirken der Organisation: Viermal Testfahrer, dreimal Zubringer, fünfmal Fahrer, letzte Fahrt ging schief. Wenngleich § 105 das Unternehmen unter Strafe stellt und damit schon den geringsten Tatbeitrag er-

---

* Namen geändert
** Oliver Mierendorff, Bruder des Fluchthilfeunternehmers Kay Mierendorff

faßt, ist eben die letzte Fahrt am 21.9. – aus welchen Gründen auch immer – nicht zur Vollendung gelangt. Im technisch-organisatorischen Sinne hatte doch der Angeklagte mit seinen Tatbeiträgen mehr die Rolle eines Gehilfen, was sich ja auch in der relativ geringen Bezahlung ausdrückt – ein Trinkgeld gemessen an dem tatsächlichen Gewinn. Er hatte in der Organisation keine leitende Funktion. Es war für seine Hintermänner ein Hilfsmittel. Er war eben Fahrer und nicht mehr! Wenn man sich unterhielt, mußte er – wie wir gehört haben – »abtreten«. Er hatte keinen Einblick in das Gesamtgeschehen. – Ich will und kann Ihnen aus Rechtsgründen nicht Beihilfe im Sinne des § 22 Abs. 2 Ziff. 3 Strafgesetzbuch empfehlen, doch aber die Einbeziehung dieser Überlegung in Ihre Erwägungen zu der Strafdauer, die den Angeklagten, den Menschen W., in diesem Prozeß am meisten interessiert.

4. Der Angeklagte hat sich aus rein materiellen Motiven und nicht mit staatsfeindlicher Zielsetzung beteiligt. Von den staatlichen Verhandlungen zwischen der DDR und der BRD wußte er nur aus Schlagzeilen. Sonst interessierten ihn an Zeitungen nur die Kreuzworträtsel. Dazu aus seiner Vernehmung: »Andere Beweggründe als mir größere finanzielle Vorteile zu verschaffen, spielten bei meiner Tätigkeit als Angehöriger der Organisation keine Rolle. Niemals habe ich mich dafür interessiert, was die mir – mit Ausnahme der Familie Dr. P.* – namentlich unbekannt gebliebenen DDR-Bürger veranlaßte, das Staatsgebiet der DDR entgegen den gesetzlichen Bestimmungen zu verlassen.« Er war und ist aus meiner Sicht kein bewußter Staatsfeind. Wie sollte er auch, wenn man von ihm in dem Ermittlungsverfahren wie auch in der Hauptverhandlung hört: »Ich bin nicht in der Lage, die wesentlichsten Unterschiede zwischen kapitalistischen und sozialistischen Staaten zu erkennen. Bis zum Zeitpunkt meiner Festnahme hatte ich mir über die DDR keine Meinung gebildet.« Und es ist schon gesagt worden, ich kann es nur wiederholen: Wir müssen ihn nehmen, wie er damals war. Treffender ist er eigentlich nicht zu charakterisieren, überzeugender als bewußter Staatsfeind nicht zu widerlegen. Er ist im Grunde ein verblüffend einfältiger Mensch – und unstet dazu. Hier findet sich wahrscheinlich auch die Erklärung für seine Mitwirkung an diesem Gewerbe. Ohne Vater und zum Teil im Kinderheim aufgewachsen, war er – wie wir gehört haben – mal Schuhmacher, mal Hilfsarbeiter, mal Seemann, mal Kellner und zuletzt eben Schleuser – allerdings mit anfänglichen Bedenken. Erläuterung von ihm: »War krankgeschrieben, suchte gerade einen Job, wollte wieder heiraten, brauchte Geld. Es bot sich gerade so an. Da haben die mich überredet.« Wie wir im Verlaufe des Prozesses gehört haben, bevorzugt man solche Labilität. Fehler und Schwächen werden ausgenutzt, mißbraucht. Wenn er dennoch zu Anfang, später mittendrin und – Herr

---

* Name geändert

Vorsitzender – auch am 21.9.1973, als es für ihn schon mulmig wurde, Bedenken bekam und geäußert hat – »die Schnauze voll hatte«, um mit seinen Worten zu sprechen –, bestätigt durch Mierendorff, so beweist das, daß er nicht der skrupellose, zum letzten Wagnis entschlossene Täter war. Dazu aus dem Bericht des Präsidiums des Obersten Gerichts vom 28.3.1973 zu Problemen der strafrechtlichen Schuld, spezifisch hier zur Intensität des Täterwillens: »Es geht um die Ermittlung der Intensität des Täterwillens. Dabei sind diejenigen Momente festzustellen, die darüber Auskunft geben, ob diese Intensität stark oder gering ausgeprägt war, z. B. Hartnäckigkeit, Ausdauer und Konsequenz, mit der der Täter das verbrecherische Ziel anstrebt.« Wir haben auch gehört, daß er massiv beeinflußt worden ist, seine Bedenken fallenzulassen. Dazu aus derselben Quelle, aus dem Bericht des Obersten Gerichts vom 28.3.1973: »Schuldmindernde Motive können u. a. darin bestehen, daß die Tat unter erheblicher Beeinflussung durch Dritte zustande gekommen ist.« Das alles wird in der Literatur behandelt, damit es in der Praxis angewendet wird. Ich versuche mich darin.

5. Wenn ich nun auf die eingangs erwähnte, vom Herrn Generalstaatsanwalt sehr ausführlich behandelte Bedeutung dieses Prozesses eingehe, so geschieht das als Fürsprecher des Angeklagten und darüber hinaus der vielen genannten und potentiellen Opfer, die doch in keinem Verhältnis stehen – worüber man auf der anderen Seite einmal nachdenken sollte. Die zuweilen hörbare »Humanisierung« der sogenannten Fluchthelferorganisationen geschieht böswillig, leichtfertig oder aus Unkenntnis der wahren Zusammenhänge. Es gibt aber auch ehrliche, bekennende Stimmen. Mich haben tief beeindruckt die Reihen der abgeurteilten oder vor ihrer Aburteilung stehenden Zeugen – alle Opfer dieses abscheulichen Gewerbes. Wohin nur soll allein aus dieser Sicht der Weg der bis zur Stunde anhaltenden Eskalation führen? Beide Staaten haben eine vertragliche Verpflichtung übernommen und auszufüllen. Man kann nicht erwarten, daß ein § 105 Strafgesetzbuch unserer Prägung in das bundesdeutsche Strafgesetzbuch hineingezaubert wird. Wohl aber kann man erwarten die Anwendung der vorhandenen gesetzlichen Mittel. Dazu ist im Gutachten von Herrn Professor L.* einiges gesagt worden. Was sich da so tut in diesen gewerbsmäßigen Organisationen – das sind Ausflüge durch das Strafgesetzbuch der BRD, als da sind, nachweisbar in unzähligen Fällen: Verwahrungsbruch und Amtsmißbrauch (bei nachträglicher Verplombung mit einer Zollzange), Verstöße gegen die Straßenverkehrszulassungsordnung (Transport im Kofferraum, in sonstigen Autoverstecken oder auf Ladeflächen), Diebstahl (Kfz-Kennzeichen und Blankoausweise), Betrug. Diese Aufzählung stammt nicht von

---

* Name geändert

mir. Sie findet sich in der Zeitschrift »Der Spiegel«, Nr. 34 aus 73, auf Seite
27. Ich könnte sie sonst noch fortsetzen mit unerlaubtem Waffenbesitz.
Wir wissen aus diesem Prozeß, daß der Boß Mierendorff Waffenträger war
und wahrscheinlich noch ist – und mit Waffendelikten geht man ja in der
Bundesrepublik Deutschland sonst auch nicht so zimperlich um. Mit diesen Möglichkeiten – und darauf will ich hinaus – läßt sich zur Vermeidung
von Mißbräuchen und menschlichem Leid beitragen. Ich wünsche es nie-
mandem, sich mit diesem menschlichen Leid tagtäglich von Berufs wegen
so beschäftigen zu müssen, wie wir das als Strafverteidiger tun. Ich erinnere
nochmals an die Zeugenreihen. Vertrag kommt von vertragen. So kann es
auf Dauer kein Vertragen geben. Uns wird die Rolle des guten Nachbarn
vorgespielt, der seine Kinder Steine werfen läßt, ohne sie daran zu hindern.
Das alles richtig und rechtlich einzuordnen, ist für den Juristen eine komplizierte Sache. Der Angeklagte ist Kellner, mit schlechter Schulbildung,
wie wir gehört haben. Er wird das Gutachten von Herrn Professor L. kaum
verstanden haben. Um wieviel schwerer muß es für ihn gewesen sein, sich
zur Tatzeit angesichts der öffentlichen Toleranz verantwortungsbewußt
einzustellen. Darum kann sich dies alles, was ich angeschnitten habe, nicht
strafverschärfend, es muß sich vielmehr strafmildernd auswirken. Denn
seine Einsichtsfähigkeit war begrenzt, seine Bereitschaft durch die Umstände begünstigt. Aus der eben zitierten Quelle des Obersten Gerichts:
»Schuldmindernd wirken beispielsweise solche Bedingungen, die dem Täter eine verantwortungsbewußte Entscheidung erheblich erschwerten.«
Und das war eben hier der Fall. Es darf nicht sein, daß der Angeklagte mit
den 13 Jahren, die er erhalten soll, für seine Hintermänner herzuhalten hat.
Allein sein Tatbeitrag und seine Schuld sind maßgebend. Sein Fall muß
genauso behandelt werden wie jeder andere ähnlich oder gleich gelagerte –
ungeachtet der Bedeutung dieses Prozesses. Das erfordert das Prinzip der
Einheit und der Einheitlichkeit der Rechtsprechung. Dieses Prinzip gilt
auch für die Strafzumessung.

Alles in allem und abschließend: Lassen Sie den Angeklagten W. nicht
allein im Licht, denn die im Dunkeln hat man nicht. Ich bitte Sie aus all
diesen Erwägungen um eine wesentlich mildere Strafe, als sie beantragt
wurde. Nur mit harten Urteilen kommen wir auch nicht weiter. Ich danke
Ihnen.

*W. wurde zu 11 Jahren und 6 Monaten Freiheitsentzug verurteilt. Er wurde
vor vollständiger Verbüßung der Strafe im Zuge der humanitären Bemühungen der Bundesregierung freigekauft.*

Namenregister

Abel, Helen 63, 66ff.
Abel, Rudolf Iwanowitsch 53ff., 85,
114, 118, 156, 166, 186, 203
Adenauer, Konrad 18, 50, 52, 92, 136,
183
Albertz, Heinrich 32, 91, 105, 109f.
van Allan, Norman 158
van Altena, John 118
Andreotti, Guilio 49
Andropow, Juri 145
Arnold 87
Aurel, Marc 209

Backlund, Sven 98
Bahro, Rudolf 139
Barzel, Rainer 18, 23, 25, 32, 36, 38,
50ff., 72ff., 77f., 92
Baumann, Winfried 115
Bengsch, Alfred 83, 204
Benjamin, Hilde 181
Berg, Hans-Dieter 146
Berg, Ingrid 146, 150
Berg, Jens 146
Berg, Simone 146
Berger, Götz 182
Bölling, Klaus 38, 179, 184, 199
Bräutigam, Hans-Otto 37f., 145, 148,
199
Brandt, Helmuth 95
Brandt, Willy 29, 91, 98, 116, 142
von Braunmühl, Gerold 37

Brooke, Gerald 118
Burt, Richard 158f., 166, 169f., 204

Carstens, Karl 147
Charlotte, Sophie 161
Chruschtschow, Nikita 31, 60f., 64
Cornfeld, Bernie 92

Dibelius 82
von Dietze 82
Donovan, James D. 55ff., 59, 63,
65ff., 85, 182

Eagleburger, Lawrence S. 145
Ehrhard, Ludwig 92, 95, 98
Engelhard, Hans 20

F., Sabine 119ff.
Felfe, Heinz 19, 116, 118, 120, 123ff.
Figur 83
Fischer, Horst 27, 184f.
Fischer, Oskar 26, 198f.
Forck, Gottfried 199
Franke, Egon 17, 21ff., 37f., 89, 99,
135, 143
Frenzel, Alfred 116, 118, 120ff.
Friedrich der Große 161
Frohn, Wolf-Georg 118, 162, 165ff.
Frucht, Karl 118
Führ 83
Fülle, Reiner 117

Gaus, Günter 38, 144, 147, 199
Geisel, Ludwig 82
Genscher, Hans-Dietrich 154f.
Gerhard 162
Gilman, Benjamin A. 158
Glienke, Lothar 14, 16
Gnauck, Reinhard 188
Gorbatschow, Michail 163, 210
Greenwald, Ronald 157f.
Grobel 163, 166
Guilleaume, Günther 116, 139, 157

Hallstein, Walter 29
Harper, Edward 162, 170
Hartmann, Klaus 27, 43, 85, 177, 186
Haynanen, Reino 58
Hecht 162
Heinemann, Arnold 107
Heinemann, Gustav 32, 120f., 200
Hennig, Ottfried 38
Hirt, Edgar 17, 21ff., 89, 99f., 135
Höke, Margarete 116
von Hofé, Günther 95, 118
Honecker, Erich 16, 24ff., 34, 100,
    115f., 136ff., 147, 193, 198, 200ff.
Honecker, Margot 136
Hübner, Nico 139, 187
Huonker, Günter 140

Jäger, Wolf-Eckhard 44, 113
Jagusch, Heinrich 121
Javorski, Jaroslav 118, 165, 167, 169
Jenninger, Philipp 36f., 147

Kaczmarek, Jerzy 118, 162, 164, 167,
    169
Kant, Hermann 204f.
Karl XVI. Gustav von Schweden 26,
    209
Kaul, Friedrich Karl 72, 104ff., 110,
    112
Kay, Ella 105
Kennedy, John F. 50, 64f.
Kiesinger, Kurt Georg 29, 52, 98, 129
Koecher, Hana 118, 162, 164, 167, 169
Koecher, Karel 118, 162, 164, 167, 169

Kohl, Helmut 170
Kornblum, John C. 204
Kostadinov, Penju 118, 158
Krautwig, Carl 92f.
Krenz, Egon 16
Kroger, Helen 118
Kroger, Peter 118
Krummacher 83
Kunst, Hermann 25, 32, 82, 87f.,
    92ff., 120, 122, 199

Lange, Richard 180
Lemmer, Ernst 50
Lightner, Alan 54f., 57
Lilje, Hanns 82
Loewe, Lothar 199
Löwenthal, Gerhard 190
Lonsdale, Gordon 118
Louis, Victor 156
Lübke, Heinrich 122
Lutze, Lothar Erwin 118, 162

Makinen, Marvin 63, 65ff.
Malsheimer, Ernst 65
Mandela, Nelson 208
Manthey 22f.
Markus, Miron 158
Mauriac, François 49
May, Rolf 50
Meckelson, Alice 118, 158
Meehan, Francis 62f., 71, 163, 166,
    168, 200, 203f., 208
Meißner, Herbert 11ff., 117
Mende, Erich 25, 32, 38, 78, 92ff.,
    97f., 121
Meyer, Wolfgang 155
Mielke, Erich 115
Mindszenty, Joseph 151
Mischnick, Wolfgang 137
Mitchell, James H. 161
Moldt, Ewald 37
Montez, Jorge 118
Musiolek 73f.

Nelle, Engelbert 90f.
New, Ricey S. 158

Niestroy, Dietrich 118, 165, 167

P., Alexej 119
P., Fritz 101 f., 107 f.
P., Luise 101 f., 106 f., 110
Plewa, Klaus 44, 199
Porst, Hans-Heinz 116
Powers, Gary 53 ff., 72, 85, 114, 118,
    156, 166, 186, 203
Priesnitz, Walter 38, 199
Pryor, Frederic Leroy 55 f., 61 f.,
    65 ff., 114, 203 f.
Pryor, Mr. and Mrs. Millar 62 f., 203

Reagan, Ronald 165, 170
Rebmann, Kurt 11, 15 f., 19 f., 116
Rehlinger, Ludwig 7, 17 ff., 38, 45 ff.,
    52 f., 72 ff., 94 f., 99, 113, 124, 135,
    149, 152 ff., 163 f., 166 f., 169 f.,
    199, 208
Richthofen, Hermann von 37 f., 166
Ridgway, Rozanne L. 145, 204
Rittberg, Else von 122, 199

Sacharow, Andrej 159, 163, 208
Schäuble, Wolfgang 19 f., 37 f.
Schalck-Golodkowski, Alexander 45,
    82, 94, 199
Scharf, Kurt 32, 78 ff., 91 f., 109 f., 187
Scharfenorth, Detlef 118, 162, 164 f.,
    167, 169
Schierbaum, Hansjürgen 93
Schiller, Friedrich 167
Schindowski, Carlota 182
Schischkin, Iwan Alexandrowitsch 56,
    67 ff.
Schmidt, Helmut 25, 37, 137, 139 ff.
Schmidt, Hannelore 142
Schmude, Jürgen 199 f.
Schreckenberger, Waldemar 15
Schtscharanskij, Anatolij 19, 71, 114 f.,
    118, 156 ff., 162 f., 165, 167 ff., 204,
    208
Schtscharanskij, Avital 159
Schulenburg, Friederike 187
Schulenburg, Barbara von der 44, 113

Schumann, Christa-Karin 45, 115,
    162, 192
Seibt, Joachim 101, 107 f., 112
Semljakow, Jewgenij Michailowitsch
    118, 165, 167, 169
Seneca 209
Sinowatz, Fred 179
Sobolyk, Robert 54 ff.
Smith, Jeffrey 158
Springer, Axel Cäsar 50 f., 78, 97 f.,
    190
Stange, Jürgen 19, 23, 32 f., 43, 45, 52,
    73 ff., 89 ff., 108 ff., 120 ff., 126, 134
Stark, Wilhelm 72, 84
Starkulla, Dieter 27, 43, 177, 186
Stiller, Werner 42, 117
Stolpe, Manfred 199
Stoph, Willi 146, 150
Strauß, Franz Josef 143
Streit, Josef 24 ff., 65, 69 f., 85 ff., 94,
    133, 138, 181, 185, 197 ff.
Swingel, Karl Gustav 98 f., 201

Thedieck, Franz 92
Thiel, Heinz Dietrich 82, 183
Thomitzek, Wolf-Dieter 192
Thompson, Robert 158
Tiedge, Hans-Joachim 116
Tito, Josip Broz 140

Ulbricht, Walter 70, 83 f., 92, 136

Vogel, Helga 179, 192, 197, 206 ff.
Vogel, Lilo 204, 208
Vogel, Manfred 208

W., Hildegard 102 ff., 110 f., 113
W., Martina 101 ff., 123, 191
W., Willi 102 f., 111 f.
Wagner, Klaus 165
Wedel, Reymar von 32, 78, 80, 83 ff.,
    110, 113, 187
Wehner, Greta 203
Wehner, Herbert 25, 32, 38, 89, 98 f.,
    120 f., 125, 135, 137 ff., 199 ff.
Wessel, Gerhard 125

Westrick, Ludger 92
Wilbraham, Arthur 118
Wilms, Dorothee 38
Windelen, Heinrich 20, 38, 151
Windisch, Gernot 77
Wogdanski, Günter 191

Wolf, Markus 116
Wynne, Greville 118

Zacharski, Marian 118, 158
Zehe, Alfred 118, 158
Zinke, Johannes 32, 82, 84, 90 f., 208